Elfi H. M. Gilissen

KulturSchock Niederlande

001nl Foto: mvl

„Gott erschuf die Welt,
aber die Holländer erschufen Holland.“
(niederländische Redensart)

Impressum

Elfi H. M. Gilissen
KulturSchock Niederlande

erschienen im
Reise Know-How Verlag Peter Rump GmbH
Osnabrücker Str. 79
33649 Bielefeld

1. Auflage 2017

Gestaltung
Umschlag: G. Pawlak
Inhalt: amundo media GmbH
Fotos: siehe Fotonachweis Seite 9

Lektorat: amundo media GmbH

Druck und Bindung:
D3 Druckhaus GmbH, Hainburg

ISBN 978-3-8317-2730-8
Printed in Germany

Dieses Buch ist erhältlich in jeder Buchhandlung Deutschlands, der Schweiz, Österreichs, Belgiens und der Niederlande.
Bitte informieren Sie Ihren Buchhändler über folgende Bezugsadressen:

Deutschland
Prolit GmbH, Postfach 9, D-35461 Fernwald (Annerod) sowie alle Barsortimente

Schweiz
AVA Verlagsauslieferung AG
Postfach 27, CH-8910 Affoltern

Österreich
Mohr Morawa Buchvertrieb GmbH
Sulzengasse 2, A-1230 Wien

Niederlande, Belgien
Willems Adventure, www.willemsadventure.nl

Wer im Buchhandel trotzdem kein Glück hat, bekommt unsere Bücher auch über unseren
Büchershop im Internet: www.reise-know-how.de

002nl Foto: as

Wir freuen uns über Kritik, Kommentare und Verbesserungsvorschläge, gern auch per E-Mail an info@reise-know-how.de.

Alle Informationen in diesem Buch sind von der Autorin mit größter Sorgfalt gesammelt und vom Lektorat des Verlages gewissenhaft bearbeitet und überprüft worden.

Da inhaltliche und sachliche Fehler nicht ausgeschlossen werden können, erklärt der Verlag, dass alle Angaben im Sinne der Produkthaftung ohne Garantie erfolgen und dass Verlag wie Autorin keinerlei Verantwortung und Haftung für inhaltliche und sachliche Fehler übernehmen.

Die Nennung von Firmen und ihren Produkten und ihre Reihenfolge sind als Beispiel ohne Wertung gegenüber anderen anzusehen. Qualitäts- und Quantitätsangaben sind rein subjektive Einschätzungen der Autorin und dienen keinesfalls der Bewerbung von Firmen oder Produkten.

Elfi H. M. Gilissen
KULTURSCHOCK
NIEDERLANDE
TE HUUR
Eurostone
020 618 22 22

Vorwort

Was für ein Kulturschock? – Natürlich werden Sie in den Niederlanden keinen so derben Kulturschock erleben wie als Zuschauer eines Stierkampfes in Spanien, beim Besuch einer traditionellen Toilette in China oder im Umgang mit Bettlern in Indien.

Die niederländische Art zu leben ähnelt der in Deutschland, in Österreich und in der Schweiz. Die wirtschaftlichen Entwicklungsgeschichten der mitteleuropäischen Länder weisen in den verschiedenen Phasen – von der Industrialisierung bis zur modernen Dienstleistungsgesellschaft – durchaus große Parallelen auf. Wie in anderen europäischen Ländern gibt es in den Niederlanden heute noch Menschen, die den Zweiten Weltkrieg im eigenen Land und auch in ihren Kolonien miterlebt haben. Nach dem Krieg fanden in den mitteleuropäischen Ländern mehr oder weniger zeitgleich ähnliche gesellschaftliche Veränderungen statt. Und nicht zuletzt ähnelt die niederländische Sprache der deutschen sehr. Das Gros der Niederländer sieht den Deutschen äußerlich recht ähnlich. Das kleine Land liegt zumindest für Rheinländer, Westfalen und Niedersachsen gleich nebenan und das niederländische Königshaus hat seine Wurzeln vor allem in Deutschland.

Warum sollte da Erklärungsbedarf herrschen und man gar einen Kulturschock erleben? Die etwas andere Architektur, die weltberühmte liberale Marihuana-Politik, die progressiven Ansätze bei Themen wie Euthanasie und Verhütung, typische Produkte der Nahrungsmittelbranche, die sich deutsche Urlauber gerne als Mitbringsel in ihr Gepäck stecken, Windmühlen, Sandhaufen, Blumenfelder sowie die vielen Wasserstraßen in den Städten und durch das ganze Land: Das kann man ja alles wahrnehmen, ohne es weiter zu hinterfragen.

Wie verhält es sich aber mit penetrantem Duzen oder den vielleicht befremdlich anmutenden Begrüßungs- und Abschiedsritualen mit all den Küsschen? Wieso sehen Landschaft und Architektur eigentlich doch anders aus als in den unmittelbaren Nachbarländern? Warum sind die Holländer eher pro-britisch als pro-französisch eingestellt? Warum sprechen sie so gut Englisch? Warum sind die Holländer noch immer nicht besonders gut auf die Deutschen zu sprechen? Warum regt man sich seit Jahren so vehement über das Aussehen der Figur des *Zwarte Piet* (Knecht Ruprecht) auf? Warum sind die vermeintlich lockeren oder toleranten Niederländer nicht in jeder Hinsicht so tolerant wie man denkt, während es im ganzen Land immer mehr Moscheen gibt? Warum gibt es selten Gardinen vor den Wohnzimmer- oder Esszimmerfenstern? Was hat es mit der Knausrigkeit des Volks auf sich? Wieso findet man in den Vororten keine Cafés, in denen man tagsüber gemütlich beisammensitzen könnte? Was bedeutet die erdrückende Präsenz der Farbe Orange beim Fußball und am Nationalfeiertag? Warum geht man salopp gekleidet ins Theater? Wie kommt es zur scheinbaren Gesetzlosigkeit bei den Themen Drogen, Prostitution oder auch Verkehrsregeln? Warum findet man kaum bezahlbare Mietwohnungen von privaten Vermietern?

Beim näheren Hinschauen stechen einem eine Menge Unterschiede ins Auge. Das Erstaunliche dabei ist, dass man diese vielschichtigen Differenzen zunächst nicht erwartet. Das bekommen besonders diejenigen zu spüren, die länger oder dauerhaft im Land verweilen, z. B. zum Studieren, Arbeiten oder aus Beziehungsgründen etc., denn je länger man bleibt, desto mehr kulturelle Nuancen werden einem auffallen, die mitunter ein heftiges Gefühl des Widerstands auslösen können. Ungeahnt komplexe Probleme, geboren aus einem Unverständnis darüber, wie anders die Bewohner der heutigen Niederlande seit dem Mittelalter sozialisiert wurden, sind oftmals die Folge. Dabei wird bequem mit dem Finger auf den Calvinismus als die Ursache fast „jeden niederländischen Übels" gezeigt. Das wäre jedoch zu einfach und entspricht auch nicht der Wahrheit. Die Erklärungen hingegen sind komplex und nicht mit simplen Schlagwörtern zu leisten. Die besondere Geschichte der Niederlande ist dabei der Schlüssel zu vielen Rätseln und wird in den einleitenden Kapiteln im Hinblick auf die vielen kulturellen Besonderheiten zusammengefasst.

Als Niederländerin, die in Deutschland aufwuchs, wunderte auch ich mich seit meiner „Rückkehr" in die Niederlande im Jahr 2000 über mir ungeläufig erscheinende Bräuche, z. B. bei Hochzeiten oder Geburtstagspartys von Nachbarn: Warum wird man nur selten zum Essen bei jemandem zu Hause eingeladen und warum kommt dem Thema Essen generell ein geringer Stellenwert zu?

Das ganze Land übte sich in Traditionen und Bräuchen, die meine westflämische Mutter ebenso wenig kannte wie mein Vater aus der stark römisch-katholisch geprägten Provinz Limburg (in den Niederlanden). Seit dem Jahr 2000 tausche ich mich mit ausländischen Freunden, Ex- und Repats (Niederländer, die im Ausland aufwuchsen und wie ich selbst zurückgekehrt sind), rege über die erstaunlichen Unterschiede zwischen den Besonderheiten der Niederländer und ihrer Kultur einerseits und der Kultur vieler anderer in den Niederlanden lebender Nationalitäten andererseits aus. Mehr als 15 Jahre der nicht abreißenden Verwunderung bestärkten mich in meinem Vorhaben, die Hintergründe genauer zu erforschen und Antworten zu finden, die in diesem Buch zusammengetragen wurden.

Ich bitte dabei um Nachsicht, wenn die verschiedenen Details dem einzelnen mal mehr mal weniger fremd erscheinen. Es kommt eben auch darauf an, wie weit die eigene geografische Herkunft von den Niederlanden entfernt ist. Für Thüringer, Bayern, Schwaben, Österreicher oder Schweizer sind die Unterschiede durchaus größer als für Emsländer oder Bewohner des Ruhrgebiets. Aber auch für Letzere gibt es viele unerwartete und spannende Details über die niederländische Kultur zu entdecken, die zum Nachdenken und Genießen anregen.

Ich wünsche Ihnen eine kurzweilige Lektüre!

Elfi H. M. Gilissen

Extrainfos im Buch

ergänzen den Text um anschauliche Zusatzmaterialien, die von der Autorin aus der Fülle der Internet-Quellen ausgewählt wurden. Sie können bequem über unsere spezielle Internetseite **www.reise-know-how.de/kulturschock/niederlande17** durch Eingabe der jeweiligen Extrainfo-Nummer (z. B. „#1") aufgerufen werden.

Inhalt

Vorwort 4

Verhaltenstipps von A bis Z 11

Zwei wichtige Fragen vorab 27

Holland oder Niederlande? Wie heißt es richtig? 28
Wie sehen uns die Niederländer? 34

Die Niederlande verstehen 43

Die kultivierte niederländische Landschaft 45
Der Urkeim: die Republik, Migration und Handelsboom 54
Gesellschaftliche Kräfte: Glaube und Bürgermoral 61
Eckdaten der Entstehungsgeschichte der modernen Niederlande 69

Das niederländische Volk 83

Die Königsfamilie – ganz besondere Volksvertreter 84
Gleichstellung, Beruf und Familie 90
Egalitäre Gesellschaft – Auffallen unerwünscht 96
(Un)Sichtbare Minderheiten – Ursprung der Gesellschaft 104
Ein tolerantes Volk – stimmt das? 113
Das Selbstbild der Provinzbewohner 127

Typisch niederländisch! 137

Die niederländische Behausung 138
Gezellig! – Maxime des Zusammenlebens 151
Fahrradkultur auf zwei oder drei Rädern 157
Drei Luftküsse und das „Du“ – Umgangsformen 163
Mal kleckern und dann wieder klotzen 171
Arbeitsleben: informeller Ton und endloses Beraten 181
Fenster: Aushängeschild für wichtige Ereignisse 189
Sinterklaas ist anders als Sankt Nikolaus 195
Alles „oranje“ – nicht nur am Nationalfeiertag 204
„Gesetze gibt es viele, aber ...“ – ein pragmatisches Rechtsverständnis 211

„Echt lekker!“ – kulinarische Besonderheiten 218
Käse, Käse und noch einmal Käse 225
Pro Englisch, anti Französisch und ach, die Belgier! 227

Anhang 233

Quellen 234
Literatur- und Filmtipps 238
Informatives aus dem Internet 242
Register 243
Übersichtskarte Niederlande 250
Die Autorin 252

Exkurse zwischendurch

Landeskunde auf den Punkt gebracht 30
Deutsch, Niederländisch oder Englisch? 36
Flutkatastrophen und Wassermanagement 50
Das Bürgertum und die Kunst 62
Allesamt Calvinisten? 72
Märchenstunde am Prinsjesdag 88
Abkürzungswald der Bildungseinrichtungen 94
Die Niederlande: sozialpolitischer Vorreiter 100
Die Suche nach pragmatischer Stabilität 123
Ikonen niederländischer Architektur: Kirchen und Windmühlen 148
Süßer Brotbelag mit königlichem Segen 186
Vielfalt an Volksfesten und Bräuchen 200
Warten auf Frost – eine Nation im „Eisfieber“ 209
Coffeeshops sind keine Cafés! 214
Typisch niederländische Leckerbissen 220
Was wollen Sie trinken? 226

061nl Foto: NBTC, Bruno Ehrs

Fotonachweis

Soweit der Fotograf nicht direkt am Bild vermerkt ist, stehen die Kürzel an den Abbildungen für folgende Personen, Firmen und Einrichtungen. Wir bedanken uns für ihre freundliche Abdruckgenehmigung.

as	*Alexander Schwarz*
ck	*Carianne Keane*
def	*www.defensie.nl*
eg	*Elfi H. M. Gilissen*
msvg	*Megan Sumner van Gils*
mvl	*Maurits van Linder*
NBTC	*NBTC Holland Marketing, www.nbtc.nl*
nh	*Nicoline Hermans*
os	*Olga Steen*
pm	*Patricia Meijers*
rb	*Reeta Balakrishnan*
sa	*Sjaak Aalten*
sdw	*Stephan de Wit*

Umschlagvorderseite: Klaus Werner, Umschlagrückseite: NBTC
Buchrücken: Maurits van Linder, Papillon Fotografie

DAGSCHOTEL

Verhaltenstipps von A bis Z

< Auf Tuchfühlung mit Einheimischen am Strand von Scheveningen (003nl Foto: NBTC)

Als Besucher der Niederlande findet man sich regelmäßig in Situationen wieder, in denen man nicht so genau weiß, wie man sich im Umgang mit Ortsansässigen verhalten soll. Die vorliegende Liste an Verhaltenstipps kann da mit einem goldenen Hinweis weiterhelfen.

- **Abendessen:** In den Niederlanden isst man mittags belegte Brote u. Ä., am Abend gibt es in der Regel eine warme Mahlzeit. Die meisten Niederländer essen sehr früh zu Abend, d. h. gegen 18 Uhr oder gar schon um 17.30 Uhr. Daher wird zum Essen im Restaurant oftmals 19 Uhr vorgeschlagen, damit man nicht allzu lang auf seine Abendmahlzeit warten muss. Überdies hat man genügend Zeit, um sich nach der Arbeit frisch machen zu können. Wenn man Gäste für eine spätere Uhrzeit zum Essen einlädt, muss man sich nicht wundern, dass sie dann nicht mehr viel essen, weil sie zur gewohnten Zeit bereits einen Imbiss zu sich genommen haben.
- **Abschied unter Bekannten, Freunden und Verwandten:** Man küsst sich zum Abschied mit drei Luftküsschen, in der Regel in der Reihenfolge links, rechts, links, wenn man einander nicht täglich sieht, z. B. am Ende einer Verabredung. Dies gilt auch bei der ersten Begegnung mit jemandem, den man zu Anfang noch per Händedruck begrüßt hat (es sei denn, man findet einander sehr unsympathisch). Männer untereinander geben sich meistens nur die Hand. Siehe auch das Kapitel „Drei Luftküsse und das ‚Du' – die Umgangsformen" ab Seite 163.
- **Adressen:** In den Niederlanden ist der Name auf jeglicher Postsendung vollkommen unerheblich. Wichtig sind lediglich die Hausnummer und die vollständige Postleitzahl, bestehend aus vier Zahlen und zwei Buchstaben. Postsendungen ohne Namensnennung und lediglich adressiert mit z. B. „nr. 69, 5644KJ" und gegebenenfalls mit dem Zusatz „Netherlands" (aus dem Ausland) kommen anstandslos bei der korrekten Adresse an. Entsprechend sucht man in der Regel auch vergeblich ein Namensschild an der Klingel, es sei denn, es handelt sich um einen Apartmentkomplex, obwohl man auch dort häufig nur einen Zahlencode zum Klingeln eingeben muss.
- **Akademische Titel:** Man findet sie auf Visitenkarten, im Absender- und Empfängerfeld bei Geschäftsbriefen sowie auf Kanzleischildern von Juristen oder Praxisschildern von Ärzten. Ansonsten werden akademische Titel weder bei der schriftlichen noch der persönlichen Anrede und auch nicht beim Vorstellen einer Person verwendet, da dies dem Egalitätsgedanken der Niederländer widerstrebt. Man gebraucht in der Regel nur die zwei Anredeformen *(de) heer* (Herr, das *„de"* benutzt man bei der mündlichen Ansprache) und *mevrouw* (Frau).

- **Alkohol:** Seit 2014 gilt in den Niederlanden ein strengeres Alkoholgesetz, nach dem man mindestens 18 Jahre alt sein muss, um alkoholische Getränke gleich welcher Art kaufen und/oder konsumieren zu dürfen. Weil Angestellte an der Kasse das Alter eines Kunden schlecht einschätzen können, schreibt das Gesetz vor, dass sich alle Personen, die jünger als 25 Jahre geschätzt werden, im Supermarkt oder in gastronomischen Betrieben ausweisen müssen. Da die Strafen für die Geschäfte recht saftig sind, wird wirklich oft nach *legitimatie,* einem Ausweis, gefragt. Geht man in einer Gruppe einkaufen, muss jeder Beteiligte seinen Ausweis vorzeigen und das entsprechende Alter vorweisen. Ein 18-Jähriger bekäme in Begleitung eines 17-Jährigen keinen Alkohol verkauft – nur wenn der Käufer mindestens 21 Jahre alt ist, darf er eine minderjährige Person als Begleitung bei sich haben, da man davon ausgeht, dass dieser junge Erwachsene jetzt in der Lage ist, verantwortungsvoll zu handeln und die minderjährige Person nicht mit Alkohol zu versorgen. Für Alkoholbesitz unter 18 Jahren wird abhängig vom tatsächlichen Alter ein Bußgeld zwischen 45 und 90 Euro verhängt.
- **Ampeln:** Es gibt vier Ampelarten in den Niederlanden – für Autos, für Busse und Straßenbahnen, für Fußgänger und für Fahrräder. Rechtsabbiegende Autofahrer sollten aufpassen, dass der Fahrradfahrer nicht auch gerade grünes Licht und somit Vorrang hat! Fahrradfahrer fahren oft und gerne durch rote Ampeln, also Vorsicht, denn bei einem Unfall bekommt garantiert der Autofahrer die Schuld.
- **Applaus:** Sehr zur Verärgerung der Verteidiger von Benimmregeln wird in den Niederlanden bei Theateraufführungen und Konzerten am Ende fast immer stehend applaudiert. Es handelt sich jedoch nicht um sog. „stehende Ovationen", die ausdrücken, dass man die Darbietung außergewöhnlich gut fand. Wie gut es dem Publikum tatsächlich gefallen hat, kann der Künstler nur noch daran ablesen, wie schnell das Publikum aufspringt, wie laut der Beifall ist und wie lange geklatscht wird oder an den zusätzlichen Rufen und Pfiffen. Man ist jedoch keineswegs verpflichtet, ebenfalls aufzustehen. Durch die Umstehenden wird allerdings die Sicht auf die Bühne verstellt, was unangenehm sein kann.
- **Begrüßung unter Bekannten, Freunden und Verwandten:** Bei der allerersten Begegnung begrüßt man sich in der Regel per Handschlag, aber schon beim ersten Abschied kann zur Luftküsschenvariante übergegangen werden, die fortan benutzt wird. Dabei gilt in der Regel die Reihenfolge links, rechts, links, wenn man einander nicht täglich sieht (dann entfallen die Luftküsschen ganz). Männer untereinander geben

sich meistens die Hand. Siehe auch das Kapitel „Drei Luftküsse und das ‚Du' – die Umgangsformen" ab Seite 163.

- **Bestattung/Kremierung:** In der stark säkularisierten Bevölkerung ging die Zahl der kirchlichen Bestattungen so drastisch zurück, dass die privaten *uitvaartcentra* (Bestattungsunternehmen) nun ganz nach marktwirtschaftlichen Prinzipien um ihre Kunden buhlen. Bei der Berücksichtigung der individuellen Wünsche ihrer Kunden – darunter viele Einwanderer – legt ihnen die niederländische Gesetzgebung kaum Steine in den Weg. Wundern Sie sich also nicht über kreative Methoden, sollten Sie einmal einer niederländischen Bestattung oder Kremierung beiwohnen. In den Niederlanden darf (im Gegensatz zu Deutschland) die Asche des Toten z. B. auch auf dem eigenen Grundbesitz verstreut werden (oder auf fremdem, wenn man die Zustimmung des Besitzers hat), selbst in Flussläufe kann man nach Einholen der entsprechenden Genehmigung die Asche eines Verstorbenen einstreuen. In der Nähe von Krematorien gibt es sogar spezielle Felder zu diesem Zweck.
- **Bier:** In Kneipen wird bei gezapftem Pils der Schaum mit einer Art Spatel vom Rand des Glases abgestrichen. Entsprechend nass ist die Außenseite des Glases. Bekommt man bei jemandem privat ein normales Pils angeboten, trinkt man es aus der Flasche. Nur die in den Niederlanden sehr populären belgischen Biere wie auch Guinness, Weizenbier u. a. werden in speziellen Gläsern ausgeschenkt. Beachte auch das Stichwort „Alkohol" in diesem Kapitel.
- **Bitte:** Niederländer sagen selten „bitte", sondern formulieren Bitten mit *„mag ik"* („darf ich") oder fragen den anderen *„zou je/jij"* („würdest du") bzw. *„kunt u"* („können Sie").
- **Bouwvakvakantie (Ferien der Baubranche):** Dabei handelt es sich nicht um Schulferien, sondern um einen staatlich festgelegten, dreiwöchigen Urlaub für die Baubranche innerhalb der jeweiligen Schulferien im Sommer. Daran halten sich sowohl der öffentliche Baubereich und auch fast alle privaten Bauunternehmen. Also wundern Sie sich nicht über die vielen ruhenden Baustellen, planen Sie keine professionellen Renovierungsarbeiten und auch keine Lieferungen von Bauunternehmen im Sommer. Nur normale Baumärkte haben dann geöffnet.
- **Bruin café („braune Kneipe"):** „Braun" sagt in diesem Fall nichts über die Gesinnung der Eigentümer oder der Besucher dieser urigen Kneipen aus, sondern bezieht sich auf die traditionelle Holzvertäfelung an den Wänden, Decken und dem Holzmobiliar, das recht resistent gegen Bier- und Nikotinflecken ist. Wenn der Niederländer den Vorschlag macht, in ein *bruin café* zu gehen, kann man sich auf ein uriges Ambiente und ganz normale Gäste aus der Nachbarschaft freuen.

- **Coffeeshop:** Hier gibt es keine Kaffeebohnen zu kaufen, sondern auf dem Menü stehen verschiedene Sorten Marihuana und Haschisch. Man kann als Erwachsener maximal fünf Gramm zur privaten Nutzung kaufen (vor Ort oder zum Mitnehmen). Legal ist es nicht, aber Verkauf und Konsum werden offiziell von der Regierung geduldet und nicht strafrechtlich geahndet (siehe auch den Exkurs „Coffeeshops sind keine Cafés!", ab Seite 214). In der Regel wird in Coffeeshops kein Alkohol ausgeschenkt, sondern nur nicht-alkoholische Getränke wie Tee und Kaffee, daher auch der Name.
- **Dialekt:** Genau wie in Deutschland erlebte das Sprechen regionaler Dialekte in den 1990er-Jahren eine Renaissance. Menschen identifizieren sich eher mit einer Region und ihren unterschiedlichen Bräuchen, einer bestimmten Landschaft und Geschichte als mit dem niederländischen Königreich, dass es immerhin erst seit 1830 in dieser Form gibt. Im Arbeitsalltag sind alle Bürger der Niederlande jedoch angehalten, *Algemeen Beschaafd Nederlands (ABN),* die niederländische Hochsprache, zu sprechen. Aber wundern Sie sich nicht, wenn bei den informelleren Gesprächen am Kaffeeautomaten oder beim *borrel* (Umtrunk) wieder zum regionalen Dialekt übergegangen wird.
- **Dresscode:** Niederländer kleiden sich bei Geschäftsterminen in der Regel recht leger, eine Krawatte sieht man kaum mehr, aber auch der Anzug ist eine Seltenheit geworden. Geht man ins Theater, muss man bei den Damen auch keine Abendgarderobe erwarten, normal gut gekleidet reicht in den Niederlanden aus. Alles andere wird als übertrieben empfunden und widerspricht dem Egalitätsgedanken (s. das Kapitel „Egalitäre Gesellschaft – Auffallen unerwünscht" ab Seite 96).
- **Drogen:** Der Besitz, Konsum und Verkauf von harten Drogen (Kokain, Amphetamine, XTC, Heroin, Speed, Crystal Meth etc.) ist grundsätzlich illegal und wird auch strengstens strafrechtlich verfolgt. Lediglich für weiche Drogen wie Marihuana und Haschisch herrscht eine Duldungspolitik, siehe auch das Stichwort „Coffeeshop" in diesem Kapitel.
- **Danke:** „Danke" hört man fast nur noch beim Empfang von Geschenken oder der Verabschiedung von Gästen u. Ä., während gerade bei alltäglichen Dingen innerhalb des Familienkreises, wie z. B. dem Anreichen von Dingen am Tisch etc., immer seltener mit einem „Danke" zu rechnen ist.
- **Deutsch sprechen:** Beherrscht man kein Niederländisch, sollte man Niederländer immer auf Englisch ansprechen (nicht auf Deutsch), es sei denn, sie bieten das Deutsche von sich aus an. Heutzutage verstehen die meisten Niederländer Deutsch mehr schlecht als recht, aber ihre Englischkenntnisse sind in den meisten Fällen gut.

- **Duzen:** In den Niederlanden duzt man sich fast immer, auch innerhalb von Firmen, bei geschäftlichen Treffen und im privaten Bereich sowieso. Das Duzen ist kein Ausdruck des Freundschaftsverhältnisses, sondern liegt begründet im Wunsch nach Gleichstellung und flachen Hierarchien im Arbeitsleben. Siehe auch das Kapitel „Drei Luftküsse und das ‚Du' – die Umgangsformen" ab Seite 163.
- **Entschuldigung:** Man wird angerempelt, jemand tritt einem versehentlich auf den Fuß und viele andere kleine Alltagspannen werden nur noch selten mit einem *sorry* entschuldigt, sondern als Kollateralschäden in einem beengten Land hingenommen. Diese Verrohung der Umgangsformen wird jedoch von vielen nicht gern gesehen, d.h. man darf durchaus eine Vorbildfunktion einnehmen und sich selbst sehr wohl entschuldigen, wenn es einem auch nicht unbedingt gedankt wird.
- **Etikette:** Galanterien wie das Aufhalten von Türen, der Dame in den Mantel zu helfen u.Ä. sind in den Niederlanden nicht länger üblich. Im Zuge der Gleichstellung der Geschlechter sind diese Benimmregeln verschwunden. Ob man Mann oder Frau beim Durchschreiten der Tür z.B. eines Geschäftes den Vortritt lässt, folgt nunmehr dem Prinzip „wer zuerst kommt, mahlt zuerst".
- **Fachsimpeln:** In der egalitären niederländischen Gesellschaft wird z.B. in akademischen Fachkreisen ein lockerer, freundlicher Umgangston bevorzugt. Daher sollte man die Alltagssprache nur mit unbedingt notwendigen Fachausdrücken anreichern, aber nicht in Fachsimpelei verfallen. Diese würde schnell als Angeberei gewertet werden.
- **Fräulein:** Ähnlich wie auch in Deutschland gilt es in der emanzipierten niederländischen Gesellschaft als unhöflich bzw. geradezu sexistisch, eine weibliche Person oder Bedienung mit *„juffrouw"* („Fräulein") anzusprechen. Weibliche Erwachsene sollte man grundsätzlich mit *„mevrouw"* („Frau") ansprechen, bei jüngeren kann man *„jongedame"* („junge Dame") und bei Kindern *„meisje"* („Mädchen") sagen. Ungeachtet des Geschlechts versucht man im Restaurant, die Bedienung lediglich durch Handzeichen und Augenkontakt zum Herüberkommen zu animieren. Nur wenn das nicht fruchtet, kann man zusätzlich *„sorry?!"* („Entschuldigen Sie") rufen.
- **Fußgängerübergänge:** Je nach Provinz gibt es kaum Zebrastreifen, sondern nur ausgeschilderte Fußgängerübergänge, die durch zwei

> Die berühmte niederländische Kinderbuchfigur „Nijntje" ziert Utrechter Fußgängerampeln

quer zur Fahrbahn verlaufende weiße Parallelstreifen markiert werden (oftmals mit einer kleinen Verkehrsinsel in der Mitte). Als Autofahrer ist man jedoch nicht verpflichtet anzuhalten (im Gegensatz zum Zebrastreifen). Das Resultat: Kaum ein Fahrzeug stoppt und als Fußgänger braucht man viel Geduld.

009nl Foto: NBTC

- **Gastfreundlichkeit:** „Woanders ist es auch nicht besser, sondern immer nur anders." Dies sollte man sich vor Augen führen, wenn man nicht mehr als ein Stück Kuchen auf Geburtstagsfeiern angeboten bekommt, wenn das Geschenk nur eine Kleinigkeit ist, Partys bewusst erst nach dem Abendessen anfangen und kein Essen angeboten oder man gegen 18 Uhr durch die Blume zum Verlassen des Hauses seines Gastgebers aufgefordert und nicht spontan zum Mitessen eingeladen wird.
- **Geburtstagskalender:** Er hängt in fast allen Haushalten in der Toilette, damit auch ja kein Geburtstag von Freunden und Verwandten vergessen wird. Man kann davon ausgehen, dass jeder Besucher beim Gang zur Toilette kurz prüft, ob sein Name auch draufsteht. Wenn Ihr Name irgendwann draufsteht, wissen Sie, dass Sie jetzt wirklich als Freund(in) gelten. Seinen Geburtstag selbst zu ergänzen, gilt definitiv als Fauxpas.
- **Geschenke:** Wurde man zum Kaffee oder einer Party eingeladen, kann man eine Kleinigkeit wie Kekse, Pralinen, Wein oder Blumen mitbringen. Große, teure Geschenke sollte man vermeiden bzw. nur zu Geburtstagen von sehr guten Freunden verschenken.
- **Getränkeautomat:** In den Läden der niederländischen Supermarktketten wie z. B. Albert Heijn oder Jumbo gibt es einen Automaten, an dem man kostenlos einen Kaffee, Tee oder Kakao zapfen kann, den man vor Ort verzehren darf. Darüber hinaus gibt es sie auch am Arbeitsplatz, beim Automechaniker und an vielen anderen Orten, wo man Personal und Kunden bei Laune halten will. Die Automaten sind keine Notlösung, sondern integraler Bestandteil des Alltags! Man darf sich hier jederzeit bedienen.

010nl Foto: NBTC

- **Getränke bestellen:** In der Regel kommt die Bedienung in der niederländischen Gastronomie recht schnell, um die Getränkebestellung aufzunehmen. Niederländer brauchen dafür keine Getränkekarte, sondern bestellen die typischen Standardgetränke. Es gilt also, einfach zu bestellen, was man gerne hätte, ohne eine Getränkekarte zu verlangen. Man bekommt dann schon zu hören, wenn das Bestellte nicht da ist. Übrigens ist *fris(drank)* der Sammelbegriff für alle nicht-alkoholischen Getränke. Möchte man wissen, welche nicht-alkoholischen Getränke es gibt, fragt man *„Heb je iets van fris?“* und bekommt dann die Möglichkeiten aufgezählt.
- **Grüßen, auf der Straße:** Begegnet man in seinem Wohnviertel (insbesondere auf der Straße, in der man wohnt) oder einer ansonsten menschenleeren Straße einem fremden gleichaltrigen oder älteren Erwachsenen, grüßt man mit *„goedemorgen“, „goedemiddag“, „goedenavond“* („Guten Morgen“, „Guten Tag“, „Guten Abend“). So wird man auch beispielsweise von Verkäufern im Geschäft begrüßt. Erwachsene Niederländer grüßen unbekannte Kinder oder Jugendliche in der Regel nicht und erwarten auch nicht, von ihnen gegrüßt zu werden. Kennt man die Person persönlich, sagt man hingegen *„hoi“* („Hi“) oder *„hallo“* („Hallo“).
- **Grußkarten:** In den Niederlanden werden traditionell noch immer sehr viele Grußkarten geschrieben und verschickt, auch wenn immer

mehr per E-Mail oder Social Media gratuliert und gegrüßt wird. Selbst Beileidsbekundungen für Bekannte werden mittlerweile auf Facebook akzeptiert, wenn man im Grunde so wenig befreundet ist, dass man ansonsten ohnehin nicht wüsste, dass eine angehörige Person verstorben ist. Die wichtigsten Anlässe für Grußkarten sind Glückwünsche zur Geburt eines Kindes, Weihnachten, Geburtstage (insbesondere runde), Schul- und Hochschulabschlüsse. Dabei gilt es nicht als unhöflich, keinen persönlichen Text zu schreiben, die Unterschrift auf der vorformulierten Karte reicht schon im Sinne von „ich denke an dich". Ein längerer persönlicher Text ist überflüssig. Die Weihnachtspost kann man im Übrigen mit speziellen vergünstigten Weihnachtsbriefmarken verschicken und es steht ein gesonderter Briefkasten zur Verfügung. Die Empfänger hängen sie mit Vorliebe an einer Schnur am Fenster oder quer durch die Wohnung mit Wäsche- oder Büroklammern auf. Es ist weniger als Angeberei gemeint nach dem Motto „schau, wie viele Karten ich bekommen habe", sondern untermalt einfach die festliche Stimmung wie eine Wimpelleine. Die Niederländer würden sich also auch über Grußkarten von Bekannten aus dem Ausland freuen!

- **Kleidung:** In den Niederlanden kleidet man sich zum Ausgehen ins Theater oder zum Essen weitaus weniger schick als das in z. B. Deutschland üblich ist, obwohl jüngere Generationen jetzt auch gern mit besonderer Markenkleidung gesehen werden wollen. Förmliche Abendgarderobe sieht man im Grunde nur zu besonderen Anlässen bei Mitgliedern des Königshauses oder politischen Würdenträgern. Bei einer akademischen Promotion sind der Doktorand, seine unmittelbaren Familienmitglieder sowie seine zwei *paranimfen,* die ihm während der Disputation zur Seite stehen (gute Freunde oder Studienkollegen, die sich einfach nur darum kümmern, dass z. B. das Mikrofon funktioniert oder dass der Doktorand nicht allzu nervös wird), förmlich gekleidet. Der männliche Doktorand und die *paranimfen* tragen einen Frack, die weiblichen hingegen einen Hosenanzug oder ein angemessenes schwarzes Kleid. Bei dem recht archaischen Zeremoniell trägt der Rektor oder seine Vertretung eine Amtskette, den Universitätsstab und einen Talar. Von anderen Anwesenden wird zu diesem Anlass entsprechend adrette Kleidung erwartet.

‹ Niederländer brauchen für ihre Getränkebestellung in der Regel keine Getränkekarte, sie bestellen die üblichen Standardgetränke

- **Lekker** (dt. lecker): Ein Wort mit dem man im Niederländischen nicht nur auf den wohlmundenden Geschmack von etwas reagiert, sondern es kann auch auf viele andere Dinge angewendet werden: das Wetter, einen attraktiven Mann oder eine hübsche Frau *(lekker ding)*, eine gute Nachtruhe, ein gutes Gefühl, eine gemütliche Ruhe. Der Gebrauch ist also prädestiniert für Missverständnisse. Vorsicht!
- **Medikamente:** Alle nicht verschreibungspflichtigen Medikamente bekommt man in den Niederlanden in Drogerien. In eine Apotheke geht man im Grunde nur mit einem Rezept vom Arzt. Das Medikament erhält man dort selten in der Originalverpackung des Herstellers, sondern die verschriebene Anzahl der notwendigen Pillen wird eigens in eine weiße Schachtel abgezählt und umgepackt, mit dem Namen des Patienten und der vom Arzt verordneten Dosierungsanleitung versehen. Eine Wahl des Herstellers hat man nicht, um so die Pharmaindustrie dem Gemeinwohl unterzuordnen und Preiskämpfe in der Pharmaindustrie zu vermeiden. Zu der Schachtel bekommt man auch einen Ausdruck des Beipackzettels. Also nicht wundern, dass das ganze furchtbar lange dauert. Man ziehe seine Nummer und übe sich in Geduld. Übrigens muss man sich als Einwohner bei der Apotheke seiner Wahl als Kunde registrieren lassen – alles Maßnahmen die dem Medikamentenmissbrauch und Unverträglichkeitsproblemen entgegenwirken sollen, da die Apotheke über den Konsum aller verschreibungspflichtigen Medikamente des Patienten im Bilde ist.
- **Milchprodukte:** In den Niederlanden werden viele Milchprodukte konsumiert. Überraschend ist da vielleicht, dass insbesondere niederländische Männer mittags gerne ein Glas Milch oder *karnemelk* (Buttermilch, aber geschmacklich irgendwo zwischen Buttermilch und Kefir angesiedelt) trinken und zwar auch beim Geschäftsessen! Vielleicht ist das das Geheimnis der überdurchschnittlichen Körpergröße vieler niederländischer Männer, insbesondere im Norden des Landes?
- **Mittagessen:** Ist man geschäftlich in den Niederlanden, sollte man sich darauf einstellen, dass mittags belegte Brote, Salate u. Ä. gegessen werden, die warme Mahlzeit gibt es grundsätzlich erst am Abend, wenn die Familie zusammenkommt oder die alleinstehende Person Zeit zum Kochen hat. Entsprechend gibt es in niederländischen Betrieben keine Kantinen, sondern man isst sein mitgebrachtes Brot am Arbeitsplatz oder macht z. B. mit Kollegen einen Spaziergang. Bei einem Geschäftstermin bekommt man in der Regel nur belegte Brote angeboten.
- **Nachbarn:** Wenn man neu in eine Wohnung oder ein Haus eingezogen ist, klingelt man im Laufe der ersten Wochen bei seinen Nachbarn, um sich kurz vorzustellen. Gute Nachbarschaft ist den Niederländern

sehr wichtig. Man weiß ja nie, wann man sie braucht, z. B. um die Katze oder Zimmerpflanzen etc. zu versorgen, wenn man in den Urlaub fährt, oder ganz einfach, um Pakete und Päckchen entgegenzunehmen, wenn man gerade nicht zu Hause ist (siehe auch das Stichwort „Pakete" in diesem Kapitel). Man sollte seine Nachbarn daher auch immer freundlich grüßen, wenn man ihnen begegnet und sein Auto in städtischen Wohnvierteln nach Möglichkeit vor seinem eigenen Haus parken und nicht vor dem des Nachbarn.

- **Nachname:** Der Nachname einer Frau ändert sich mit der Hochzeit auf offiziellen Dokumenten nicht und der Mädchenname wird heutzutage in der Regel nach der Eheschließung weitergeführt. Nur auf einen Antrag hin wird der Nachname des Ehemannes auf dem Ausweis der Ehefrau ergänzt. Bei Kindern von verheirateten Ehepaaren bekommen die Kinder automatisch den Nachnamen des Vaters und bei unverheirateten den der biologischen Mutter, es sei denn sie beantragen ausdrücklich eine andere Namenszuweisung für das erstgeborene Kind (nachfolgende Geschwister aus der gleichen Verbindung bekommen immer den gleichen Nachnamen wie ihre Geschwister). Bei gleichgeschlechtlichen Paaren ohne biologische Mutter muss der Nachname immer per Antrag festgelegt werden. Das heißt, man kann vom Nachnamen eines Kindes oder Ehepartners nur selten auf den Nachnamen der Mutter bzw. der Partnerin schließen. Da hilft nur nachfragen!
- **Niederländisch sprechen:** Die Niederländer schätzen es, wenn man als Deutschsprachiger in der niederländischen Sprache mit ihnen spricht. Allerdings haben sie recht wenig Geduld, fehlerhaft formulierte oder mit Akzent ausgesprochene Sätze zu dekodieren und fallen dann immer schnell ins Englische. Das ist oftmals vermutlich einfacher für beide Seiten. Man sollte jedoch beharrlich beim Niederländischen bleiben, wenn man in den Niederlanden lebt, denn sonst werden sich die Niederländer garantiert nach einigen Jahren beschweren, dass Sie noch immer kein vernünftiges Niederländisch beherrschen.
- **Pakete:** Wenn man selbst nicht zu Hause ist, werden Päckchen und Pakete von den diversen Zustellern in der Regel einfach bei irgendeinem Nachbarn abgegeben und man findet in seinem Briefkasten einen Hinweiszettel, wo man das Paket abholen muss. Niemand bricht sich einen Zacken aus der Krone, wenn er auch für völlig unbekannte Nachbarn eine Postsendung annimmt. Diese Form der Nachbarschaftshilfe ist in den Niederlanden überaus gern gesehen und selbstverständlich.
- **Rauchwaren:** Seit 2016 gilt in den Niederlanden ein strengeres Tabakgesetz. Das Mindestalter für den Kauf jeglicher Tabakwaren inklusive E-Zigaretten und Nachfüllpackungen ist 18 Jahre. Zusatzstoffe wie

Vanillearoma oder andere den Tabakgeruch maskierende Duftstoffe wurden bereits verboten, sowohl im Tabak als auch im Zigarettenpapier. Ab 2020 werden auch Mentholzigaretten gänzlich verboten sein. Da die Geldbußen für den Verkauf von Tabakwaren an Minderjährige genau wie beim Verkauf von Alkohol sehr hoch sind, verlangen die Angestellten von jedem Kunden, dessen geschätztes Alter unter 25 Jahren liegen könnte, einen Ausweis. In einer Gruppe muss jeder seinen Ausweis vorzeigen (Ausnahmen werden nur in Begleitung der Eltern gemacht).

- **Rotlichtviertel:** Das Amsterdamer Rotlichtviertel, „De Wallen" genannt, in dem Prostituierte ihre Dienste in den rot beleuchteten Schaufenstern entlang der Grachten anbieten, ist ebenso berühmt-berüchtigt wie die Hamburger Reeperbahn. Dennoch gibt es im 21. Jahrhundert wieder vermehrt städtische und polizeiliche Maßnahmen, um das Gebiet zu verkleinern und illegalen Aktivitäten wie Menschenhandel, Verkauf von harten Drogen und Beschaffungskriminalität entgegenzuwirken. Auch andere *rosse buurten* (Rotlichtviertel) in den Niederlanden werden zunehmend geschlossen, wie z. B. die Hausboote entlang der Vecht am Zandpad in Utrecht und Gebäude der Hardebollenstraat, die 2013 komplett geschlossen wurden. Voyeuristischer Rotlichtviertel-Tourismus trägt nicht gerade zur Vermeidung von Prostitution oder der Verbesserung der Arbeitsverhältnisse von Prostituierten bei. Man sollte sich daher reiflich überlegen, ob ein Besuch des Rotlichtviertels wirklich wünschenswert ist.
- **Ruhebereich:** Auch in den Niederlanden kennt man in den IC-Zügen Ruhebereiche *(stiltecoupé),* in denen Handytelefonate, Klingeltöne, lautes Musikhören über Kopfhörer und laute Gespräche jeder Art unerwünscht sind. Die Meinungen darüber gehen auseinander: Reisende sehen gerade zu Spitzenzeiten im Pendlerverkehr nicht ein, warum z. B. Mütter mit Kindern oder eine Freundesgruppe, die sich unterhalten möchte, im Ruhebereich nicht willkommen sind, wenn in den anderen bereits übervollen Waggons kein Platz für sie ist.
- **Ruhezeiten:** Diese gibt es vor allem in den Großstädten schon lange nicht mehr (streng reformierte Ortschaften und Campingplätze mal ausgenommen). Am Sonntag wird immer irgendwo der Rasen gemäht oder gehämmert, mittags gibt es keine Siesta und die Grill- oder Studentenparty geht bis in die Nacht, ohne dass man vorher den Nachbarn Bescheid gegeben hätte. Nachbarschaftsstreitigkeiten gibt es zur Genüge, dennoch wird in den Niederlanden vielfach nach eigenem Ermessen gehandelt und nicht nach vorgegebenen gesellschaftlichen Regeln. Bei einem Problem kann man ruhig mit den Nachbarn reden,

man sollte sich nur bewusst sein, dass man sich nicht auf eine allgemein gültige Ruhezeit beziehen kann.

- **Schweigeminuten:** Am 4. Mai ist „Dodenherdenking" (Totenehrung für die Gefallenen im Zweiten Weltkrieg), das seit 1956 auf nationaler Ebene am National Monument in Amsterdam mit einer Zeremonie begangen wird. Um genau 20 Uhr ertönt dann landesweit ein Signal, dass zwei Schweigeminuten zum Gedenken der Toten einleitet. Danach werden Reden gehalten, die Nationalhymne gesungen und Kränze niedergelegt (der König zuerst). Ein ähnliches Zeremoniell findet in allen Gemeinden statt. Egal, was man gerade tut, wenn man das Signal hört, sollte man es den Niederländern gleichtun und respektvoll zwei Minuten lang schweigen.
- **Strandspaß:** Deutsche Urlauber, die am Strand ihren Sitzbereich mit Sandwällen umgeben bzw. eine Kuhle als Sitzbereich graben, sind den Niederländern ein Dorn im Auge und wecken allen Ernstes nach wie vor negative Assoziationen mit den Verteidigungsgräben im Zweiten Weltkrieg (nahezu jeden Sommer findet man zum Auftakt der Badesaison einen Artikel zum Thema in den Zeitungen). Deutschsprachige Urlauber sollten auf diese Form des Buddelns verzichten und stattdessen Sandburgen bauen.
- **Taxi:** Es gibt sie, aber man kann sie selbst in Amsterdam nicht einfach heranwinken, sondern muss sie telefonisch bestellen oder am Taxistand aufsuchen. Für den Fall der Fälle sollte man sich also mindestens eine Telefonnummer von einer Taxizentrale pro Stadt notiert und ein Handy zur Hand haben. Die Preise sind im Übrigen noch wesentlich teurer als man das z. B. in Deutschland gewohnt ist.
- **Terminkalender:** Ohne eine *agenda* verabreden sich Niederländer nicht, d. h. spontane Verabredungen gibt es kaum. Allerdings wird der volle Terminkalender auch gerne als Ausrede vorgeschoben. Die Nuancen zwischen tatsächlich vollem Terminkalender aber ehrlichem Interesse und den Ausflüchten wird man im Laufe der Bekanntschaft mit Niederländern interpretieren lernen müssen.
- **Toilette:** Achtung, das *wildplassen* („wild pinkeln") in Städten wie z. B. das Urinieren in Grachten wird mit einer Geldstrafe von 140 Euro geahndet. Nicht umsonst werden in den beliebten Ausgeharealen der größeren niederländischen Städte am Wochenende in der Regel zusätzliche Urinale (oftmals der Sorte Dixi) in den Straßen aufgestellt, damit Männer erst gar nicht in die Verlegenheit kommen, sich am nächsten Baum oder an der Kirchenmauer zu erleichtern. Am Sonntagvormittag werden die Urinale wieder entfernt, wobei es auch solche gibt, die am Sonntagmorgen in den Boden abgesenkt werden.

- **Trinkgeld:** In der Regel gibt man in den Niederlanden kein Trinkgeld und rundet Rechnungsbeträge auch nicht auf. Lediglich in einem gehobenen gastronomischen Lokal geben gut situierte Gäste schon einmal fünf bis zehn Prozent Trinkgeld, wenn es ihnen entsprechend gut gemundet hat. Je nach Café oder Kneipe steht manchmal ein Sparschwein für Trinkgelder an der Kasse, das oftmals von ausländischen Mitarbeitern aufgestellt wurde.
- **Tulpen:** Man hält die Tulpe heute für ein urniederländisches Gewächs, tatsächlich kommt sie aber aus der Türkei. Im Goldenen Zeitalter waren ihre Zwiebeln Sammelobjekte für Reiche und wurden zum Gegenstand von Spekulationsgeschäften. Im Jahr 1637 verspekulierte man sich und viele Niederländer verloren ihr gesamtes Vermögen. Das war das Ende der verrückten Preise für die Blumenzwiebeln, aber die Niederlande blieben eine absolute Größe im internationalen Blumengeschäft. Das weltweit größte Auktionshaus für Blumen steht in Aalsmeer, wo täglich ca. 19 Millionen Blumen und zwei Millionen Pflanzen von 7000 Züchtern den Besitzer wechseln. Rund 80 % werden ins Ausland verkauft. Kein Wunder also, dass man im Westen des Landes vom Flugzeug aus nur Blumenfelder sieht, so weit das Auge reicht, Blumencorsos im ganzen Land beliebt sind und die Blumenausstellung im Keukenhof weltberühmt ist. Einen Strauß Blumen im Haus zu haben oder zu verschenken, ist für Niederländer das Normalste der Welt.
- **Verabschieden:** Von fremden Personen z. B. im Geschäft oder Café verabschiedet man sich in der Regel mit *tot ziens* („Auf Wiedersehen"). Das umgangssprachliche *doei* („Tschüss") und seine regional unterschiedlichen Varianten (*doeg* in Amsterdam, *hou doe* in Brabant) sind eher Freunden und Bekannten, aber auch dem Geschäftspersonal, das man regelmäßig sieht wie z. B. den Angestellten in der Bäckerei, vorbehalten. Was die nonverbalen Verabschiedungsrituale betrifft, siehe auch das Kapitel „Drei Luftküsse und das ‚Du' – die Umgangsformen" ab Seite 163.
- **Vorstellen:** Wird man einer unbekannten Person im privaten Bereich oder am Arbeitsplatz vorgestellt oder stellt man sich selbst vor, gibt man sich in der Regel die Hand und nennt lediglich seinen Vornamen, im beruflichen Bereich Vor- und Nachnamen. Es kann je nach Situation aber auch zu den drei Luftküsschen kommen (siehe das Kapitel „Drei Luftküsse und das ‚Du' – die Umgangsformen" ab Seite 163).

☒ Gratis ist das Zauberwort: Niederländer sind versessen auf Rabattmarken und Treuekarten von diversen Unternehmen

Extrainfo 1 (s. S. 6): ZDF-Doku zur „Tulpomanie" und dem ersten Börsencrash der Geschichte

048nl Foto: eg

- **Wein:** Je gehobener die Gastronomie, desto eher kann man eine Auskunft über die Traubenart des angebotenen Weines erwarten. In normalen Kneipen gibt es schlicht irgendeine Hausmarke Rotwein, Weißwein und eventuell auch Rosé aus dem Großmarkt. Im Süden der Provinz Limburg gibt es übrigens ein Weinanbaugebiet, wo vorwiegend Weißweine hergestellt werden.
- **Witze:** Humor bei Geschäftsbesprechungen dient der informellen entspannten Atmosphäre und gehört auch im Geschäftsleben zum Alltag. Das bedeutet nicht, dass Niederländer die Arbeit nicht ernst nehmen, aber auch die Arbeitszeit soll *gezellig* sein. Also mitmachen und nicht gleich bierernst zur Tagesordnung übergehen!
- **Zegels:** Diese Rabattmarken oder Sparpunkte bekommt man in fast allen Supermärkten und auch an Marktständen oder beim Pizzaladen etc. angeboten. Diese Form des (vermeintlichen) Sparens ist in den Niederlanden ungeheuer populär. Die Supermarktkette Albert Heijn bietet mit der kostenlosen Bonuskarte eine Art Treueprogramm an. Auf Vorzeigen der Bonuskarte bekommt man ausgezeichnete Produkte des Supermarktes preiswerter verkauft. Die Kassierer fragen immer nach der Karte – hat man keine dabei, zückt der Kassierer womöglich eine eigene oder fragt den nächsten Kunden bzw. der Kunde fragt die Umstehenden selbst. Als Tourist kann man auf die vielen Fragen nach *zegeltjes, airmiles* oder *bonuskaart* im Regelfall pauschal mit „nein“ antworten. Nur bei der Frage, ob man das *bonnetje,* die Quittung, haben möchte, sollte man bei Bedarf „ja“ sagen.

Zwei wichtige Fragen vorab

Holland oder Niederlande? Wie heißt es richtig? | 28

Wie sehen uns die Niederländer? | 34

◁ In Alkmaar trägt die Käseträgergilde den Käse seit 1593 auf dem Waagplein zum Markt (005nl Foto: NBTC, Wick Natzijl)

Holland oder Niederlande? Wie heißt es richtig?

Welcher Begriff ist nun der richtige für das Land und seine Bewohner? Offiziell heißt es seit 1830 **Koninkrijk der Nederlanden** (Königreich der Niederlande) und umfasst heute insgesamt vier Gebiete: die Niederlande, Aruba, Curaçao und Sint Maarten, wobei die drei Letzteren zusammen mit den drei Sondergemeinden Bonaire, Sint Eustatius und Saba das sogenannte **Caribisch Nederland** (Karibische Niederlande) bilden. Innerhalb der Niederlande gibt es heute **zwölf Provinzen:** Noord-Holland, Zuid-Holland, Utrecht, Zeeland, Friesland, Groningen, Gelderland, Overijssel, Drenthe, Flevoland, Noord-Brabant und Limburg.

Bis auf Flevoland und Limburg waren die genannten Regionen von 1806 bis 1810 bereits Teil des durch Napoleon gegründeten Königreichs Holland und davor Teil der ebenfalls kurzlebigen Batavischen Republik von 1795 bis 1806. Zuvor hatte es über 200 Jahre lang eine lose Föderation zwischen den sieben nördlichen Provinzen Holland, Zeeland, Utrecht, Friesland, Groningen, Gelderland und Overijssel gegeben, die später die „Republiek der Zeven Verenigde Provinciën" (Republik der Sieben Vereinigten Provinzen) genannt werden sollte. Drenthe gehörte zwar dazu, aber diese verarmte Provinz bekam keinen eigenen Repräsentanten in den sogenannten *Staten-Generaal* (Generalstaaten), wie sich das wichtigste Organ dieser Föderation nannte, in dem sich regelmäßig die Vertreter aller Provinzen versammelten, um Entscheidungen über die Außenpolitik und auch den internationalen Handel zu fällen.

Die **Provinz Holland** war die größte und einflussreichste und musste darum auch 58 % der Kosten der Republik tragen. Hier gab es die meisten Städte und somit die meisten Menschen. Es ist also nicht weiter verwunderlich, dass niederländische Seefahrer, die seit dem Goldenen Zeitalter auf der ganzen Welt von sich reden machten, ihre Herkunft mit „Holland" angaben. So errang Holland schon früh weltweiten Ruhm. Wenn diese Holländer in der Kolonialzeit neue Gebiete für sich beanspruchten, benannten sie diese oftmals nach ihrer Heimatprovinz. So nannte der Niederländer *Abel Tasman* den durch ihn entdeckten australischen Kontinent z. B. „New Holland". In Amerika wurde „Nieuw-Amsterdam" (Neu Amsterdam, heute New York) gegründet, was die Holländer jedoch 1667 nach einem verlorenen Krieg an die Engländer abtraten, dafür konnten sie die von Sklaven bewirtschafteten Plantagen in Suriname behalten.

Das heißt, seit der Ära der großen Kolonialmächte England, Holland, Frankreich, Portugal und Spanien kennt man die **„Holländer"** weltweit, denn in der Provinz lagen die Schiffe, die die Handelswaren aus den Kolonien nach Europa brachten. Dieser Bezeichnung begegnet man daher

auf Schritt und Tritt auf dem Weltparkett und sie trifft heute noch immer auf die Einwohner der zwei am dichtesten bevölkerten Provinzen in den Niederlanden zu. Von der niederländischen Gesamtbevölkerung wohnen heute 38 % allein in den Provinzen Noord- und Zuid-Holland.

Im allgemeinen Sprachgebrauch ist jedoch nicht immer die historische Provinz gemeint, wenn es um „Holland" geht. Im Englischen ist die Verwendung von „Holland" und „Dutch" sehr geläufig und den Zungenbrecher „The Netherlands" als korrekte Bezeichnung des Landes findet man fast ausschließlich in der gehobenen Schriftsprache. Mitunter aus diesem Grund vermarktet das Niederländische Büro für Tourismus & Convention die Niederlande seit den späten 1960er-Jahren unter dem Markennamen

Landeskunde auf den Punkt gebracht

Die Niederlande sind ein kleines Land, von der Fläche und der Bevölkerungsdichte her mit Nordrhein-Westfalen zu vergleichen. Dennoch gibt es wesentliche Unterschiede zwischen den Provinzen. Sieben der niederländischen Provinzen hatten im Mittelalter eine eigene Regionalregierung und Verwaltungsstruktur; sie sind in ihrer Unterschiedlichkeit mit den Bundesländern zu vergleichen, wenn auch auf einer weitaus kleineren Fläche.

- ***Fläche:*** *41.528 km² (18,41 % Wasser)*
- ***Bevölkerung:*** *über 17 Millionen Einwohner (2016; vgl. NRW 17,7 Mio. auf 34.110 km²), davon 5 % Ausländer*
- ***Bevölkerungsdichte:*** *502 Einwohner pro Quadratkilometer*
- ***Autonome Länder (in der Karibik), dem Königreich der Niederlande zugehörig:*** *Aruba (102.911 Ew., 180 km², Hauptstadt: Oranjestad), Curaçao (153.500 Ew., 444 km², Hauptstadt: Willemstad), Sint Maarten (33.609 Ew., 34 km², Hauptstadt: Philipsburg)*
- ***Besondere Gemeinden (in der Karibik), dem Königreich der Niederlande zugehörig:*** *Bonaire (19.408 Ew., 288 km² Hauptstadt: Kralendijk), Saba (1947 Ew., 13 km², Hauptstadt: The Bottom), Sint Eustatius (3193 Ew., 21 km², Hauptstadt: Oranjestad)*
- ***Religionen:*** *27 % römisch-katholisch, 16 % protestantisch, 5 % muslimisch, 1 % hinduistisch, 2 % andere, 48 % keine Religionszugehörigkeit*
- ***Offizielle Sprachen:*** *Niederländisch und Friesisch (nur in Friesland gesprochen) auf dem niederländischen Festland. Im karibischen Bonnaire, Sint Eustatius und Saba auch Papiamento und Englisch. Als Regionalsprachen anerkannt sind das Niedersächsische (seit 1996) und das Limburgische (seit 1997).*

„Holland". Bei jeder Fußballbegegnung, aber auch bei anderen internationalen sportlichen Wettkämpfen fallen die Fanartikel mit der Aufschrift „Holland" auf, „Nederland" hingegen sieht man seltener. Seit der Kreation des Fußballsongs „Hup Holland (Hup)" durch zwei TV-Mitarbeiter im Jahr 1950 mauserte sich dieser für die Niederländer zum Schlachtruf schlechthin. Nur beim Fußball ist es dann auch dem waschechten Limburger oder Friesen egal, dass es korrekterweise „Nederland" heißen sollte. Auf dem sportlichen Parkett vermarkten sich die Niederländer auch selbst vorwiegend als „Holland", was sich aus diesem Grund auch in der **internationalen Sportberichterstattung** durchgesetzt hat.

In diesem Sinne sind die Bezeichnungen „Holland" und „Niederlande" oftmals synonym zu verstehen, wobei in den nachfolgenden Kapiteln dieses Buches „Holland" im historischen Sinne verwendet wird und sich aller Regel nach auf die alte mittelalterliche Provinz bezieht (ohne Trennung von Nord und Süd). Gerade wegen der Vormachtstellung der holländischen Provinz in der Republik der Sieben Vereinigten Provinzen sind die Begriffe *Holland* oder *hollands* (holländisch) nicht immer wertfrei.

Die anderen Provinzen sind darum seit jeher bemüht, ihre **eigene Identität** deutlicher erkennbar zu machen und sich nicht den beiden bevölkerungsreichsten und am meisten verstädterten Provinzen Noord- und Zuid-Holland unterzuordnen, die nur allzu gern auf die weitaus ländlichere Bevölkerung in den anderen Provinzen herabblicken.

Teile der vorwiegend katholischen Gebiete **Limburg** und **Brabant** wurden einst durch die ehemalige Republik der Sieben Vereinigten Provinzen aus verteidigungsstrategischen Überlegungen besetzt und 200 Jahre lang wie Kolonien regiert. Man nannte die Gebiete damals die *Generaliteitslanden* (Generalitätslande). Diese waren stark fragmentiert, denn vor allem der Osten von Brabant sowie Limburg gehörten zum Heiligen Römischen Reich, während die südlichen Teile immer wieder von den Habsburgern vereinnahmt wurden.

Die übermächtige Provinz Holland demonstrierte gerne ihre finanzielle Überlegenheit und ihre **Macht** innerhalb der ehemaligen Republik der Sieben Vereinigten Provinzen, so auch durch den Bau von Prachtbauten wie z. B. dem Stadthaus von Maastricht (1664) von *Pieter Post,* einem der führenden Architekten der Zeit. Erst 1815 wurden ganz Brabant und Limburg Teil des Vereinigten Königreichs der Niederlande, wobei die beiden Provinzen 1830 jeweils noch einmal geteilt werden sollten in ein Noord-Brabant in den Niederlanden und ein Brabant in Belgien, in je eine Provinz Limburg in den Niederlanden und eine in Belgien. Somit ist nachzuvollziehen, dass Limburger und Brabanter seit Generationen stolz auf ihre Provinzen mit ihren Eigenheiten, Dialekten etc. sind und nicht mit „Holland" in einen Topf geworfen werden wollen. Auch **religiöse Motive** spielen nach wie vor eine Rolle bei der Abgrenzung der mehrheitlich römisch-katholischen Limburger und Brabanter von den eher protestantischen „Holländern".

Dass auch die **Friesen** sich vom Rest der Niederlande abgrenzen möchten, kann man verstehen, da sie ursprünglich auf ein Volk mit einer eigenen Sprache, dem Friesisch, zurückgehen. Während die Dialekte lange Zeit im Zuge der Industrialisierung, der zunehmenden Mobilität und durch die Medien zugunsten der niederländischen Standardsprache verdrängt wurden, erleben sie seit den 1990er-Jahren eine Art Renaissance,

012nl Foto: msvg

die auch durch die sogenannte Kohäsionspolitik der EU zugunsten der Sprachen- und Kulturvielfalt gefördert wurde – zumal Friesisch kein Dialekt des Niederländischen ist, sondern eine eigenständige Sprache.

So kommt es, dass in den Begriffen *hollands* (holländisch) oder *hollander* (Holländer) oftmals eine Menge **spezieller Konnotationen** mitschwingen. Einerseits sind architektonische Merkmale oder landeskundliche Besonderheiten aus der Zeit der Republik der Sieben Vereinigten Provinzen gemeint, als Holland die dominante Kultur innerhalb der Republik darstellte. Aber auch die für die westlichen Niederlande typische Aussprache mit sehr kehligem hartem „ch"-Laut oder aber verallgemeinernde Charakterisierungen der westniederländischen Bevölkerung, die eher negativ besetzt sind, können gemeint sein. Deshalb fühlen sich auch viele niederländische Einwohner mit Migrationshintergrund nicht gerade geschmeichelt, wenn sie auf Niederländisch als „Holländer" bezeichnet werden.

Niederlande pur: eben wie ein Brett und unterhalb des Meeresspiegels gelegen

Zur **Vermeidung von ungewollten Beleidigungen** empfiehlt es sich daher im Deutschen und im Niederländischen, alle Niederländer sowie auch die niederländische Sprache ganz einfach faktisch korrekt als solche zu bezeichnen. Nicht zuletzt ist der Begriff der Niederlande ohnehin der ältere, der ab dem 15. Jahrhundert durch die Herrscher von Burgund und später auch von den Habsburgern verwendet wurde. Sie nannten das Land schlicht *pays de par-deçà* (Land von darunter) im Kontrast zu ihrem Herrschaftsbereich auf heutigem französischen Boden. Lange Zeit handelte es sich um einen rein geografischen Namen, der die niedrig gelegenen Gebiete bezeichnete, was sich in der heutigen französischen Bezeichnung *Pays-Bas* ebenso widerspiegelt wie im niederländischen *Nederland* und dem deutschen Begriff „Niederlande". Da es sich nicht um eine Volksbezeichnung handelt, sondern ein Hinweis auf die geografische Eigenheit ist, haben die in den Niederlanden lebenden Menschen kein Problem mit diesem Namen. Und eine treffendere Bezeichnung als die „Niederlande" könnte es für ein Land, in dem ca. 26 % der Landesfläche unterhalb des Meeresspiegels liegen, wohl kaum geben, oder?

Wie sehen uns die Niederländer?

Ganz pauschal ist das natürlich nicht zu beantworten und es lässt sich bestätigen, dass das Bild der Niederländer von den Deutschsprachigen weitaus differenzierter geworden ist, als das bis in die 1990er-Jahre noch der Fall war. Österreicher und Schweizer werden schon seit Langem vorrangig als die „netten Alpenbürger" gesehen, bei denen man Skiurlaub machen oder die Sommerferien zum Wandern verbringen kann. Das Verhältnis zu den deutschen Nachbarn ist dagegen weitaus komplexer.

In grenznahen Regionen gibt es eine Art **Hass-Liebe zu den Deutschen,** die jedes Wochenende in großen Scharen in die niederländischen Städte zum Shoppen einfallen. So sehr man in der Gastronomie, den Unterkünften und im Einzelhandel davon profitiert, so sehr ärgert sich der normale Bewohner von Venlo, Maastricht oder Enschede über die deutschen Tagestouristen. Da kann es schon mal sein, dass sie in beleidigende, antideutsche Parolen verfallen und einem Deutschen in einem Moment der zwischenmenschlichen Verärgerung das aus dem Mittelalter stammende Schimpfwort *mof* (wörtl. Muffel, Griesgram), die modernisierte Form *rotmof* („Scheißdeutscher") oder selbst das aus der Nachkriegszeit stammende *fiets terug* („gib das Fahrrad zurück") nachrufen. Dass Deutsche, die im Mittelalter in den Niederlanden Arbeit suchten, vor lauter Hunger sowie wegen der Sprachbarriere wohl grimmig dreinschauten, ist ein längst vergessener Kontext, aus dem nur das Schimpfwort geblieben ist.

Ähnlich verhält es sich an der Küste und auf den Nordseeinseln der Niederlande. Auch hier erlebt man den **Zwiespalt** zwischen der Freude über den wirtschaftlichen Nutzen durch die deutschen Touristenscharen einerseits und dem unangenehmen Gefühl, dadurch auf Schritt und Tritt von arroganten Urlaubern umgeben zu sein. Treffen niederländische und deutsche Staatsangehörige im Urlaub außerhalb ihrer eigenen Landesgrenzen aufeinander, bestimmt oftmals ein unterschwelliger Konkurrenzkampf den Ton. Die beiden Nationalitäten werden ungern in einen Topf geworfen. Aufgrund der äußerlichen Ähnlichkeiten sowie des Klangs der beiden Sprachen passiert das allerdings häufiger – insbesondere im außereuropäischen Ausland. Und dann gibt es auch noch die Verwirrung, dass die englische Bezeichnung *Dutch* für Niederländer doch eigentlich wie die Übersetzung von „Deutsch" klingt.

Das Verhältnis der Niederländer und Deutschen hat aus niederländischer Sicht viel von dem Gefühl eines *Davids* gegen *Goliath.* Während die Niederlande nur fast 17 Millionen Einwohner zählen, geht das wiedervereinigte Deutschland auf die 81 Millionen zu. Und schlimmer noch, das bevölkerungsreichste deutsche Bundesland Nordrhein-Westfalen, der das längste Stück Grenze mit den Niederlanden teilt, hat allein schon mehr als 17,5 Millionen Einwohner. Aus Niedersachsen, dem weiteren benachbarten Bundesland, kommen fast 7,8 Millionen dazu. Kein Wunder also, dass der Niederländer sich da oftmals allein durch die schiere Größe des deutschen Nachbarn überwältigt fühlt.

An dieser Stelle sollte relativierend bemerkt werden, dass all diese verallgemeinernden Aussagen längst nicht auf alle niederländischen und deutschen Staatsbürger zutreffen und wie z. B. das Verhältnis eines Deutsch-Türken zu einem Niederländisch-Türken ist, wenn diese im Türkeiurlaub aufeinandertreffen, darüber lässt sich hier wenig sagen. Feststeht dann nur, dass die beiden Gruppen viele Gemeinsamkeiten in Abgrenzung zu den Türkisch-Türken haben.

Die Wurzel des „Problems" der Niederländer mit den Deutschen war schon immer die rein **zahlenmäßige Überlegenheit** der Deutschen – auch in den Vorkriegsjahren. Während Deutschland sich mit den neun Nachbarstaaten Dänemark, Polen, Tschechien, Österreich, Schweiz, Frankreich, Luxemburg, Belgien und Niederlande eine Landesgrenze teilt, haben die Niederlande nur zwei Festlandnachbarn: Belgien und Deutschland. Wen wundert es da noch, dass die Deutschen, vor allem all diejenigen, die nicht im Westen von Niedersachsen oder Nordrhein-Westfalen wohnen, kaum einen Gedanken an ihr Nachbarland Niederlande verschwenden?

In den Niederlanden wird Deutschland jedoch von alters her politisch und wirtschaftlich genau beobachtet. Die Zeiten, da die Querelen zwischen den Spaniern, Franzosen und Deutschen, den Niederländern im Grunde ganz zufällig das konkurrenzlose Goldene Zeitalter beschert hatten, gehören schon lange der Vergangenheit an. Nachdem die Niederländer im 16. und 17. Jahrhundert die Großmächte erfolgreich in Schach gehalten hatten, mussten sie sich spätestens ab Ende des 18. Jahrhunderts verstärkt vor **preußischen Expansionsbestrebungen** fürchten. Dabei darf nicht vergessen werden, dass das kollektive Gedächtnis einer Gesellschaft kaum weiter zurückreicht als die Erinnerungen und Geschichten ihrer ältesten Bürger. Das Wissen um die mittelalterliche Geschichte der Niederlande hat sich also längst aus dem kollektiven Gedächtnis verflüchtigt, während die Erinnerungen an deutsches Großmachtgebaren im Zweiten Weltkrieg noch wach sind.

Heutzutage ist Deutschland **der größte Importeur** von niederländischen Waren und auch der niederländische Dienstleistungsbereich ist stark auf Deutschland ausgerichtet. Darüber hinaus sind die Niederlande sicherheitstechnisch von Deutschland abhängig, und zwar auch bei der Landschaftspflege. Denn auch wenn die Niederländer ihre Deiche noch

Deutsch, Niederländisch oder Englisch?

Trifft man irgendwo auf der Welt auf Niederländer und ist der niederländischen Sprache nicht mächtig, erwarten Niederländer grundsätzlich, dass man sie in der Weltsprache Englisch anspricht und nicht etwa auf Deutsch - egal wie ähnlich die Sprachen sich oberflächlich betrachtet sein mögen. Schließlich gilt Englisch im 21. Jahrhundert allgemein als internationale Verkehrssprache in den Bereichen Wirtschaft und Tourismus. Niederländer jeden Alters und gleich welcher sozialen Schicht sprechen in der Regel gut Englisch. Das ist nicht zuletzt dem Umstand zu verdanken, dass im niederländischen Fernsehen nicht synchronisiert wird, sondern alle ausländischen TV-Inhalte im Original mit Untertiteln laufen. Und diese sind fast ausschließlich englischsprachig, insbesondere im niederländischen Privatfernsehen. Deutsche, französische oder z. B. spanische Sendungen kann man da lange suchen. Flämische Serien werden mit Untertiteln ausgestrahlt, was teilweise lustig anmutet - ähnlich wie eine Untertitelung von Produktionen des Bayerischen Rundfunks oder des ORF, die im deutschen Fernsehen eher selten vorkommen.

Viele Niederländer verstehen zwar etwas Deutsch (vielleicht haben sie das eine oder andere bei einem Skiurlaub in Deutschland, Österreich oder der Schweiz aufgeschnappt), aber Deutsch statt Englisch vorauszusetzen, gilt schlicht als unhöflich. Es weckt zudem vielschichtige historische Ressentiments gegen die einst militärisch übermächtigen Preußen und Erinnerungen an die Besatzungszeit während des Zweiten Weltkriegs, die Gräueltaten der Nazis .... ein Fass also, das man lieber nicht aufmachen sollte. Einen Franzosen oder Spanier spricht man ja auch nicht auf Deutsch an. Man sollte daher immer auf Englisch mit Niederländern sprechen, es sei denn, das niederländische Gegenüber gibt dann von sich aus auf Deutsch Antwort und lädt damit explizit zur Konversation in dieser Sprache ein.

Darüber hinaus gebietet es das Feingefühl, ein Minimum an niederländischen Höflichkeitsfloskeln wie „bitte, danke, Entschuldigung, auf Wiederse-

so gut instand halten, werden sie „von hinten ertrinken“, wenn man die Instandhaltung auf deutscher Seite nicht ebenso gewissenhaft ausführt. Jedes außergewöhnliche Rheinhochwasser kann für die Niederlande eine Flutkatastrophe auslösen.

Niederländer, die sich nicht allzu sehr mit internationaler Politik und Wirtschaft beschäftigen und aus diesem Grunde auch kaum etwas über die Entwicklungen in Deutschland wissen, werden auf negative Weise

hen" etc. in der Landessprache zu beherrschen und diese auch anzuwenden sowie sich zu bemühen, Ortsnamen auf Niederländisch auszusprechen. Wenn man sich einprägt, wie die für Deutschsprachige ungewöhnlichen Laute korrekt ausgesprochen werden, klappt das mit Sicherheit ganz schnell und die Ohren der Niederländer werden es Ihnen danken. Hier die wichtigsten Ausspracheregeln:

ch	*am Wortanfang wie „sch" in „Schule", sonst wie im Deutschen*
ei, ij	*sprich „äi"*
eu	*„ö" wie in „höflich"*
g	*wie „ch" in „lachen"*
oe	*„u" wie in „Bus"*
s	*immer stimmlos wie in „Fass"*
sch	*getrennt sprechen als „s" und dann „ch"*
st	*immer wie im Deutschen „st" bei „Ast", auch wenn es am Wortanfang steht*
u	*wie ein kurzes „ö" in „möchte"*
ui	*ähnlich wie „eui" im Französischen „portefeuil", also kein „u"-Laut!*
uu	*wie ein langes „üh" in „Tür"*
z	*wie ein stimmhaftes „s" in „Rose"*

Unter Beherzigung dieser dreizehn Laute werden Niederländer Sie nicht länger mit einem fragenden Gesicht anschauen, wenn Sie sich nach dem Weg nach einer Straße oder Stadt erkundigen.

Wer sich der niederländischen Sprache für den Urlaubsbedarf oder auch sonst weiter nähern möchte, dem seien die beiden Kauderwelsch-Titel „Niederländisch Wort-für-Wort" und „Niederländisch Slang" empfohlen, beide erschienen im Reise Know-How Verlag.

an den großen Nachbarn erinnert, wenn sozusagen im Doppelpack der Gräuel des Zweiten Weltkriegs gedacht wird: am 4. Mai mit dem *Dodenherdenking* (Gedenktag für die Toten des Zweiten Weltkriegs), am 5. Mai auch mit dem *Bevrijdingsdag* (Tag der Befreiung, an dem 1945 die deutschen Besatzer in den Niederlanden kapitulierten). Diese Gedenkfeiern hatten sicherlich einst zum Ziel, den Nationalstolz der Niederländer in der Trauer zu vereinen. Im Rahmen eines europäischen Zusammenwachsens wirken die Rituale heute allerdings eher wie Salz in einer eigentlich schon gut geheilten Wunde.

Wenn die vor 1975 geborenen Niederländer selbst Deutschland nicht schon häufiger bereist haben, ist ihr Deutschlandbild oftmals arg von der **deutschen Besatzungszeit** während des Zweiten Weltkriegs geprägt, so wie es ihnen von ihren Großeltern, Eltern, der Schule und nicht zuletzt den Medien vermittelt wurde. Den vor 1975 geborenen Westdeutschen hingegen wurde die Schuld am Genozid immer wieder eingebläut, sodass diesen Generationen im Grunde (bis zur Fußballweltmeisterschaft 2006) jeglicher Nationalstolz versagt war. (In der DDR dagegen wurde ein Nationalstolz auf die eigene junge Nachkriegsrepublik zelebriert, die DDR hatte mit den Niederlanden schon aus geografischen Gründen keine oder kaum Berührungspunkte). Für die vor 1975 geborenen Niederländer gilt somit meistens, dass ausnahmslos alle Deutschen kollektiv Schuld am Krieg waren, Schuld an den Kriegsverbrechen durch die Nazis und Schuld am Genozid. Aber vor allem hatten sie Schuld an der für die Niederländer traumatischen Besetzung der Niederlande, einem Land, das im Ersten Weltkrieg neutral geblieben war und im Zweiten Weltkrieg durch die Bombardierung Rotterdams 1940 unfreiwillig in den Weltkrieg hineingezogen wurde. Dabei war weder die eigentliche Besatzungszeit in den Niederlanden noch die Massendeportation der niederländischen Juden das schlimmste Übel, sondern das Schicksal der über 850.000 zwangsevakuierten Niederländer, die in Deutschland als Zwangsarbeiter eingesetzt wurden, und die in den Niederlanden herrschende Hungersnot gegen Ende des Krieges sollten sich langfristig am hartnäckigsten in das kollektive Gedächtnis der Niederländer einbrennen. Gerade bei diesen Generationen ist daher ein tief verwurzeltes Misstrauen gegenüber den Deutschen hängengeblieben.

Mit einer gesunden Skepsis haben die Niederländer den **Fall der Mauer** im Jahr 1990 und die Wiedervereinigung der beiden deutschen Republiken beobachtet. Im 21. Jahrhundert ist die wiedervereinigte Bundesrepublik Deutschland jedoch längst zur Normalität geworden, vor der man sich in der Regel nicht länger fürchtet, es sei denn irgendeine nationalistische Bewegung macht gerade mal wieder mehr von sich reden, sodass wieder alte Ängste angesprochen werden. Zwar gibt es solche Tendenzen auch in den Niederlanden und anderen Ländern immer wieder, aber die

⊡ Das Niederländische Büro für Tourismus & Convention wirbt aktiv um deutsche Urlauber

werden in der Regel als weniger gefährlich eingestuft, als wenn dies in Deutschland der Fall ist. Das historische Misstrauen sitzt tief.

Deutschland wird heute meist als starker Partner innerhalb der Europäischen Union gesehen, dem man sicherlich näher steht als Frankreich oder Spanien. Das wiedervereinigte Berlin steht darüber hinaus im Ruf, eine der hippsten Städte Europas zu sein, die vor allem viele junge Niederländer lockt, für die der Zweite Weltkrieg ohnehin abstrakter „Schnee von gestern" ist, weil sie bereits Nachkriegsgroßeltern haben. Sie kennen innereuropäische Grenzen nur noch vom Hörensagen und wenn sie im Geschichtsunterricht nicht genau aufgepasst haben, wissen sie im Allgemeinen nicht einmal, dass Bonn jahrelang die Hauptstadt der Bundesrepublik Deutschland war. „Bonn? Wo ist das?" wird dann gefragt.

Die Veränderungen innerhalb Europas und in den Köpfen der Niederländer fanden nicht über Nacht statt, sondern als ein langsamer Prozess im Laufe des Generationswechsels. Dieser Prozess wurde begleitet von vielen Regierungsinitiativen, Städtepartnerschaften, Austauschprogrammen zwischen Schulen, Wirtschaftsprogrammen, Tourismuswerbung und nicht zuletzt einer positiv gestimmten Berichterstattung in den niederländischen Medien. Das Verschwinden der Grenzanlagen seit Unterzeichnung des Schengenabkommens und die Einführung der gemeinsamen Währung Euro hat die Grenzen durchlässiger werden lassen. Auch die Zunahme des grenzüberschreitenden Reiseverkehrs und die Veränderung des Warenangebots in den Geschäften durch neue Zollstrukturen innerhalb der Europäischen Union haben die Grenzen „weicher" werden lassen.

In regelmäßigen Abständen flackert jedoch immer wieder ein kämpferischer Unterton in den niederländisch-deutschen Beziehungen auf, nämlich immer dann, wenn eine Fußballeuropameisterschaft oder eine Fußballweltmeisterschaft ansteht. Das liegt schon allein an der Tatsache, dass die beiden Länder sehr stark im **Fußball** sind und entsprechend häufig gegeneinander antreten (die Niederlande treten häufiger nur gegen Belgien und Deutschland gegen die Schweiz an). Bei den deutsch-niederländischen Spielen herrscht oftmals eine erbitterte **Konkurrenz** zwischen fußballbegeisterten Deutschen und Niederländern, die ihren Ursprung im deutschen Sieg der Fußballweltmeisterschaft 1974 hat. Der Ausgleich kam erst mit dem niederländischen Sieg in der Europameisterschaft 1988. Seither werden alle Fußballbegegnungen zwischen diesen beiden Ländern begleitet von besonderen Parolen wie „Ihr seid nicht dabei", „Schade Deutschland, alles ist vorbei", „Ohne Holland fahr'n wir zur WM" etc. auf Websites, Spanntüchern, T-Shirts etc. Eine Linderung des „Fußballkriegs" brachte 2006 die Ausrichtung der Weltmeisterschaft in Deutschland. Viele fußballbegeisterte Niederländer, die bis dahin noch nie oder kaum in Deutschland gewesen waren, reisten zu den Wettkämpfen ins Nachbarland und machten dort mehrheitlich eine erstaunliche Entdeckung: Es war ganz schön und die Deutschen waren auch ganz nett. Seither hat der deutsche Fußball bei den Niederländern an Sympathie gewonnen. Dies brachten auch die niederländischen Nationalspieler zum Ausdruck, die die Professionalität bei der Ausrichtung, die lebendige Fankultur und die perfekte medizinische Versorgung lobten.

Eine der aktivsten Geheimwaffen der Niederlande zur Verbesserung der niederländisch-deutschen Beziehungen war und ist die **niederländische Königsfamilie.** 1996 erhielt die ehemalige niederländische Königin *Beatrix* wegen ihrer Verdienste um die europäische Einigung und ganz besonders wegen ihrer Rolle bei der Aussöhnung der Niederlande mit ihrer ehemaligen Besatzungsmacht Deutschland den renommierten Aachener Karlspreis verliehen. Zwei Jahre zuvor hatte Königin *Beatrix* dem niederländischen Volk bei der Weihnachtsansprache erneut ins Gewissen geredet mit den Worten „Die Vergangenheit ist nicht vergessen, aber überwunden. Auf Unterdrückung folgt Befreiung, aber nach Befreiung kommt Versöhnung." Als Tochter des deutschstämmigen Prinzen *Bernard* und als Ehefrau des Deutschen *Claus von Amsberg* war sie auch immer persönlich mit antideutschen Vorbehalten ihrer niederländischen Landsleute konfrontiert. Sie hatte somit auch ein persönliches Interesse, diesen entgegenzutreten. Ihr ältester Sohn *Willem-Alexander,* der ihr mittlerweile als König der Niederlande nachgefolgt ist, setzt die Bemühungen um ein positives Verhältnis zu Deutschland fort. Aus diesem Grund besuchte er im Jahre 2013 einen Monat nach seinem Amtsantritt Luxemburg und Deutschland. Anfang 2015 war das Königspaar erneut in Norddeutschland unterwegs: Einer von vielen zukünftigen Arbeitsbesuchen mit einer Handelsdelegation im Schlepptau, denn Deutschland ist und bleibt der wichtigste Handelspartner der Niederlande. Da geht es um die Vertiefung der Handels- und Investitionsbeziehungen sowie um die Förderung der Zusammenarbeit. *Networking* nennt sich das in den Niederlanden, aber in diesem Fall unter der Schirmherrschaft des Königspaares.

Für eine gute Zusammenarbeit zwischen den beiden Ländern sorgen traditionell auch die vielen **Mischehen** zwischen Deutschen und Niederländern. Mit 364.125 Personen sind die Deutschen die viertgrößte Minderheit in den Niederlanden. Die 147.322 in Deutschland lebenden Niederländer (davon fast die Hälfte in Nordrhein-Westfalen) tragen ebenso zur Völkerverständigung bei.

Die Wunden der Nachkriegszeit sind größtenteils überwunden und der Prozess der Versöhnung ist mit Eintritt in das 21. Jahrhundert für die meisten so gut wie abgeschlossen. Man begegnet sich jetzt mehrheitlich auf Augenhöhe ohne den schweren Ballast der Vergangenheit. Damit das auch weiterhin so gut wie möglich klappt, lohnt es sich immer, wenn beide Seiten echtes Interesse am Land und der Geschichte des anderen zeigen. Die Reduzierung des Deutschunterrichts an niederländischen Schulen wird in der niederländischen Wirtschaft teilweise mit Missfallen wahrgenommen, aber das ist eine andere Diskussion.

Die Niederlande verstehen

Die kultivierte niederländische Landschaft | 45
Der Urkeim: die Republik, Migration und Handelsboom | 54
Gesellschaftliche Kräfte: Glaube und Bürgermoral | 61
Eckdaten der Entstehungsgeschichte der modernen Niederlande | 69

◁ Das alte Handwerk der „klompenmakerij" steht auf der UNESCO-Welterbeliste, der größte Teil wird heute allerdings längst maschinell hergestellt (006nl Foto: henktennapel, Fotolia.com)

Ausländische Arbeitnehmer, die in den Niederlanden leben und arbeiten, sind oftmals erstaunt über die kulturellen Unterschiede zwischen ihrem Herkunftsland und den Niederlanden. Die Anzahl der Blogs und Bücher zum Thema ist groß, wenn man sich erst einmal danach umschaut. Seit Gründung der Europäischen Union 1992 und der Vorbereitung der späteren Einführung des Euro befassten sich auch niederländische Journalisten und Autoren vermehrt mit den Eigenheiten ihres Volkes. Wenn man seine eigene Kultur innerhalb der europäischen Einheit wahren wollte, musste man schließlich wissen, was denn eigentlich der Kern der niederländischen Identität sei.

In dem Unverständnis darüber, wie es sein kann, dass vieles in den Niederlanden anders ist als z. B. bei den direkten Nachbarn in Deutschland, in Belgien, in Großbritannien oder auch in Frankreich, wird immer noch schnell der **Calvinismus** als Grund schlechthin genannt, auch wenn es längst als erwiesen gilt, dass die typisch niederländische Mentalität im Laufe der Geschichte nicht vordergründig durch die Lehren des französischen Reformators *Johannes Calvin* geprägt wurde. Vielmehr haben vielfältige soziale, wirtschaftliche, geografische und politische Gegebenheiten im Mittelalter die **Entwicklung und Verbreitung der reformierten Ideen begünstigt:** die wasserreiche Landschaft, der Wunsch nach persönlicher Bereicherung, der Unmut über die Steuerabgaben, die Abscheu vor politischer und wirtschaftlicher Bevormundung durch die spanischen Machthaber, die Sehnsucht nach Frieden, die Abneigung gegen einen vorgeschriebenen Staatsglauben, der Hass auf die Inquisition und das Verlangen nach freiem Denken. „Calvinistisch" als Schlagwort zu benutzen, ist natürlich wesentlich einfacher, als diese komplexen historischen Grundlagen der kollektiven niederländischen Mentalität ins Auge zu fassen. In den folgenden vier Kapiteln soll dies so verständlich wie möglich und aufeinander aufbauend versucht werden. Dabei ist anzumerken, dass eine Vielzahl der „typisch niederländischen" Gegebenheiten für die Provinz Limburg oftmals gar nicht und für die Provinz Noord-Brabant nur mit Abstrichen zutrifft, da diese beiden Regionen zur Zeit des Mittelalters eine besondere Position in den Niederlanden einnahmen.

[>] Die romantische Ansicht der Windmühlenreihe von Kinderdijk lässt fast vergessen, welche enorme wirtschaftliche Bedeutung die Windmühlen bei der Einpolderung riesiger Flächen hatten

Die kultivierte niederländische Landschaft

Seit der Gründung und allmählichen Erweiterung der Europäischen Union haben wir Europäer uns schnell an die Abwesenheit von Grenzposten an den Landesübergängen gewöhnt. Dennoch verändert sich das Landschaftsbild fast gleichzeitig mit dem Überschreiten der Landesgrenze zwischen Deutschland und den Niederlanden, die ja durchaus noch vorhanden ist. Klar, die Straßenschilder, Leitpfosten und andere Wegmarkierungen ändern sich ebenso wie die Sprache. Das Auffälligste sind aber die Unterschiede in der **Landschaftspflege:** wie Bäume entlang der Autobahnen beschnitten werden, wie die Gemeinden ihre Grünstreifen und Parks bepflanzen, wie die Bauern die Nutzflächen pflegen und wie die Niederlande Nutz- und Naturflächen zurückerobern.

015nl Foto: NBTC

Urbarmachung durch Wasserwirtschaft

Fährt man heute durch die Niederlande, ist das **Element Wasser** nahezu überall präsent. Das ganze Land erscheint wie ein riesiges Delta von Flüssen, die sich nach Hunderten von Kilometern quer durch Deutschland und Belgien in den Niederlanden konzentrieren und in die Nordsee ergießen. Die größten sind der Rhein, die Maas, die Waal, die IJssel und die Schelde. Seit Jahrhunderten nutzen die niederländischen Bewohner das Meer und die Flüsse als **Transportwege** und versuchen auch, das Wasser zu zähmen, damit sie möglichst ertragreiche Ernten haben und sich genügend Lebensraum für die stetig wachsende Bevölkerung in diesem kleinen Land erobern. Von den 41.528 km² der niederländischen Gesamtfläche sind fast 8000 km² Wasser, also über 18 % (in Deutschland sind es nur knapp über zwei Prozent von 357.341 km²)! Das Element Wasser fällt auf im niederländischen Landschaftsbild und damit verbunden sind viele kulturhistorische Eigenschaften, die nachfolgend etwas eingehender betrachtet werden sollen.

Es war einmal ein Wald ... So könnte man die Geschichte über die niederländische Kulturlandschaft beginnen. Als die Römer sich entlang des Rheins bis zu den Niederlanden in das Gebiet der Friesen vorarbeiteten, war der Rhein von dichten Wäldern gesäumt. Das niederländische Gebiet wurde jedoch bereits zu Zeiten des Heiligen Römischen Kaiserreichs im Mittelalter durch die wachsende Bevölkerung weitgehend entwaldet. Die Buchen endeten als Brennholz, die Eichen verschwanden, weil ihre Setzlinge durch die weit verbreitete Schweinehaltung aufgezehrt wurden. Auch die Birken, die anstelle der Buchen gewachsen waren, vertrugen die Viehmengen nicht. Es entstand eine Heidelandschaft und die Waldbestände konnten sich nie mehr richtig erholen. Das erklärt die weitgehende Abwesenheit von Wäldern.

Die typisch niederländischen **Felder** werden von vielen **Entwässerungsgräben** zwischen den einzelnen Feldern und Parzellen gesäumt. Für die übermäßig nasse Landschaft hatten sich die Feudalherren lange Zeit nicht interessiert. Die Adligen bekamen ungern nasse Füße ... Damit Bauern in der Grafschaft Holland das Gebiet überhaupt als Agrarflächen nutzen konnten, mussten Entwässerungsgräben her, damit das Wasser von den Feldern in die Flüsse geleitet werden konnte.

Damit die Felder nicht durch das abfließende Wasser von Nachbargrundstücken geflutet wurden, begann man ab ca. dem Jahr 1000 zusätzlich mit der **Eindeichung der Flüsse.** Schließlich baute man **Deiche** rund um die Dörfer, um auch diese vor Hochwasser zu schützen. Spätestens zu diesem Zeitpunkt haben die Niederländer sich selbst zu Zähmern des

Elements Wasser ernannt wie keine andere Nation der Erde. Weil eine Privatperson ja nicht allein für den Erhalt der Deiche verantwortlich sein konnte, wurden **Wasserwirtschaftsverbände** gegründet, die die Wasserstände zum Wohle aller regelten. Das Überleben aller Bewohner hing von den Entscheidungen über die Wasserstände ab. Ein einziger Fehler konnte verheerende Folgen haben, einen Deichbruch nach sich ziehen, eine Überschwemmung, den Verlust der Ernte, den Verlust der Behausung etc. Aus diesem Grund wurde jede Entscheidung lang und breit diskutiert, bis man eine Lösung im Sinne aller betroffenen Parteien gefunden hatte. Diese niederländische Tradition der langwierigen und zuweilen endlos erscheinenden Beratungen und Konsensbildungen nennt sich *overlegcultuur* (Rücksprache-Kultur) und hat die Gesellschaft nachhaltig geprägt (siehe auch das Kapitel „Arbeitsleben: informeller Ton und endloses Beraten" ab Seite 181). Die Deiche machten sich die Niederländer auch auf andere Weise zum Freund, z.B. als sie sie im 17. Jahrhundert strategisch zur Landesverteidigung gegen die Franzosen einsetzten und diese durch die Wassermassen am weiteren Vormarsch hinderten.

Weitere herausragende Merkmale der niederländischen Kulturlandschaft sind mit Sicherheit die vielen **Kanäle.** Den Anfang machte schon der römische Feldherr *Drusus,* der an der Gabelung der Flüsse Rhein und Waal einen Leitdamm errichten ließ, sodass mehr Wasser in den Niederrhein floss. In den nachfolgenden Jahrhunderten folgte das Verbinden von diversen Flüssen mit dem Rhein und man grub neue Schifffahrtsverbindungen u. a. nach Utrecht.

Wirtschaftliches Wachstum durch Torfabbau

Der Grund für den Bau der vielen Kanäle lag u. a. in der Entdeckung von Torf als alternativer Energiequelle zum Brennholz. Nennenswerte Wälder gab es schon nicht mehr und im getrockneten Zustand brannte Torf wunderbar. In der niederländischen Landschaft gab es mehr als genug Sumpf- und Moorgebiete, in denen man dieses Brennmaterial abbauen konnte. Als der Wohlstand in den niederländischen Städten des 14. Jahrhunderts zunahm, stieg die Nachfrage nach Torf für die Beheizung der Häuser und auch für diverse Gewerbe wie Bierbrauereien, Backstein- und Dachpfannenherstellung, Bleichereien, Färbereien, Baumwolldruckereien, Kalköfen und Salinen. Torf sollte bis ins 19. Jahrhundert die **Energiequelle Nummer eins** der Niederlande bleiben, bis größere Mengen Steinkohle zu einem bezahlbaren Preis erhältlich wurden, welche wiederum ab Mitte des 20. Jahrhunderts durch Erdöl und anschließend durch Erdgas als wichtigste Energiequellen abgelöst wurde.

Extrainfo 2 (s. S. 6): Die Deutsche Welle berichtet über den ständigen Kampf gegen Überschwemmungen: In Nijmegen entsteht eine Insel in der Flussverbreiterung des Rheins.

Der Import von Brennmaterial aus benachbarten Herrschaftsgebieten wäre zwischen dem 14. und dem 19. Jahrhundert logistisch kaum realisierbar und überdies zu teuer gewesen. Dahingegen waren die Anfahrtswege im Fall einer örtlichen Torfgewinnung kleiner und man konnte genügend Arbeitskräfte aus u. a. deutschen Gebieten anwerben. Für eine Subsistenzwirtschaft, also eine Wirtschaft, die ausreichend landwirtschaftliche oder andere Erzeugnisse nur für den Eigenbedarf produziert, waren die Gegebenheiten nicht geeignet. Selbst für eine Tauschwirtschaft zwischen den einzelnen Grafschaften, Bistümern etc. waren die natürlichen Gegebenheiten zu marginal. Somit haben sich die Niederländer aus der Not heraus schon sehr früh auf den internationalen Handel spezialisiert. Logistisch war dieser Handel am besten auf dem Wasserweg zu bewerkstelligen (und später auf dem Seeweg).

Das Anlegen von **Torfkanälen** für den Transport des voluminösen Materials kam auch dem Transport von Waren aller Art und später dem Transport von Steinkohle zugute. Das Land, das man zum Anlegen der Torfkanäle benötigte, konfiszierte man in der Republik der Sieben Vereinigten Provinzen vom Grundbesitz der katholischen Kirche. Heute spielen die Torfkanäle eine weitaus geringere Rolle. Manche von ihnen wie z. B. in der Provinz Groningen werden nur noch zur Freizeitgestaltung erhalten, denn der Besitz von und das Fahren mit Booten sind in den Niederlanden weit verbreitet.

Im Industrialisierungszeitalter zwischen 1850 und 1930 wurden in den Niederlanden die größten Mengen Torf gestochen. Man bevorzugte das trockene Torfstechen, wobei die Gebiete zuvor entwässert wurden. Die Folge: Der langjährige und großangelegte Torfabbau trug dazu bei, dass weite Teile der Niederlande unter den Meeresspiegel absanken. Eine Folge der Trockenlegung war, dass das Torfmoor schlicht durch Oxidation verschwand. Nach Verschwinden der schützenden Wasserschicht war es dem Sauerstoff in der Luft ausgesetzt, wodurch die Pflanzenreste schnell vergingen und sich in Kohlenstoff und Wasser auflösten. Immer mehr **Entwässerungsgräben** mussten her, um den **Grundwasserspiegel** auf dem richtigen Niveau im Verhältnis zu den Ackerflächen zu halten. Gelang es den Bauern nach einigen Jahren nicht länger, dies zu erreichen, mussten sie notgedrungen ihr Ackerland aufgeben. Im Gebiet um Utrecht herum soll der Meeresspiegel in 1000 Jahren um etwa 2 Meter gesunken sein, und in West-Friesland war die Bodenhöhe Mitte des 14. Jahrhunderts 3,5 Meter höher als heute.

Dieses **Absinken der Bodenhöhe** unter den Meeresspiegel barg besondere Gefahren. Insbesondere während der Sturmfluten im 12. und 13. Jahrhundert drang Meerwasser tief ins Landesinnere ein, über-

Extrainfo 3 (s. S. 6): Besonderheiten des Landschafts- und Städtebaus: die drei Welterbestätten Stelling van Amsterdam, Grachtengordel Amsterdam und Droogmakerij de Beemster

schwemmte die Torfmoore und hinterließ viel tonhaltiges Sediment. In dieser Periode entstanden die meisten **Binnengewässer** in Noord-Holland, die durch den Zufluss aus den Entwässerungsgräben im Laufe der Jahrhunderte immer größer wurden. So entstanden z. B. auch südlich des IJ und um Utrecht herum neue Seen. Außerdem konnte man ab dem 16. Jahrhundert den Torf mithilfe einer netzförmigen Schöpfkelle an einem bis zu 8 Meter langen Stiel auch weit unter dem Wasserspiegel abschöpfen. Viele Seen wie z. B. die Loosdrechtse, Vinkeveense und Reeuwijkse Plassen wurden dadurch immer größer und tiefer. Die damit einhergehende Problematik führte zu immer strengeren Regeln für die Torfstecher, die jedoch selten eingehalten wurden.

Einpoldern zur Landgewinnung und als Überflutungsschutz

Zur Landgewinnung deichte man die Gebiete mit geringer Bodenhöhe komplett ein und schützte sie somit vor Überflutung. Diese eingedeichten, großflächigen Landgebiete, in denen der Wasserstand künstlich niedrig gehalten wurde, nennt man **Polder.** Das älteste dem Meer abgewonnene Stück Land in den Niederlanden ist der Beemster Polder, der daher als UNESCO-Weltkulturerbe eingestuft ist. Als Steinkohle, dann Erdöl und schließlich Erdgas preiswert genug wurden, um den Torfabbau unrentabel zu machen, begann man mit dem Trockenlegen der auf Torfabbaugebieten entstandenen Seen. In den 1950er-Jahren musste das jedoch aufgegeben werden, da dies für die angrenzenden Polder zu viele Probleme verursachte. Viele der einst entstandenen Binnengewässer werden daher heute als Erholungsgebiete oder Naturreservate genutzt.

Für das effektive kontinuierliche Abpumpen von Wasser von den Feldern entwickelten die Niederländer im 15. Jahrhundert **Windmühlen,** mittels derer man das Wasser von der einen auf die andere Seite des Deiches pumpte. Gleichzeitig verhalf man damit der niederländischen Landschaft zu einem ihrer typischen Wahrzeichen. Zwar gab es Windmühlen auch in Deutschland, Belgien und vielen anderen Ländern, jedoch nicht in solcher Dichte und auch nicht unbedingt zum Entwässern der Nutzflächen. Mit seinen neunzehn in Reih und Glied angeordneten Mühlen ist die Landschaft um Kinderdijk heute als UNESCO-Weltkulturerbe eingestuft. Als die mit Windkraft betriebene Abpumptechnik so richtig ausgereift war, konnten ganze Polderlandstriche und Binnenseeareale für landwirtschaftliche Nutzung und Bebauung trockengelegt werden. Mitte des 17. Jahrhunderts waren so bereits alle Binnengewässer nördlich des IJ trocken. Gleichzeitig waren die Städte mit Kanälen vernetzt, sodass der Warenaustausch zwischen Stadt und Land effizient vonstatten ging.

Flutkatastrophen und Wassermanagement

Niederländische Ingenieure mit dem Schwerpunkt Wassermanagement und ihr Know-how sind seit Jahrhunderten selbst ein wichtiges „Exportprodukt" der Niederlande. Das viele Wasser, der steigende Meeresspiegel und das Absinken der Bodenhöhe unter den Meeresspiegel sorgen dafür, dass die Niederlande ständig von Wasser bedroht sind. Nach Jahrhunderten von Deichbau, Kanalbau, Trockenlegung von Sumpfgebieten und diversen Formen der Flussbegradigung kann man die Hände nicht in den Schoß legen, sondern muss immer weiter nach Lösungen suchen, um dem Element Wasser Grenzen zu setzen oder Raum zu geben. Grund genug für die Niederlande, alljährlich ca. 8 Milliarden Euro auf die Instandhaltung der bestehenden Deiche, Kanäle etc. zu verwenden. Die Parameter werden jedes Jahr im nationalen Deltaprogramm vorgestellt, in dem die Zusammenarbeit der Regierung, Provinzen, Gemeinden, Wasserwirtschaftsverbände und anderen Organisationen bei den jährlichen Maßnahmen zum Hochwasserschutz und dem Süßwassererhalt festgelegt wird.

Von 1927 bis 1932 erbauten die Niederländer den mit 32,5 Kilometern längsten Damm Europas, den Afsluitdijk (Abschlussdamm) zwischen den Provinzen Noord-Holland und Friesland. Mit dem Bau wurde die ehemalige Zuiderzee vom Wattenmeer abgetrennt, wodurch das größte Binnengewässer Westeuropas entstand: das IJsselmeer. Durch den Bau des Houtribdijk wurde 1976 wiederum das Markermeer vom IJsselmeer abgetrennt. Teile des IJsselmeers wurden eingepoldert und trockengelegt. Daraus entstand 1986 Flevoland, die jüngste Provinz der Niederlande.

Wie verheerend Flutkatastrophen sich in den Niederlanden auswirken können, zeigte die sogenannte Watersnoodsramp von 1953. Am 31. Januar 1953 wurden die Niederlande infolge eines Orkans auf der Nordsee überschwemmt. Die mit einer Windgeschwindigkeit von 150 km/h angetriebenen Wassermassen zerstörten Deiche, Schleusen und Häuser - insbesondere in der Provinz Zeeland. Sie drangen über die Flussmündungen von Maas und Rhein ins Landesinnere ein und sorgten für eine Springflut, bei der in der Nacht zum 1. Februar 1953 insgesamt 1836 Menschen ertranken und weitere 200.000 aus ihren Häusern evakuiert werden mussten, rund 200.000 Tiere verendeten. Insgesamt waren von der Flut 750.000 Einwohner in den Niederlanden betroffen.

Davon traumatisiert, wurde dann gegen den Feind Wasser „aufgerüstet". Die Niederländer erschufen die Deltawerke in Zeeland, die vor allem aus einer Gruppe von drei Schleusen, sechs Dämmen und vier Sturmflutwehren bestehen. Vorrangig soll damit die Küstenlinie der Niederlande verkürzt werden, damit weniger laufende Meter an Hochwasserschutzanlan-

Extrainfo 4 (s. S. 6): ZDF Terra Xpress berichtet über beeindruckende und raffinierte Deichbauprojekte in den Niederlanden

014nl Foto: NBTC

gen instandgehalten werden müssen. Die Küstenlinie der Niederlande an der Nordseeküste ist heute nur noch 353 Kilometer lang, statt ursprünglich 1080 Kilometer. Als man mit dem Bau an dem Projekt Deltawerke begann, wusste man jedoch noch nichts vom Klimawandel und dem damit einhergehenden Ansteigen des Meeresspiegels. Ob es den Niederländern auf Dauer immer wieder gelingt, Lösungen zu finden, um die Bedrohung durch das Wasser in Schach zu halten, wird die Zukunft zeigen.

Es liegt jedoch nicht nur in den Händen der Niederländer selbst, schließlich kommt ein Großteil der Wassermassen über den Rhein von Deutschland aus und über die Maas von Belgien aus in die Niederlande hinein. Die Folgen der Flussbegradigung und anderer Maßnahmen entlang der gesamten Strecke dieser beiden Flüsse baden am Ende auch die Niederländer mit aus. Zusammenarbeit auf europäischer Ebene ist daher unumgänglich. Leidtragende sind vor allem die Niederländer, wenn z. B. die Deiche des Rheins auf deutscher Seite in grenznahem Gebiet brechen würden, denn dann wird das niederländische Gebiet in kürzester Zeit von Landseite her überflutet. Teilweise würde das Wasser wegen der geringen Bodenhöhe in den Niederlanden ca. 5-6 Meter hoch stehen, und zwar auf mehreren Hundert Kilometern bis zum IJsselmeer. Alle Bemühungen der Niederlande, sich gegen ein Hochwasser von Meeresseite und von den Flüssen aus zu schützen, sind zwecklos, wenn die Deutschen und die Belgier nicht mitziehen. Daher gibt es zurzeit z. B. Pläne des Landes NRW, bis 2025 die Deiche auf deutscher Seite zu sanieren. Bis dahin heißt es Daumen drücken, dass keine Jahrhundertflut ins Haus steht.

⌃ Aus der Luft werden die gewaltigen Ausmaße des Abschlussdeiches deutlich

Extrainfo 5 (s. S. 6): ARD-Wissensmagazin: „Der Sandmotor von Holland" – ein Experiment zum Schutz der holländischen Küste

Die niedrige Bodenhöhe, das Fehlen von nennenswerten Bodenschätzen und die Marginalisierung der Landwirtschaftsfläche durch die Torfgewinnung zwangen das niederländische Volk förmlich, eine **Handelsnation** zu werden.

Es folgte die Entwicklung immer raffinierterer Pumpmühlen, bis man im 18. Jahrhundert dampfbetriebene Pumpen erfand. Das D.F. Wouda **Dampfschöpfwerk** in Lemmer, das heute ebenfalls zum UNESCO-Weltkulturerbe zählt, ist die größte Dampfschöpfanlage, die je errichtet wurde. Das 1920 in Friesland erbaute Werk pumpte bei voller Leistung einst 4000 Kubikmeter Wasser pro Minute bzw. sechs Millionen Kubikmeter überschüssiges Wasser pro Tag. Heute läuft es nur noch eine Woche pro Jahr, denn hier machte der Erfindergeist der Niederländer nicht halt. Man erfand im Erdöl- und Elektrizitätszeitalter leistungsstärkere Schöpfanlagen mit Diesel- und Elektrizitätsantrieb. Die niederländische Bevölkerung wuchs stetig an ihren Aufgaben und wurde zum Expertenvolk für die Entwicklung technischer Lösungen für Wasserprobleme (siehe den Exkurs „Flutkatastrophen und Wassermanagement“ ab Seite 50). Schließlich musste man das Beste aus dem Land machen, das man zur Verfügung hatte. Ein altes Sprichwort besagt „Gott erschuf die Welt, aber die Holländer erschufen Holland.“

Schaffung neuer Naturschutzgebiete

Erschaffen wurden neben neuen Nutzflächen auch **ausgedehnte Naturschutzgebiete.** Es gibt heute 40 Naturreservate in den Niederlanden, davon sind 20 als **Nationalparks** klassifiziert, darunter das Süßwassergezeitengebiet De Biesbosch im Provinzgrenzenbereich von Zuid-Holland und Noord-Brabant, die Nordseeinseln Texel und Schiermonnikoog, das Lauwersmeer und De Alde Feanen in Friesland, das Naturschutzgebiet des provinzübergreifenden Nationalparks Drents-Friese Wold auf der Grenze von Drenthe und Friesland, das Zuid-Kennemerland in Noord-Holland, der Nationalpark Utrechtse Heuvelrug in der Provinz Utrecht und der Sallandse Heuvelrug in der Provinz Overijssel, der Veluwezoom in Gelderland, die Sumpflandschaft im Weerribben-Wieden in der Provinz Overijssel, De Loonse en Drunense Duinen mit ihrer Heide- und Dünenlandschaft in Noord-Brabant, das Provinzgrenzen überschreitende De Grote Peel mit Heide- und Sumpflandschaft in Limburg und Noord-Brabant, der Grenspark de Zoom-Kalmhoutse Heide in Belgien und Noord-Brabant, De Maasduinen entlang der Maas in Limburg sowie nicht zuletzt die Gezeitenlandschaft der Oosterschelde, welche den größten Nationalpark der Niederlande bildet.

Das Gebiet des heutigen Nationalparks Hoge Veluwe bei Arnheim in der Provinz Gelderland wurde im Laufe des Mittelalters komplett entwaldet und es entstanden Landschaften mit Heide und Sanddünen. Im 19. und 20. Jahrhundert hat man es wieder aufgeforstet, ließ aber gewisse Abschnitte absichtlich kahl, damit die Besucher Heide und Sanddünen erleben können. Weil das Gebiet von dem reichen Kaufmann *Anton Kröller* und seiner deutschstämmigen Ehefrau *Helene Kröller-Müller* 1909 als Jagdrevier gekauft wurde, hatte man Anfang des 20. Jahrhunderts u. a. Rotwild, Schwarzwild und Mufflons darin ausgesetzt, die sich erfolgreich fortpflanzten. Berühmt ist dieser allererste Nationalpark der Niederlande auch für das darin befindliche Kunstmuseum mit der Kunstsammlung der Eheleute.

Ein einmaliges Naturentwicklungsgebiet ist der **Nationalpark Oostvaardersplassen** zwischen der Provinzhauptstadt Lelystadt und der Trabantenstadt Almere in der Provinz Flevoland, deren Landfläche der ehemaligen Zuiderzee durch Dammbau und Trockenlegung abgerungen wurde. Wo Anfang des 20. Jahrhunderts noch der Meeresboden war, entstand nach Trockenlegung dieses Abschnitts des ehemaligen IJsselmeers das größte Tiefland-Riedmoorgebiet Mitteleuropas, in dem sich eine Vielzahl an Wasservogelarten niederließ.

Um dem Verbuschungsprozess des Gebietes entgegenzuwirken, setzte man Rothirsche, Konik-Pferde und Heckrinder aus, die dort wild leben. Lange Zeit wurden die Tiere auch im Winter nicht zusätzlich gefüttert und die Bestände dezimierten sich auf natürliche Weise. Mit dieser Praxis war längst nicht jeder einverstanden, daher gibt es seit 2015 einen Tierpflegeplan, demzufolge alte, schwache Tiere rechtzeitig getötet werden, damit sie nicht einfach verenden müssen, und in strengen Wintern zusätzlich gefüttert wird, wenn dies notwendig sein sollte. Im Naturfilm „The New Wildernis" („De Nieuwe Wildernis") von 2013 wurde die ganze Pracht dieses von Menschenhand kreierten Naturschutzgebiets unter der Regie von *Mark Verkerk* eindrucksvoll festgehalten.

Wen wundert es da noch, dass die Niederländer beim Einrichten von **Wild- oder Grünbrücken** ihre Nasen in Europa ganz vorn haben. Diese Brücken dienen dazu, die fragmentierten Lebensräume der wilden Tiere wieder miteinander zu verbinden und sie somit zu erweitern. Bereits 1988 richteten die Niederländer ihre erste Naturbrücke auf der A50 ein und etablierten seither diverse Maßnahmen im ganzen Land zugunsten der Landschaft und der Fauna, u. a. wurden weitere 65 Naturbrücken eingerichtet (Stand 2015), aber auch Naturtunnel wurden gebaut und begradigte Flüsse renaturiert. Die Natur ist somit fest in der Hand niederländischer Planung. Im sogenannten Natuurpact haben die niederländischen Provinzen mit der Regierung die Einrichtung von 80.000 Hektar Naturflächen bis 2027 vereinbart.

Der Urkeim: die Republik, Migration und Handelsboom

Mit einer Bevölkerungsdichte von 502 Einwohnern pro Quadratkilometer sind die Niederlande heute das am dichtesten bevölkerte Land innerhalb der Europäischen Union. Im 14. Jahrhundert war es noch vollkommen undenkbar, dass die sumpfartigen Niederungen im Mündungsgebiet des Rheins, der Maas und der Schelde im Norden der „Lage Landen" (Nieder Lande) einmal dichter bevölkert sein könnten als Gent, Brüssel, Brügge und Antwerpen, die flandrischen und brabantischen Großstädte jener Zeit. Brügge und Brüssel hatte damals jeweils mehr als 30.000 Einwohner, Gent und Antwerpen sogar mehr als 40.000 Einwohner, während die größten holländischen Städte Leiden, Amsterdam, Haarlem und Delft jeweils kaum 15.000 Einwohner beherbergten.

Blühende Tuchproduktion in Flandern und Brabant

Im Mittelalter entstanden Handelsmetropolen entlang des Flusses Schelde, wobei die Region westlich der Schelde dem französischen König und östlich der Schelde dem Heiligen Römischen Reich unterstanden. Im 11. Jahrhundert war die Stadt Gent am Fluss Leie das **Zentrum der Tuchproduktion** in der Grafschaft Flandern. Gent blieb bis ca. 1550 die mit Abstand größte Stadt im gesamten Gebiet der damaligen Niederlande. Man war auf den Import von englischer Rohwolle angewiesen, die dann in Flandern gesponnen, gewoben und gefärbt wurde. Somit waren die Weber für die flandrischen Städte eine der wichtigsten Zünfte überhaupt. In der durch den damaligen Wasserlauf „Het Zwin" mit der Nordsee verbundenen Stadt Brügge fand um 1200 die **erste Handelsmesse** statt: englische Wolle, italienischer Brokat, russisches Holz und Pelze, flandrische Gobelins, spanische Lammfelle sowie Gewürze wechselten hier den Besitzer.

Gent, Brüssel, Brügge und Antwerpen waren damals die **Zentren für internationalen Handel** in der flämisch-holländischen Region. Hier wurde Politik gemacht und es gab eine rege Gewerbeaktivität und entsprechend viel Kapital. Diesen Reichtum kann man heute noch an der prunkvollen Architektur aus jener Zeit in den vier Städten ablesen und auch an der Vielzahl von Gemälden, die heute Museen in aller Welt zieren. Die flämischen Meister sind schließlich international ein Begriff.

Wie aber kam es, dass das Zentrum des Handels und somit das Zentrum des Kapitals sich von den flämischen und brabantischen Städten gen Norden in die holländischen Städte verlagerte und Holland das glanzreiche Goldene Zeitalter bescherte, in dem die modernen Niederlande geboren wurden? Das ist ein komplexes Thema, mit dem sich so manch ein Historiker befasst hat und weiterhin befassen wird. Eine **große Portion Zufall** war mit im Spiel (sodass es sich auch nicht auf Kommando wiederholen ließe, so sehr sich die Niederländer das oftmals zu wünschen scheinen), der im Grunde einem kleinen Schlupfloch in den Machtkämpfen zwischen den drei „Großmächten", den Habsburgern, dem Königreich von England und dem deutschen Kaiserrreich, um die wirtschaftliche, politische und auch religiöse Vormachtstellung in der Region zu verdanken ist.

Die flandrischen Großstädte wurden von den Burgundern und später von den Habsburgern für sich beansprucht, während die brabantischen und limburgischen Grafschaften zum Lehngebiet des deutschen Kaisers gehörten. Die gesamte Region rangelte um die Vorherrschaft in der Tuchproduktion, die eine der Haupttriebfedern der damaligen Wirtschaft darstellte. Dafür war man auf englische Rohwolle angewiesen. Das hieß, es wurden **ständige Machtspielchen** ausgetragen, in denen man versuchte, sich die Engländer zum Freund zu machen, ohne allzu große Probleme mit dem französischen König zu bekommen, denn ohne englische Wolle gab es keinen Wohlstand und ohne Wohlstand gab es Unruhe im Volk.

Erstarken der Nordniederlande

Man suchte sich weitere lukrative Einkommensquellen, wie den Handel mit u. a. Bier und Hering mit norddeutschen Hansestädten wie z. B. Lübeck, Wismar und Rostock, die zunächst ihre Position im Warentransport auf der Ost-West-Route durch die holländischen Frachtdienstleistungen im Ostseeraum bedroht sahen. Doch diese Probleme löste man mit einem losen Bündnis zwischen den **Hansestädten** Flanderns, Westfalens und Norddeutschlands. Es ging so weit, dass preußische Hansestädte wie Danzig und Königsberg für den Transport ihrer Handelsware schließlich gänzlich auf holländische Schiffe angewiesen waren. Davon profitierten auch die Städte in Holland, Zeeland und Friesland, die stetig größer wurden. Im gesamten Gebiet nördlich der Schelde hatten die mangelhafte Bodenqualität und die hohen Entwässerungskosten für das sumpfartige Gelände es bis dahin nicht attraktiv gemacht, sich vermehrt in diesem Gebiet niederzulassen, da es – wie im vorherigen Kapitel beschrieben – für eine Subsistenzwirtschaft ungeeignet war. Jetzt, da man Geld durch lukrative Handelsgeschäfte mit Bier, Hering u. a. entlang der Handelsrouten der Hanse und ausgehend von den Binnenhäfen in Zeeland, Holland und Friesland generieren konnte, hatte man ein passendes Tauschmittel für den Kauf von u. a. Getreide oder Holz für den Schiffsbau zur Verfügung. Die nördlichen niederländischen Gebiete Friesland, Utrecht, Overijssel, Groningen, Drenthe und Gelderland, die zwischen 1528 und 1543 durch *Karl V.* zu seinem Herrschaftsgebiet hinzugefügt worden waren, profitierten von dem zunehmenden Handel im niederländischen Norden.

Während *Karl V.* immer mächtiger wurde und von einer Zentralisierung träumte, war man in den Ständen der nördlichen Niederlande, vor allem unter den Kaufleuten, aber auch unter den Geistlichen, nicht gewillt, sich den Habsburgern unterzuordnen. Man wollte weder seine steuerlichen noch die religiösen Privilegien aufgeben und der zahlenmäßig geringe niederländische Adel war auch nicht daran interessiert, auf seine Machtposition zu verzichten. Somit gingen die nördlichen Grafschaften und Herrschaftsgebiete gegen ihren gemeinsamen Feind ein lockeres Bündnis ein, das sie mit der **Union von Utrecht 1579** unterschrieben. In diesem eher zufälligen Bündnis zwischen den Ständen mit unterschiedlichen Verwaltungssystemen musste man sich nun nicht nur auf administrativer Ebene angleichen, sondern man begann, auch politische und kulturelle Werte zu teilen. Darin liegt der **Urkeim des späteren niederländischen Nationalstaates** begründet.

Von dem Gerangel der Spanier und der Engländer um die Vorherrschaft im Tuchhandel und der Tuchproduktion in den flandrischen Städten profitierten die nördlichen niederländischen Regionen, allen voran Zeeland und Holland. Als Antwerpen während des Achtzigjährigen Krieges von 1568 bis 1648 durch die spanische Belagerung wirtschaftlich immer weiter zurückfiel, profitierten davon andere europäische Hafenstädte wie z. B. **Amsterdam.** Die 1602 mit Hauptsitz in Amsterdam und Middelburg gegründete **Niederländische Ostindien-Kompanie** (Verenigde Oostindische Compagnie, kurz VOC genannt) blieb lange Zeit das größte Handelsunternehmen der Welt. Die VOC war im Grunde die erste Aktiengesellschaft der Weltgeschichte. Wollte ein Investor seinen Anteil veräußern, musste er damit an die Börse. Bereits 1610 verfügte die niederländische Handelsflotte über mehr als 16.000 Schiffe (zwischen 1625 und 1700 sollen die holländischen Schiffswerften jährlich 400–500 hochseetüchtige Schiffe geliefert haben).

▷ Zeugen der Vergangenheit: Ohne den Handel mit Waren aus dem Kolonialgebiet Niederländisch-Indien gäbe es heute wohl weder Currymischungen noch Spekulatius, Satésoße oder Sambal

Extrainfo 6 (s. S. 6): Anschauliche Darstellung des Stadtarchivs Amsterdam zur Erweiterung des Grachtengürtels von Amsterdam in den Jahren 1600–1700

Amsterdam wurde zum Stapelmarkt für Getreide und Holz aus dem Ostseeraum, für Wein und Salz aus Frankreich und Spanien und zog auch langsam den sogenannten „reichen Handel" mit Pfeffer, Gewürzen, Baumwolle, Textilien, Opium, aber auch Sklaven an sich. Gleichzeitig boten Eindeichung und Landgewinnung in Holland eine Basis für die Spezialisierung auf **Milchwirtschaft** und **Gartenbau.** Die **Heringsfischerei** war ganz besonders ertragreich, da die Fahrtzeiten durch die Erfindung des schnelleren Fleute-Schiffstyps halbiert werden konnten und die Holländer so drei- bis viermal im Jahr statt nur ein- bis zweimal ausfahren konnten. Darüber hinaus hatte dieses dreimastige Handelschiff eine besonders große Ladefähigkeit, benötigte weniger Besatzungsmitglieder und hatte eine kleinere Decksfläche, nach der die Dänen den Zoll bei der Durchfahrt zur Ostsee berechneten. Um 1670 hatte man ca. 700 Fischereischiffe in der niederländischen Flotte. Außerdem konnten die Verarbeitungsabläufe in den holländischen Städten gut koordiniert werden, was auch ein Wachstum der verbundenen Gewerbe wie den Salzsiedereien, Räuchereien und Packereien zur Folge hatte. Der **Schiffsbau** an sich war logischerweise auch eine Zuwachsbranche. Zudem wurde die Bierbrauerei immer bedeutender im holländischen Handel. Der *Zaanstreek* nördlich von Amsterdam wurde zum wichtigsten frühen Industriegebiet Europas, Haarlem und Leiden wurden wichtige Standorte der Textilproduktion.

Bevölkerungswachstum durch Migration

Diese frühkapitalistische Erfolgsgeschichte wäre aber nicht möglich gewesen ohne den ständigen **Migrantenstrom** in die nördlichen niederländischen Provinzen. Die im Vergleich zu Flandern weitaus geringer bevölkerten nordniederländischen Städte brauchten für ihre wachsende Industrie und Handelsflotte mehr Arbeitskräfte. Ein Teil der Migranten kamen von ganz allein, denn seit der Einführung der Inquisition in den 1520er-Jahren flüchteten immer mehr Menschen aus Angst vor religiöser Verfolgung in die nördlichen niederländischen Provinzen: Reformierte aus Flandern und Wallonien, Hugenotten (französische Calvinisten) aus Frankreich, Juden aus Spanien und Portugal. Unter ihnen waren auch Tausende von Kaufleuten, von denen viele zum reformierten Glauben übergewechselt waren, weil dieser ein günstigeres Klima für unabhängigen Unternehmersinn bot. Der Migrantenstrom sollte drastisch zunehmen, nachdem die sieben Provinzen im Norden 1579 die „Union von Utrecht" unterzeichnet hatten und noch dramatischer während der Blockade von Antwerpen 1584. Darunter waren zunehmend Menschen, die ihr wirtschaftliches Heil in der boomenden Wirtschaft der nördlichen Provinzen suchten, auch viele katholische Kaufleute und Unternehmer aus den wohlhabenden flandrischen Städten, die seit dem 11. Jahrhundert durch die Tuchproduktion zu den wirtschaftlich mächtigsten nordeuropäischen Städten gehörten. Sie nahmen ihre jahrhundertelang bewährte Handelsmentalität und Arbeitsethik mit und schufen einen ersten Ansatz für den unglaublichen **Wohlstand** in den Städten von Zeeland und Holland. Die protestantische Ethik konnte sich auf diesem Nährboden weiterentwickeln und verbreiten und sorgte – wie der deutsche Soziologe *Max Weber* Anfang des 20. Jahrhunderts analysierte – für den Erfolg des Kapitalismus.

Man praktizierte aber auch gezielte **Migrantenwerbung.** In der Provinz Zeeland unterhielt man einen Pendeldienst über den Fluss Schelde, um die flüchtenden Flamen oder Wallonen abzuholen. Die Städte in Holland und Zeeland wetteiferten richtiggehend um diese Arbeitskräfte und boten neuen Bewohnern Anreize zur Übersiedlung wie beispielsweise Niederlassungsprämien, kostenlosen Wohnraum, kostenlos verliehene Bürgerschaft oder eine zeitlich begrenzte Freistellung von Steuern.

In den gut zwei Jahrhunderten der Republik der Sieben Vereinigten Provinzen brauchte man konstant neue Migranten, um die **relativ hohe Sterberate** als Folge von kriegerischen Auseinandersetzungen, Überschwemmungen, Pestepidemien oder anderen Krankheiten während der Handelsreisen auszugleichen. Abgesehen von den religiösen Flüchtlingen aus dem Süden, kamen die neuen Bewohner vor allem aus Westfalen, Niedersachsen und dem Rheinland, aber auch aus Skandinavien, Polen und England. Darunter waren auch Juden aus Osteuropa und englische Protestanten (von denen manche später als Pilgerväter auf der Mayflower nach Amerika fuhren und andere in Leiden blieben) sowie viele Lutheraner.

Viele **Deutsche** gingen als **Gast-** oder **Saisonarbeiter** in die Republik, um bei der Heuernte, als Torfstecher, beim Deichbau, als Schneider, Stallknechte, Bäcker, Gartenbauer, Kutscher, Handelsreisende, Heringsfischer, Stuckateure etc. zu arbeiten und so ihre Einkommenslage aufzubessern, die z. B. während des Dreißigjährigen Krieges von 1618 bis 1648 in den deutschen Gebieten sehr schlecht war. Die Löhne waren in der Republik weitaus höher als in den benachbarten deutschen Regionen (bis zu dreimal höhere Löhne als damals für die gleiche Tätigkeit z. B. im Bistum Köln gezahlt wurden) und so reisten Saison- oder Gastarbeiter ca. 150–200 Kilometer aus dem Gebiet des heutigen Nordrhein-Westfalens und Niedersachsens zu ihrer Arbeit in die Niederlande. Dabei waren sie meist in Arbeitskolonnen aus den gleichen Städten unterwegs. Im 18. Jahrhundert kamen die Arbeiter dann von immer weiter her: aus Hessen, Nassau, Sachsen und Thüringen und sie kamen nicht länger in Gruppen. Dem Historiker *Jan Lucassen* zufolge blieb jeder zwanzigste Saisonarbeiter permanent in den Niederlanden und gründete dort seine Familie. In der Republik gab es einen Frauenüberschuss und für deutsche Männer war es recht einfach, eine niederländische Frau zu heiraten und sich in die Gesellschaft zu integrieren. Deutsche Frauen, die als Dienstmägde in der Republik arbeiten wollten, endeten hingegen oftmals in der Prostitution. Zwischen 1650 und 1700 waren 30 % der Amsterdamer Huren ausländischer Herkunft. Mitte des 17. Jahrhunderts bestand die Hälfte der Bevölkerung Amsterdams aus „Ausländern".

Durch den Handelsreichtum in den Jahren der VOC und der WIC *(Geoctroyeerde Westindische Compagnie)* waren die Niederlande zum **Einwanderungsland** auf europäischem Boden geworden. Alternativ konnte man sein Glück z. B. in der **niederländischen Kolonie in Amerika** versuchen, welche die Niederländer 1609 erstmals in der heutigen Bucht von New York auskundschafteten. Die Insel Manhattan „kauften" sie 1626 formell von den örtlichen Lenapa-Indianern für Tauschwaren im Wert von ca. 60 Gulden (heute mit rund 1000 Euro gleichzusetzen). Das Zentrum dieser niederländischen Kolonie war Neu-Amsterdam (das heutige New York) und der Landesabschnitt erstreckte sich bis ins heutige New Hampshire im Norden sowie von der Küste westlich bis zum heutigen Maryland. Dass die niederländische Kolonie wenig Erfolg hatte, lag auch daran, dass es kaum genug Arbeitskräfte gab und man es sich eigentlich nicht erlauben konnte, auch nur einen von den ca. 1 Million Bewohnern der Niederlande nach Amerika gehen zu lassen. Aus dem Grund war es logisch, dass die Holländer Neu-Amsterdam an die Engländer abtraten, denn die benachbarten englischen Kolonien wuchsen schnell und die Engländer konnten durchaus Menschen von den schätzungsweise 6,5 Millionen Einwohnern in England, Wales, Schottland und Irland entbehren.

Das niederländische Militär heuerte ebenfalls im Ausland an: ganze schottische oder schweizerische Regimenter, deutsche Soldaten und solche aus anderen Regionen Europas. Zwischen 1600 und 1800 sollen rund 600.000 **ausländische Söldner in den Niederlanden** gearbeitet haben. Im gleichen Zeitraum erstarkte die holländische Handelsflotte der VOC von 30.000 auf ca. 50.000 Mann, wobei der Bedarf an neuen Matrosen sehr hoch war. Von denjenigen, die nach Asien gingen, kehrte nur ein Drittel zurück, da viele entweder auf der Schiffsreise starben oder aber als Folge der schlechten hygienischen Verhältnisse in den asiatischen Kolonien. Typhus kam sehr häufig vor. Es war nicht einfach, gesunde, starke Männer zum Anheuern zu finden. Die Unerfahrenheit der Matrosen und ihr oft schlechter Gesundheitszustand trugen zur hohen Sterberate bei. Niederländische Historiker haben anhand der Buchhaltung über die Soldzahlungen errechnet, dass 40 % der Matrosen und 60 % der Soldaten ausländischer Herkunft waren, **am häufigsten deutscher Abstammung.** In den letzten Jahrzehnten der Republik ab 1770 stammten sogar 50 % der Matrosen und 80 % der Soldaten aus dem Ausland. Anscheinend war diese Arbeit für die Republikbewohner nicht besonders reizvoll, schließlich wurde nur ein Hungerlohn gezahlt.

Angetrieben durch die politischen, gesellschaftlichen und wirtschaftlichen Umstände im Spätmittelalter wurden die Bewohner der Lage Landen quasi gezwungen, über sich selbst hinauszuwachsen. Einerseits, indem sie kreative, neue Methoden erfanden, die geografischen Bedingungen durch u. a. Landgewinnung und Trockenlegung zu verbessen (siehe auch das Kapitel „Die kultivierte niederländische Landschaft“ ab Seite 45) und anderseits, indem sie **ihr Glück in der Ferne suchten.** So erklärt sich rückblickend, dass gerade dieses kleine Land mit schlechten Bodenbedingungen die größte Handelsflotte im mittelalterlichen Europa schuf. Es hatte mehr Schiffe als alle anderen europäischen Länder zusammen. Die Entstehung der Republik der Sieben Vereinigten Provinzen ist die Erfolgsgeschichte in der Übergangsphase vom Feudalismus und Handelskapitalismus hin zu einem **Frühkapitalismus** mit großen Handelsgesellschaften und Gilden, einer Zunahme an politischer Macht unter den finanzkräftigen Patriziern, dem Erlangen einer Monopolstellung durch die Finanzierung von Streitkräften und einer zunehmenden Abhängigkeit vom Geldverkehr, die jedoch auch die Entstehung eines Bürgertums förderte.

Gesellschaftliche Kräfte: Glaube und Bürgermoral

Im Mittelalter fanden im Gebiet der **Lage Landen** enorm große gesellschaftliche Veränderungen statt, die die niederländische Mentalität bis heute nachhaltig prägen. Die bereits aufgezeigten geografischen, politischen und wirtschaftlichen Entwicklungen in der Region bewegten Zehntausende Menschen zur Migration in die nördlichen Provinzen. Dadurch entstanden eine **Mittelklasse** und ein breites **Bürgertum** in diesem stark urbanisierten Lebensraum.

Die Reformierten und das Bürgertum

Im wirtschaftlichen Aufschwung und dem Wohlstand des breiten Volkes witterten viele der Migranten eine Chance auf ein Leben, das erstrebenswerter schien, als Steuergelder zur Finanzierung der Kriege Spaniens zu zahlen, zumal viele die unerbittliche Härte der spanisch-katholischen Inquisition als menschenunwürdig erfuhren. Die Ideen von **Johannes Calvin** und anderen Reformatoren fielen in den Niederlanden somit auf einen fruchtbaren Boden. Auch das Täufer-, Luther- und Mennonitentum fanden Anhänger, auch wenn sich längst nicht jeder vom römisch-katholischen Glauben abbringen ließ. Die Anzahl der **Katholiken** in den Niederlanden blieb im Mittelalter so hoch, dass die Reformierten zahlenmäßig nie eine Mehrheit in der Bevölkerung darstellten, zumal es keine homogene Gruppe von Calvinisten gab, sondern eine Vielzahl an reformierten Splittergruppen, die die Ideen *Calvins* und anderer protestantischer Prediger unterschiedlich interpretierten.

Wohl aber gab es besonders viele Reformierte im breiten Bürgertum, also unter den Manufakturbesitzern, reichen Händlern, einfachen Offizieren, einfachen Beamten und Klerikern sowie im Großbürgertum mit seinen vornehmen Kaufleuten, Unternehmensbesitzern, hohen Offizieren und hohen Beamten. Zum Großbürgertum zählten auch Adlige wie die Oranier, die in der Position der Statthalter als Quasi-Monarchen das Gegengewicht zum breiten Bürgertum darstellten, das durch seine finanziellen Mittel faktisch die größte Macht innehielt.

Jedenfalls haben das Klein- und Großbürgertum durch ihre Machtstellung ganz besonders stark zur Verbreitung der reformierten Lehre beigetragen, obwohl sie zusammengenommen nur ca. zehn Prozent der Bevölkerung der Republik der Sieben Vereinigten Provinzen ausmachten. Ihnen sagte der Kerngedanke der Prädestination aus der Lehre von *Johannes*

Das Bürgertum und die Kunst

Im Goldenen Zeitalter entstand ganz zufällig die rückblickend als revolutionär betrachtete Republik der Sieben Vereinigten Provinzen. Insbesondere während der zwei statthalterlosen Perioden galt die Konstruktion einer wirtschaftlichen und politischen Föderation der sieben souveränen Provinzen, der nicht-souveränen Provinz Drenthe, den Generalitätslanden Brabant und Limburg und der selbstverwalteten Städte als überaus verwunderlich und ungewöhnlich. In den umliegenden Monarchien hatte man erwartet, dass durch die Abwesenheit einer bestimmenden adligen Macht an der Spitze das Chaos in den Niederlanden ausbrechen würde. Stattdessen musste man beobachten, wie die Niederlande eine enorme wirtschaftliche Blüte erlebten, wie Philosophen und Wissenschaftler neue Ideen entwickelten und das Land auch kulturell eine Revolution durchmachte.

Parallel entstand eine vollkommen neue Form der Kunst. Nicht nur die Adligen und der Klerus hatten nun die finanziellen Mittel, um ein Porträt ihrer Person in Auftrag zu geben, sondern die weitaus zahlreicheren Mitglieder des neu entstandenen niederländischen Bürgertums waren so wohlhabend, dass sie Kunstwerke in Auftrag gaben: Stillleben mit Blumen für den Blumenzüchter, mit Früchten für den Obsthändler, mit Fischen für die Fischer, mit reich verzierten Kostbarkeiten für den Kaufmann, mit idyllischen Landschaftsdarstellungen und Tieren, mit Fleischwaren und anderen Lebensmitteln als Ausdruck des Reichtums, Bauernhochzeiten, Winteransichten, Landschaftsdarstellungen und Bilder mit offenkundiger oder versteckter Kritik an den spanischen Unterdrückern.

Es wurden nicht länger religiöse Szenen in den küstlerischen Darstellungen thematisiert, zumal Gottesabbildungen im reformistischen Glauben verboten sind und die einzigen offiziell erlaubten reformierten Kirchen entsprechend schlicht ausgestattet wurden. Kaufkräftige Kaufleute und Händler, aber auch Bäcker, Schuster und Schmiede etc., erfreuten sich vielmehr an Szenen aus dem alltäglichen Leben des Handel treibenden, arbeitenden und friedliebenden Bürgertums. Darüber hinaus wurden so viele Kunstwerke produziert, dass mit ihnen selbst Handel betrieben wurde. Künstler waren nicht länger nur auf Auftragsarbeiten von der Kirche oder den Adligen angewiesen, sondern malten frei und hofften darauf, einen Käufer zu finden. Die Kunst selbst war zur Massenware für das Bürgertum geworden. Es wurde daher auch bedeutend kleinformatiger gemalt, denn die Kunstwerke sollten schließlich in die Häuser passen. Mitunter wurde skizzenhafter gearbeitet, damit das Kunstwerk schneller fertig wurde und verkauft werden konnte. Außerdem wurden beliebte Motive immer wieder kopiert. Erfolgreiche Künstler malten gar nicht mehr selbst, sondern ließen die Arbeit durch

Extrainfo 7 (s. S. 6): Sotheby's-Video über die Dokumentation des Goldenen Zeitalters durch die alten niederländischen Meister (Engl.)

017nl Foto: NBTC

Gehilfen erledigen. Kunst wurde zu einem kommerziellen Massenprodukt, das nicht selten per Auktion versteigert oder durch Kunsthändler vertrieben wurde. Die Kunstproduktion in der Republik der Vereinigten Sieben Provinzen erreichte im Jahr 1650 ihren Höhepunkt mit rund 70.000 Gemälden, die von ca. 700 Malern gefertigt wurden. Das Goldene Zeitalter der Niederlande war somit auch revolutionär in Bezug auf die Definition und Funktion von Kunst.

Im Übrigen reflektierten die künstlerisch dargestellten Themen auch das Selbstbild der Niederländer. Es ging weniger gut situiert zu als zuvor unter dem Dogma der Aristokratie und man sah nun Darstellungen der gröberen Manieren und der Anzüglichkeiten der einfacheren Bürger und deren Vergnügungen. Die Porträts aus der Zeit spiegeln in ihrer Schlichtheit und Detailtreue das Selbstbewusstsein der Kaufleute deutlich wieder und zwar ganz ohne die Opulenz, die zuvor bei Bildnissen der Adligen vorherrschte. In diesem Stolz auf die Art ihres Zusammenlebens liegt der Urkeim für das entstehende Nationalgefühl der Niederländer. Im Rijksmuseum von Amsterdam kann man viele dieser Bilder heute bestaunen und analysieren.

Das Amsterdamer Rijksmuseum ist eine Schatztruhe voller alter niederländischer Meister

Calvin besonders zu. Demnach ist dem Menschen schon vor seiner Geburt vorherbestimmt, ob er erwählt ist oder nicht. Die Kaufleute und reichen Machthaber sahen in ihrem wirtschaftlichen und politischen Erfolg denn auch ein Zeichen dafür, dass sie zu den Erwählten gehörten. Diese Auffassung bot ihnen die willkommene Rechtfertigung für ihre persönliche Bereicherung.

Kampf gegen Ungerechtigkeit und für Freiheit

In etwa analog zum **Wohlstandsgefälle zwischen Arm und Reich** konnte man im Mittelalter eine bildliche Diagonale durch das Land ziehen von Zeeland im Südwesten bis Groningen, Friesland und Drenthe im Norden. Östlich der Diagonale lebte die ärmere, weniger urbanisierte Bevölkerung in Gelderland und Overijssel, die wie im Bistum Utrecht vorwiegend römisch-katholischen Glaubens war (geschätzte 45 bis 55 %). Entlang der Diagonale gab es den größten Grad an Verstädterung und einen mit dem Handel verbundenen Reichtum. Entlang dieser Diagonalen waren vergleichsweise viele Menschen einer Variante des reformierten Glaubens zugetan (geschätzte 85 %). In den holländischen Städten waren in den 1650er-Jahren noch immer 25 % der Bevölkerung katholisch (1725 waren es nur noch 14 %). In den Generalitätslanden Brabant und Limburg blieb sogar nahezu die gesamte Bevölkerung – auch bis ins 20. Jahrhundert – katholisch.

Ein tieferer Blick in die **mittelalterliche Geschichte** der Niederlande lässt auch verstehen, dass dort keineswegs revolutionäre Kräfte am Werk waren, die die Gründung eines unabhängigen Staates planten. Die Abtrennung einiger Provinzen vom spanischen Reich und die Spaltung der Niederlande in einen nördlichen und einen südlichen Teil waren unvorhergesehene, ungeplante Ereignisse als Folge einer politischen, militärischen und wirtschaftlichen Reaktion auf die politischen Machtspiele der umliegenden Königreiche und Feudalherren in einer sich wirtschaftlich rasant entwickelnden Region, in der es eben noch keine über Jahrhunderte etablierten Feudalstrukturen gab.

Die Entstehungsgeschichte der Republik der Sieben Vereinigten Provinzen (die damals gar nicht so bezeichnet, sondern erst im Laufe der späteren Geschichte so genannt wurde) war einzig und allein zurückzuführen auf **ein militärisches Bündnis** zwischen den Grafschaften, Burggrafschaften, Herzogtümern und Herrschaften im Norden der Lage Landen, unterzeichnet im Jahr 1579 als Union von Utrecht, deren Ziel der Schutz gegen die als ungerecht empfundene, gewalttätige Fremdherrschaft durch die Spanier war.

Kriegsmüdigkeit führt zu Duldung von Religionen

Ebensowenig war *Wilhelm von Oranien* der heroische Unabhängigkeitskämpfer, eine Rolle, die man ihm als Symbol für die Nationalisierung gerne andichtet. Die Motivation hinter seinen Bestrebungen, eine **Form von Religionsfreiheit** in den Niederlanden umzusetzen, begründete sich vor allem darauf, dass das Kind von lutherischen Eltern in Deutschland geboren wurde und später auch eine lutherische Frau ehelichte. Aber auf Geheiß von Kaiser *Karl V.* hatte er in jungen Jahren auch eine katholische und niederländische Erziehung am Hof in Brüssel genossen. Zu diesem Eigenzweck gesellte sich seine Abscheu gegen die Praktiken der spanischen Inquisition gegen Calvinisten, Lutheraner, Täufer und weitere Andersdenkende in den Niederlanden. In der **Großen Versammlung von 1651** wurde zwar die bevorrechtigte Stellung der reformierten Kirche bestätigt als die einzige offiziell erlaubte Kirche und nur Mitglieder dieser Kirche sollten für staatliche Funktionen in Betracht kommen. Aber darüber hinaus konnten die Provinzen die weiteren Regeln für andere Kirchenformen jeweils selbst festlegen. Solange die anderen Kirchen die öffentliche Ordnung nicht bedrohten und sich zurückhaltend verhielten, ließ man sie gewähren – vor allem in der Provinz Holland. Dies war somit die Geburtsstunde einer **Duldungspolitik,** der man in den Niederlanden auch heute noch in verschiedensten Ausprägungen begegnet.

In diesem Klima der Gewissensfreiheit kamen auch mehr als 250 Drucker, Buchbinder und Verleger in die Niederlande, die die Republik zu einem internationalen **Zentrum für Buchdruckkunst** werden ließen. Dieses Freidenkertum in Kombination mit der Buchdruckkunst ließ auch Wissenschaftler in die nördlichen Niederlande strömen. In den ersten Jahrzehnten nach der Gründung der Universität von Leiden stammten 28 der Professoren aus den südlichen Niederlanden. Während die Machtstruktur in den Nachbarländern ganz deutlich durch die Hierarchie der katholischen Kirche und des Adels vorgegeben war, fehlte diese im nordniederländischen Raum. Die aus heutiger Sicht so moderne Republik der Sieben Vereinigten Provinzen, in der Staat und Kirche nicht vereint waren wie in den umliegenden Königreichen üblich, war in ihren vielen Nuancen die zufällige Folge einer vielschichtigen Kettenreaktion. Die Duldungspolitik war im Grunde geboren aus einem Verlangen nach Ruhe bzw. aus einem **Unmut über die ständigen Unruhen,** vor allem in der Periode, die heute als Achtzigjähriger Krieg bezeichnet wird. Das Bürgertum wollte einfach seinen Tätigkeiten nachgehen können, ohne die ständige Angst vor spanischen Truppen im Land, ohne erneut in Feld- oder Seeschlachten gegen benachbarte Königreiche oder Bistümer verwickelt zu werden und eben auch ohne die Unruhe, die durch die Repressalien gegen die reformierten Glaubensanhänger herrschte. Damit lag der vermeintlichen Toleranz ganz klar ein Pragmatismus zugrunde. Da die Reformierten eben nicht die Mehrheit der Bevölkerung stellten, war der Frieden mit Andersgläubigen von essenzieller Bedeutung für die Stabilität des Systems. Im 20. Jahrhundert erfand man in den Niederlanden einen neuen Begriff für das **Zulassen der Pluralität in der Gesellschaft:** *verzuiling* („Versäulung", siehe hierzu auch das Kapitel „Ein tolerantes Volk – stimmt das?" ab Seite 113)

Jeder ist seines Glückes Schmied

Die Bürger der Republik widersetzten sich dem **System der erblichen Titel und Positionen** nicht. Nachdem 1584 der Statthalter *Wilhelm von Oranien* ermordet worden war, wurde sein Sohn *Moritz* wie selbstverständlich zum neuen Statthalter berufen. Die Vertreter aller Provinzen in den *Staten-Generaal* (Generalstaaten) wollten nur die Spanier als Besatzer gerne loswerden und boten die Republik zunächst dem französischen König *Heinrich III.* und dann der englischen Königin *Elizabeth I.* an, aber beide lehnten ab. Als in der späteren Geschichte gleich zweimal für mehrere Jahrzehnte kein erblicher Statthalter eingesetzt wurde, lernte man diese Statthalterlosigkeit schätzen, weil sie bürokratische Entscheidungen innerhalb der Republik vereinfachte und somit die Entscheidungszeit abkürzte, was vielfach den verfolgten wirtschaftlichen oder politischen Interessen zugute kam. Damit war im Grunde bewiesen, dass man für die Regierung keinen Adel oder Monarchen an der Spitze brauchte, sondern das **Bürgertum** sehr wohl imstande war, die Geschicke einer Republik zum eigenen Vorteil, aber auch zum Vorteil der Mehrheit zu lenken (sonst hätte man Unruhen riskiert, was nicht im eigenen Interesse war).

Damit entstand eine **Bürgermoral,** nach der beruflicher Erfolg nicht länger an einen erblichen Titel gebunden war, sondern ein jeder seines eigenen Glückes Schmied sein konnte. Man kann es auch als Vorstufe des Egalitarismus betrachten, der als Ideologie jedoch erst am Vorabend der Französischen Revolution durch Philosophen wie den Genfer *Jean-Jacques Rousseau* geprägt wurde und erst ab dem 18. Jahrhundert während der niederländischen Aufklärung seine Bedeutung bekommen sollte.

Bürgermoral, Religionsfreiheit und Wohlstand

Zu Beginn des 18. Jahrhunderts sah die soziale Oberschicht in den Niederlanden nur noch auf die Kaufmannschaft herab, prahlte mit ihrem Reichtum und ließ ihren Kindern eine elitäre, höfische Erziehung zukommen. Man wünschte sich eine Rückkehr zu den positiven Tugenden des Bürgertums im 16. und 17. Jahrhundert (siehe auch das Kapitel „Egalitäre Gesellschaft – Auffallen unerwünscht" ab Seite 96). Entsprechend der Bürgermoral in der Republik konnte man alles erreichen, wenn man nur hart arbeitete, sparsam, eigenständig und unabhängig war. Diese Moral ist auch **typisch für Einwanderungsländer** wie Nordamerika, Kanada, Australien und Neuseeland, in die viele Menschen verschiedener protestantischer Glaubensrichtungen, doch verhältnismäßig wenige Katholiken ausgewandert sind. Begrüßt wurde die neue Bürgermoral denn auch von denjenigen, die das flämisch-brabantische Gebiet verließen und vor allem in Städten wie Middelburg in Zeeland und Amsterdam in Holland, aber auch in Utrecht ihr Glück suchten.

Die Republik war mit Abstand das **am stärksten urbanisierte Land Europas.** Insbesondere in Zeeland und Holland gab es viele Städte, die nicht weit voneinander entfernt lagen, was für die Entwicklung einer frühbürgerlichen Gesellschaft förderlich war. Hier lebte eine äußerst gemischte Bevölkerung: Menschen verschiedenen Glaubens, verschiedener Herkunft und aus verschiedenen Sprachräumen, verbunden in ihrem **Freiheitsdrang,** ihr Glück in der prosperierenden niederländischen Republik suchend, oftmals gepaart mit einem wirtschaftlichen Leidensdruck, der sie zum Verlassen ihrer Heimatregion bewogen hatte. Das verbindende Element zwischen der ursprünglichen und der eingewanderten Bevölkerung war die Aufrechterhaltung religiöser Freiheiten und wirtschaftlicher Privilegien, die unter der spanischen Vorherrschaft *Philipps II.* immer wieder beschnitten wurden. Die Maßnahmen *Philipps II.* wurden durch eine lange Reihe von **Aufständen durch das Volk und das Bürgertum** der nordniederländischen Provinzen bekämpft. Der Wunsch nach Unabhängigkeit, Individualität und Rationalität war normal und die Erfüllung dieses Wunsches lag im Bereich des Möglichen. Das Gros der Bevölkerung in der Republik wollte diesen bequemen Status quo behalten, dafür musste man lernen, mit Fremden zusammenzuleben und zusammenzuarbeiten. Darin liegt der Urkeim für die sprichwörtliche **Toleranz der Niederländer,** die ihnen im Laufe der Geschichte immer wieder nachgesagt wurde.

Verhandeln und Kompromisse schließen

Der **römisch-katholische Klerus** spielte in der Republik kaum eine Rolle mehr, einen **Hochadel** hatte es in den niederländischen Provinzen mit fehlender feudaler Tradition ohnehin kaum gegeben und der niedere Adel war nur in den östlichen Provinzen Gelderland und Overijssel recht stark geblieben, hatte aber ansonsten seine Führungsrolle längst an das

kaufmännische Bürgertum abgeben müssen. Somit waren die hierarchischen Strukturen flacher bzw. die Möglichkeiten des Einzelnen innerhalb dieser Strukturen waren größer. Ohne „übergeordnete" Machthaber musste man allerdings auch mehr verhandeln und Kompromisse eingehen. Die notwendigen Verhandlungsstrukturen kannte man bereits von den Wasserwirtschaftsverbänden (siehe auch das Kapitel „Die kultivierte niederländische Landschaft" ab Seite 45) und sie kamen nun auch bei der Verständigung zwischen den einzelnen Provinzen der Republik zum Einsatz. Das Motto nannte sich **„schikken en plooien",** was so viel heißt wie „beraten, sich fügen und anpassen". Themen, die alle sieben Provinzen angingen, wie z. B. Außenpolitik, Verteidigung, Finanzen etc., wurden durch die sogenannten *Staten-Generaal* (Generalstaaten) verhandelt. Diese hielten ihre Sitzungen in Den Haag ab, wo jede Provinz ihre eigenen Abgesandten hinschickte. Dort hatten die Abgesandten dann **keine freie Entscheidungsgewalt,** sondern mussten immer wieder mit den sogenannten Generalstaaten, sozusagen der autonomen Regierung ihrer eigenen Provinz, Rücksprache halten, bis schließlich eine Entscheidung getroffen werden konnte, mit der alle Provinzen einverstanden waren.

⌂ Der Binnenhof in Den Haag: Sitz der Generalstaaten der Republik der Sieben Vereinigten Provinzen, seit 1814 Sitz des Parlaments (genannt „Staten-Generaal")

Auch die größeren Städte innerhalb dieser Provinzen waren wiederum selbstverwaltet. Der Vorteil dieses Beratungsstils lag darin, dass er besonders deeskalierend und **friedensstiftend** wirkte, da sich im Grunde keiner der Beteiligten übergangen oder überfahren fühlen konnte und man zu einer vorsichtigen Konsensbildung gelangte. Es kam zum Eklat, wenn einer seine eigenen Interessen ohne den Konsens durchboxen wollte, die Enthauptung des Landesadvokaten *Oldenbarnevelt* 1619 oder das Lynchen des holländischen Ratspensionärs *Johan de Witt* und seines Bruders *Cornelis de Witt* 1672 sind Beispiele dafür.

Eckdaten der Entstehungsgeschichte der modernen Niederlande

- **1384–1477:** Burgundische Niederlande unter Herrschaft des Hauses Burgund
- **14. Jh.:** Laienbewegung „Devotio Moderna" in Kampen, Deventer und Zwolle. Durch Seelsorgetätigkeit, geistliche Lieder und volkstümliche Predigten versucht man, die einfache Bevölkerung zu erreichen.
- **ab 1500:** Der christliche Humanismus, vertreten durch *Erasmus von Rotterdam,* verbreitet sich.
- **1506–1555:** *Karl V.,* Fürst der Niederlande, spanischer und deutscher König, wird 1530 zum Kaiser gekrönt. Im Laufe seiner Kaiserschaft bringt er 17 niederländische Provinzen (Grafschaft Artois, Grafschaft Flandern, Herrschaft Mechelen, Grafschaft Namur, Grafschaft Hennegau, Grafschaft Zeeland, Grafschaft Holland, Herzogtum Brabant, Herzogtum Limburg, Herzogtum Luxemburg, Fürstbistum Utrecht, Herrschaft Westfriedland, Herrschaft Groningen, Drenthe, Herrschaft Overijssel, Grafschaft Zutphen und als Letztes im Jahre 1543 das Herzogtum Geldern) unter die Herrschaft des Hauses Habsburg (Habsburgische Niederlande). *Karl V.* verfolgt seine Politik der Zentralisierung und Modernisierung des Verwaltungssystems.
- **1520er-Jahre:** Verbreitung von *Luthers* Schriften unter dem lesenden Volk der Niederlande. Die Habsburger reagieren mit Bücherverbrennungen und der Einführung der Inquisition.
- **1530er-Jahre:** Täufertum im Norden und Nordosten der Niederlande unter Führung des Straßburgers *Melchior Hoffmann.* Die Täufer befolgen die Gebote Gottes vehement und nehmen ein Martyrium in Kauf. 1534 Niederschlagung des Täuferregiments in Münster, die Bewegung zerfällt.

- **1539:** *Menno Simons* veröffentlicht sein „Fondament-Boeck" mit der Lehre des nach ihm benannten mennonitischen Glaubens.
- **1540er-Jahre:** Die reformierte Lehre (Calvinismus) des französischen Reformators *Johannes Calvin* verbreitet sich von Genf und Frankreich aus gen Nordeuropa.
- **1544:** Der Sohn des lutherischen Grafen *Wilhelm I.* von Nassau-Dillenburg erbt Familienbesitz in den Niederlanden und das französische Fürstentum Orange. Er nennt sich fortan *Wilhelm von Oranien.*
- **1555:** Kaiser *Karl V.* dankt ab und übergibt die Herrschaft über die 17 Provinzen an seinen Sohn *Philipp II.*
- **1559:** *Philipp II.* geht nach Spanien. Er setzt seine Halbschwester *Margarethe von Parma* als Landvogtin und *Wilhelm von Oranien* als Statthalter von Holland, Zeeland und Utrecht ein. *Graf von Egmond* wird Statthalter der Provinzen Flandern und Artois. *Granvelle* wird mit der Neueinteilung der Kirche in den 17 Provinzen beauftragt, wodurch die bereits etablierten Geistlichen und der Hochadel in den Provinzen an Macht einbüßen.
- **1560er-Jahre:** Verschärfung der Ketzerverfolgung aller Nicht-Katholiken. Die niederländischen Katholiken distanzieren sich von den habsburgischen Machthabern. Die Bauern stellen infolge von Missernten, Hunger und Armut durch eine Serie von sehr strengen Wintern und nassen Sommern die Landwirtschaft um und importieren fortan Getreide aus dem Baltikum. Heringsfischerei und Tuchweberei florieren, der Handel blüht. Das Goldene Zeitalter beginnt.
- **1566:** 300 Angehörige des niederen Adels ersuchen bei *Margarethe von Parma* die Aussetzung der Ketzereiverordnung und die Einberufung der *Staten-Generaal* (Generalstaaten). In einer weiteren Bittschrift wird völlige Religionsfreiheit und die Verwaltung durch *Wilhelm von Oranien, Egmond* und *Hoorn* gefordert. Eine kleine Gruppe von Calvinisten beansprucht katholische Kirchen in Flandern und Brabant für sich, alle Abbildungen und Gemälde darin werden zerstört – der sogenannte Bildersturm.
- **1567:** Unterstützt von *Herzog von Alba* gewinnt *Margarethe von Parma* militärisch wieder die Oberhand und macht Zugeständnisse rückgängig. Die Grafen *Egmond* und *Hoorn* schwören ihr die Treue. *Wilhelm von Oranien* flieht nach Deutschland, sein Sohn wird als Geisel nach Spanien geschickt und erst 1596 freigelassen. *Herzog von Alba* führt den Raad van Beroerten ein, um die Aufständischen zurückzudrängen. Mehr als 1000 Personen wurden in den Folgejahren zum Tode verurteilt, 9000 Personen wurden enteignet. Protestantische Kirchen werden geschlossen.

- **1568:** Enthauptung der Grafen *Egmond* und *Hoorn* auf dem Großen Markt in Brüssel. *Wilhelm von Oranien* versucht *Herzog Alba* mithilfe seines Bruders niederzuschlagen, aber es gelingt nicht. Beginn des Achtzigjährigen Krieges.
- **1576:** Genter Pazifikation zwischen den 17 Provinzen mit dem Ziel: Stärkung der eigenen Machtposition, eine selbstständige Verwaltung der Niederlande innerhalb des habsburgischen Reichs, Erhalt des Katholizismus, Ende der Verfolgung Andersdenkender. Holland und Zeeland wollen jedoch den Calvinismus als dominante Glaubenslehre des Nordens sehen.
- **1579:** Union von Arras, die vorwiegend katholischen, südlichen Provinzen Artois und Hennegau schließen sich zusammen und verhandeln mit *Philipp II.* Die nördlichen Provinzen, allen voran Zeeland und Holland, schließen in der Union von Utrecht ein militärisches Bündnis gegen die spanischen Truppen. Was heute Republik der Sieben Vereinigten Provinzen genannt wird, ist damit entstanden. Wichtigstes Organ werden die Generalstaaten, eine Versammlung der Vertreter aller Provinzen. Religionsangelegenheiten sind Sache der einzelnen Provinzen.
- **1581:** *Plakaat van Verlatinghe,* die nördlichen Provinzen erklären *Philipp II.* für abgesetzt. Damit vollzieht sich für die nördlichen Niederlande der endgültige Bruch mit Spanien. Flandern bleibt Teil der Spanischen Niederlande bis 1713.
- **1584:** *Wilhelm von Oranien* wird ermordet und der *Herzog von Anjou* stirbt. Die Provinzen bieten die Herrschaft ihres Gebietes König *Heinrich III.* von Frankreich an, dann Königin *Elizabeth I. von* England. Beide lehnen ab. Der *Earl of Leicester* übernimmt die Aufgabe, ist ihr jedoch nicht gewachsen. Dem Vormarsch des *Herzogs von Parma* können sie wenig entgegensetzen.
- **1585:** Blockade von Antwerpen, von der Hafenstädte in Zeeland und Holland profitieren (allen voran Amsterdam). Viele Protestanten verlassen die südlichen Niederlande. Im Laufe von vier Jahren ziehen rund 38.000 Protestanten in den Norden (ca. die Hälfte der Bevölkerung Antwerpens!).
- **1588:** Nachdem der *Earl of Leicester* nach England zurückgekehrt ist, übernehmen Landesadvokat *Johan van Oldenbarnevelt,* Statthalter *Moritz* und dessen Cousin *Wilhelm Ludwig von Nassau* die politische Führung der Provinzen. Letztere modernisierten die Militärstruktur und -strategien. Sieg über die spanische Armada gemeinsam mit England.
- **1602:** Gründung der Aktiengesellschaft Verenigde Oostindische Compagnie (VOC) in Amsterdam und Gründung erster niederländischer Siedlungen in Suriname.

Extrainfo 8 (s. S. 6): Landkarten im Zeitraffer spiegeln die Entstehungsgeschichte des Königreichs der Niederlande wieder

Allesamt Calvinisten?

Wenn man sich die Liste der Kirchen in den Niederlanden anschaut, weiß man spätestens nach der dritten schon nicht mehr, wie man ihre Bezeichnungen ins Deutsche übersetzen soll, da sich keine solch breite Palette an Entsprechungen in der deutschen Kirchenlandschaft findet. In den Niederlanden fasst man das Phänomen der Vielzahl an protestantischen Bibelinterpretationen und den daraus entstandenen Kirchenformen folgendermaßen zusammen: „Nimm einen Protestanten und man hat einen Glauben. Nimm zwei und man hat eine Kirche. Setz einen Dritten dazu und man hat eine Kirchenspaltung." („Neem één protestant en je hebt een overtuiging. Neem er twee: je hebt een kerk. Zet er een derde bij en je hebt een kerkscheuring.")

Auch wenn noch so gerne von „den Calvinisten" gesprochen wird, als sei das eine homogene Gruppe gewesen, macht ein Blick in die Zahlen des Mittelalters bis heute deutlich, dass es „die reformierte Kirche" in den Niederlanden nie gegeben hat. Dabei ist aus heutiger Sicht der säkular geprägten Bevölkerung nur noch schwer nachvollziehbar, was all diese Nuancen im alltäglichen Leben der gläubigen Menschen bedeuteten. Im 19. Jahrhundert hat sich die Öffentlichkeitskirche im Prinzip in zwei Formen gespalten: einerseits die Nederlandse Hervormde Kerk (Niederländisch-reformierte Kirche), die als liberal gilt und der auch die niederländische Königsfamilie angehört, und andererseits die Gereformeerde Kerk (Reformierte Kirche), die streng calvinistisch orientiert ist. Für strenggläubige Calvinisten war all ihre Anstrengung für Gott und nicht für den Menschen selbst bestimmt. Wenn jemand zu ehrgeizig war und damit angeberisch umging, schien er Gott damit übertrumpfen zu wollen, was für die Calvinisten sozusagen als Blasphemie gilt. Schließlich ist laut der calvinistischen Lehre der Prädestination bereits vorbestimmt, wer zu den „Auserwählten" und wer zu den „Verworfenen" zählt.

Wie extrem das Leben der strenggläubigen Calvinisten in den Nachkriegsjahren aussehen konnte, wurde im autobiografisch beeinflussten Roman „Knielen op een bed violen" von Jan Siebelink beschrieben, welches 2005 erstmals erschien (deutscher Titel: „Im Garten des Vaters"). Der Protagonist setzt für seinen Glauben alles aufs Spiel, was er hat: die Ehe mit seiner Frau, die Beziehung zu seinen Kindern, seinen Beruf. Das Buch zeigt, wie verführerisch eine Glaubenslehre sein kann, die im Grunde sektenartige Züge aufweist, Ängste schürt und das Glück verspricht. In der Psychoanalyse fallen die Calvinisten dadurch auf, dass sie sich Misserfolge selbst zuschreiben und sich bis zu ihrem Ende als bestraft sehen, während Erfolge als Zeichen des Erwähltseins gewertet werden, die sie selbst ja nicht in den Händen haben.

Auch der gefeierte niederländische Fotograf und Regisseur Anton Corbijn, dessen Vater Pfarrer in einer reformierten Kirche war, gibt in dem über sein künstlerisches Werk gemachten Dokumentarfilm „Anton Corbijn Inside Out" von 2012 immer wieder einen Einblick, wie Corbijn durch die Flucht in die Musikwelt der 1960er und 1970er-Jahre seiner strengen Kindheit und Jugend entkommen konnte, in der Gefühlsäußerungen und der Ausdruck von Liebe gegenüber Familienmitgliedern ganz offenkundig keinen Platz hatten. Diese Schwermut seiner Kindheit als Sohn eines reformierten Pfarrers hat er in seine Porträtfotografie übernommen und sie hat seine Arbeitsweise nachhaltig beeinflusst. Reflektiert man diese Eindrücke zurück in die mittelalterlichen Niederlande, bekommt man eine bessere Vorstellung davon, wie der reformierte Glaube die Arbeitsmoral des niederländischen Bürgertums angetrieben hat.

Will man erahnen, wie das Leben der strenggläubigen calvinistischen Niederländer in den vergangenen Jahrhunderten ausgesehen hat und wie eine immer kleiner werdende Minderheit auch heute noch davon beeinflusst wird, sollte man im sogenannten „refoband" (Reformierten-Streifen) einen Blick in die reformierten Kirchen werfen. Der „refoband", auch „bijbelgordel" (Bibelgürtel) genannt, ist ein schräg durch die Niederlande verlaufender ländlicher Bereich von Zeeland bis zum Nordwesten von Overijssel, in dem orthodoxe Reformierte beim sonntäglichen Kirchgang oftmals noch immer die klassische schwarze Kleidung tragen. Diese Kirchen werden daher auch abfällig als „Zwarte Kousen Kerken" (Schwarz-Strumpf-Kirchen) bezeichnet. In den Gemeinden, in denen auch heute noch besonders viele strenggläubige Calvinisten wohnen, gelten moderne Medien als verpönt, man hält sich strikt an die Sonntagsruhe, Menschen haben keine Versicherungen und lassen ihre Kinder nicht impfen ... In diesem diagonal verlaufenden Streifen fallen dem Amt für Volksgesundheit immer wieder Fälle von Kinderlähmung auf, gegen die in den Niederlanden allgemein seit 1956 geimpft wird.

Die orthodoxen Calvinisten fand man immer in den Reihen der einfacheren Bevölkerung, die nicht dem Bürgertum angehörte. Erfolgreiche Kaufleute mussten immerhin einen klaren Kopf bewahren, um erfolgreich sein zu können. Eine völlige Selbstaufgabe wäre nicht förderlich für ihr Metier gewesen. Aus diesem Grund waren die einfachen Leute ab dem 19. Jahrhundert auch eher in der orthodoxen Gereformeerde Kerk zu finden. Regt

Extrainfo 9 (s. S. 6): Bericht der Deutschen Welle über orthodoxe Calvinisten im Bibelgürtel von Südholland bis zum IJsselmeer

016nl Foto: os

sich ein Niederländer heute über das spießbürgerliche und engstirnige Verhalten eines Mitmenschen auf, hört man schnell einen bissigen Kommentar wie „Streng gereformeerd zeker?", was dann so viel bedeutet wie „Wohl streng calvinistisch, was?", der kaum als Kompliment gemeint ist.

Weil die verschiedenen Ausprägungen des protestantischen Glaubens in den Niederlanden im Laufe des 20. und 21. Jahrhunderts immer weniger Zulauf verzeichnen konnten (die Zahlen bei den Katholiken sind weniger rasant rückläufig), hat man 2004 beschlossen, die drei protestantischen Kirchengruppierungen, Nederlandse Hervormde Kerk, Gereformeerde Kerken in Nederland und Evangelisch-Lutherse Kerk in het Koninkrijk der Nederlanden, unter dem Dachverband Protestantse Kerk in Nederland zu vereinen. Diese Protestantische Kirche waltet heute noch über 857 Kirchengebäude in den Niederlanden, die überwiegend modern reformierter Ausprägung sind. In den letzten offiziellen Zahlen des niederländischen Zentralbüros für Statistik (CBS) von 2014 werden die protestantischen Glaubensrichtungen allerdings noch einzeln geführt: 24 % römisch-katholisch, 6 % Protestantse Kerk in Nederland, 7 % Nederlands Hervormd, 3 % Gereformeerd, 5 % muslimisch, 5 % andere Glaubensrichtungen und 49 % gehören keinem Glauben an. Ganze 77 % besuchen nie einen Gottesdienst.

Dass die Zahlen der Katholiken in den Niederlanden weitaus langsamer sinken als die der Protestanten, liegt auch an dem Umstand, dass die Ka-

tholiken traditionell die Gastarbeiterfamilien unterstützt haben und Messen in deren Sprachen abhalten, wodurch sie sich eine recht treue Nische von Gläubigen geschaffen haben. Der Grund für den unverhältnismäßig schnellen Rückgang in den protestantischen Kirchen hingegen liegt in der Natur der protestantischen Denkweisen. Demnach ist es in der Regel nicht damit getan, einer vorgegebenen Symbolik oder Ritualen zu folgen, sondern Protestanten versuchen zu begreifen, was sie glauben sollen. Sie hinterfragen eine Sache so lange, bis sie eine zufriedenstellende Erklärung finden. Bei den Katholiken stößt man sich nicht so sehr an den Vorgaben und führt oftmals vorgegebene Rituale aus, ohne sie großartig zu ergründen.

In einer säkularisierten Gesellschaft ist das Finden passender Erklärungen aber schwierig geworden. So erklärt sich auch der schlecht messbare, aber gesellschaftlich zu beobachtende Zulauf zu anderen Formen der Spiritualität. Ein seit den 1970er-Jahren stetig wachsendes Angebot an entsprechenden Büchern und Workshops verstärkt diesen Eindruck.

Der schnelle Prozess der Säkularisierung unter protestantischen Gläubigen liegt auch im Fehlen einer überkuppelnden Machtstruktur an der Spitze der verschiedenen protestantischen Ausrichtungen begründet. Dadurch mangelt es den Glaubensgemeinschaften an Zusammenhalt untereinander und das Element der sozialen Kontrolle, das Mitglieder der Kirchengemeinde (wenn auch nicht regelmäßig zum Sonntagsgottesdienst, aber wohl an Weihnachten, zur kirchlichen Trauung, der Kindstaufe und zur Beerdigung) in die Kirchen kommen lässt, wird unterminiert.

Als Tourist kann man von der reichen religiösen Geschichte der Niederlande zuweilen profitieren, denn durch die vielen verschiedenen Glaubensausprägungen gab es besonders viele Kirchengebäude, die heutzutage immer häufiger langfristig leer stehen. Von den einst rund 19.000 Kirchengebäuden, die seit dem Jahr 1200 in den Niederlanden errichtet wurden, sind heute noch ungefähr 7000 übrig. Davon stehen 2300 protestantische und 1700 römisch-katholische Kirchen unter Denkmalschutz. Die restlichen 3000 Kirchen, die nicht unter Denkmalschutz stehen, werden nach und nach abgerissen oder man sucht dafür andere „Mieter" zur Nutzung, beispielsweise als Trampolinparadies, Kindertagesstätte, Hotel, Luxusapartments etc.

< In der „Ontmoetingskerk" (Begegnungskirche) wirkt man der fortschreitenden Säkularisierung seit 2015 durch die Fusion von zwei reformierten und einer lutherischen Gemeinde zur protestantischen Gemeinde von Enschede entgegen

- **1609–1621:** Waffenstillstand zwischen Spanien und den Niederlanden. Nur in Reformierten Kirchen *(Gereformeerde Kerken)* dürfen öffentlich Gottesdienste abgehalten werden.
- **1619:** Enthauptung von Landesadvokat *Oldenbarnevelt* in Den Haag als Folge der Konflikte mit Statthalter *Moritz*. Dies gilt als Sieg der Kontraremonstranten („Orthodoxen") gegen die Remonstranten („Freisinnige"). Gründung von Batavia (heutiges Jakarta).
- **1621:** Gründung der Niederländischen Westindien-Kompanie (WIC, *Westindische Compagnie*). Wiederaufnahme des Kriegs gegen Spanien.
- **1625:** Tod des Statthalters *Moritz*. Neuer Statthalter ist sein Halbbruder *Friedrich Heinrich*. Teile von Brabant und Limburg werden annektiert.
- **1634:** Aruba, Bonaire und Curaçao (ABC-Inseln) werden von der WIC erobert.
- **1641:** Die neunjährige *Maria Stuart,* älteste Tochter des englischen Königs, heiratet *Wilhelm II.,* den Sohn *Friedrich Heinrichs*. Mit dieser Ehe wurde die spanisch-englische Annäherung blockiert.
- **1648:** Der Westfälische Frieden *(Vrede van Munster)* wird im heutigen Haus der Niederlande in Münster unterzeichnet. Der Krieg mit Spanien wird beendet und die Republik der Sieben Vereinigten Provinzen wird international anerkannt. Anspruch der Niederlande auf die karibischen Inseln Aruba, Bonaire und Curaçao werden bestätigt. Teilungsvertrag mit Frankreich für Sint Maarten/Saint Martin.
- **1650–1672:** Nach dem Tod von Statthalter *Wilhelm II.* beginnt die erste statthalterlose Periode. Durch die fehlende Repräsentanz durch einen Statthalter der anderen Provinzen dominiert in dieser Periode die Provinz Holland bei allen Entscheidungen. So wird *Johan de Witt* ab 1653 als Ratspensionär von Holland der wichtigste Staatsmann dieser Periode. Den Juden und Lutheranern wird erlaubt, sichtbare Gebetshäuser zu bauen.
- **1652–1654:** Der Erste Englisch-Niederländische Krieg endet mit dem Frieden von Westminster.
- **1665–1667:** Der Zweite Englisch-Niederländische Krieg endet mit dem Frieden von Breda, wonach die Niederländer Neu-Amsterdam (das heutige New York) an die Engländer abtreten. Im karibischen Raum bekommen sie Suriname und einige karibische Inseln. Die Engländer ziehen sich im Gegenzug aus Indonesien zurück.
- **1672–1674:** Im *Rampjaar* (Katastrophenjahr) 1672 wird die Republik durch Frankreich, England und die Bistümer Münster und Köln angegriffen. *Wilhelm III.* wird Statthalter. *Johan de Witt* und sein Bruder *Cornelis* werden in Den Haag gelyncht. Der dritte englisch-niederländische Krieg und der Krieg mit den Bistümern Köln und Münster endet

1674 mit dem Frieden von Westminster (namensgleich mit dem von 1654). Die niederländische Herrschaft über Suriname wird bestätigt.

- **1678:** Frieden von Nijmegen beendet Krieg mit Frankreich.
- **1682:** Suriname wird an die WIC übertragen. Gründung der Geoctroyeerde Sociëteit van Suriname. Bis 1826 werden geschätzt 500.000 Menschen aus Afrika als Arbeitssklaven auf die Plantagen von Suriname verschleppt.
- **1685:** *Ludwig XVI.* von Frankreich widerruft das Edikt von Nantes (1598). Innerhalb kurzer Zeit fliehen ca. 35.000 Hugenotten (französische Calvinisten) aus Frankreich in die Niederlande.
- **1688:** Am Ende der Glorious Revolution vertreibt *Wilhelm III.* seinen Schwiegervater *Jakob II.* vom englischen Thron und wird 1689 zusammen mit seiner Frau *Maria Stuart* König (und Königin) von England. *Wilhelm III.* verfolgt weiter die Religionsfreiheit und kämpft gegen die Machtausbreitung von *Louis XVI.*
- **1697:** Der Frieden von Rijswijk beendet den neunjährigen Krieg mit Frankreich.
- **1702:** Statthalter König *Wilhelm III.* stirbt. Beginn der zweiten statthalterlosen Periode (bis 1747). Zunehmende Spannungen mit England, Frankreich, Spanien und Preußen.
- **1713–1715:** Der Frieden von Utrecht markiert den Beginn der Österreichischen Niederlande. In den Folgejahren geht die niederländische Staatskasse bankrott, der Handel lässt nach, der Mittelstand verarmt, die Bevölkerung in den holländischen Gewerbestädten Leiden, Delft und Haarlem schrumpft dramatisch. Ende des Goldenen Zeitalters.
- **1747:** Frankreich besetzt einen Teil der Provinz Zeeland. Der friesische Statthalter *Wilhelm IV.* wird Erbstatthalter aller Provinzen. Die Niederlande schaffen es kaum noch, ihre politische Neutralität zwischen den erstarkten Großmächten England, Frankreich, Preußen und Österreich zu wahren.
- **1780:** Vierter englisch-niederländischer Krieg bis 1784. Die Patriotenbewegung (bis 1787) ruft nach Reformen und Bürgerbeteiligung. Täuferpfarrer *Jan Nieuwenhuijzen* gründet die bis heute existierende Maatschappij tot Nut van 't Algemeen (Gesellschaft zum Nutzen der Allgemeinheit), die eine allgemeine Schulbildung als Ausgangspunkt zur Verbesserung der Lebensqualität des Volkes zum Ziel hat.
- **1792:** Sklavenaufstand auf Curaçao unter Tula, Auflösung der WIC
- **1795–1806:** Ausrufung der Batavischen Republik; Ende der Erbstatthalterperiode und erster niederländischer Nationalstaat mit einer Verfassung von 1798, in der alle Staatsbürgerrechte statt Stadtbürgerrechte erhalten. Trennung von Staat und Kirche. Ende der Vormachtstel-

lung der reformierten Kirche. Die VOC wird bankrott erklärt, der Staat erbt eine Schuldenlast von 120 Millionen Gulden.

- **1806:** Nach diversen Staatsstreichen erfolgt die Gründung des Königreichs Holland unter König *Ludwig Bonaparte, Napoleons* Bruder.
- **1810:** Einverleibung des Königreichs Holland in das französische Kaiserreich (zu dem auch schon das belgische und luxemburgische Gebiet gehörten), Einführung der Wehrpflicht
- **1814–1815:** Auf dem Wiener Kongress wird das Vereinigte Königreich der Niederlande (inklusive der heutigen Staaten Belgien und Luxemburg) unter der Leitung des Hauses Oranien-Nassau mit *Wilhelm I.* als König festgelegt.
- **1816:** Antillen-Inseln und Suriname werden zu Kronkolonien des Königreichs Holland (erst im Jahr 1863 wird die Sklaverei in Suriname abgeschafft).
- **1830:** Aufstand in den südlichen Niederlanden führt zur Teilung in ein Königreich der Niederlande (Haus Oranien-Nassau) und ein separates Königreich Belgien (Haus Sachsen-Coburg und Gotha), das erst 1839 durch die Niederlande anerkannt wird. 200.000 Tote bei der Niederschlagung des Java-Aufstandes in Niederländisch-Indien. Einführung des *Cultuurstelsels,* das die Bauern zwang, Nutzpflanzen für den Export in Europa anzubauen.
- **1840:** König *Wilhelm I.* dankt ab. Amtsantritt von König *Wilhelm II.*
- **1848:** Mit einer Verfassungsänderung geht die Macht zur Vermeidung einer Revolution vom König auf das Parlament über.
- **1849:** König *Wilhelm II.* stirbt, ihm folgt *Wilhelm III.* nach.
- **1853:** Das katholische Erzbistum und die anderen Bistümer in den Niederlanden werden trotz der Proteste der Protestanten wiederhergestellt.
- **1860:** In *Multatulis* Roman „Max Havelaar" wird die Ausbeutung der Kolonien angeprangert.
- **1867:** Das Großherzogtum Luxemburg wird im zweiten Londoner Vertrag endgültig vom Königreich der Niederlande abgekoppelt und für immer als neutral erklärt. Auch die Provinz Limburg wird endgültig aus dem Deutschen Bund ausgekoppelt.
- **1870:** Abschaffung des *Cultuurstelsels* in Niederländisch-Indien

☒ Im Museum Bronbeek in Arnhem ist die Zunahme der bewaffneten Konflikte zwischen den Bewohnern des indonesischen Archipels und der niederländischen Kolonialmacht zum Ende des 19. Jahrhunderts gut dokumentiert

047nl Foto: def

- **1871–1878:** Gründung der ersten niederländischen Gewerkschaft, Beginn der Sozialgesetzgebung, Gesetz gegen Kinderarbeit, Einführung einer Grundschulpflicht
- **1873–1903:** Aceh-Krieg auf Sumatra, am Ende beherrschen die Niederländer den gesamten indonesischen Archipel.
- **1890:** König *Wilhelm III.* stirbt, die Königin-Regentin *Emma* vertritt bis 1898 ihre 10-jährige Tochter Königin *Wilhelmina* in Staatsangelegenheiten.
- **1901:** Expansion des Kolonialgebiets von Niederländisch-Indien.
- **1914–1918:** Die Niederlande bewahren ihre Neutralität im Ersten Weltkrieg.
- **1917–1919:** Einführung des allgemeinen Wahlrechts für Männer, ab 1919 auch Frauenwahlrecht
- **1940–1943:** Deutschland besetzt die Niederlande und bombardiert Rotterdam. Ende der niederländischen Neutralität. 1942: Besetzung von Niederländisch-Indien durch die Japaner. Beginn der Deportation von Juden aus den Niederlanden. Ab 1943: Zwangsverpflichtung zum Arbeitseinsatz für die Deutschen.
- **1944–1945:** Befreiung der Niederlande durch die Alliierten, Unterzeichnung der deutschen Kapitulation am 5. Mai 1945 in Wageningen. Japanische Kapitulation am 15. August, zwei Tage später rufen *Sukar-*

no und *Hatta* die unabhängige Republik Indonesien aus. Zehntausende verhungern im nicht befreiten Westen der Niederlande im Winter 1944/1945.

- **1947–1948:** Versuch der Niederschlagung der Unabhängigkeitsbestrebungen in Indonesien. *Wilhelmina* dankt 1948 ab, ihre Tochter *Juliana* wird Königin.
- **1948–1949:** Gründung der Benelux-Zollunion 1948 und NATO-Beitritt 1949 beenden Neutralitätspolitik endgültig. 1949 erkennen die Niederlande unter dem Druck der USA und der Vereinten Nationen Indonesiens Unabhängigkeit an.
- **1951–1957:** Gründungsmitglied der Europäischen Gemeinschaft für Kohle und Stahl 1951 und anschließend der Europäischen Wirtschaftsgemeinschaft 1957.
- **1965–1969:** Entsäulungspolitik setzt ein, Frauen-, Studenten- und Provobewegungen liberalisieren die niederländische Gesellschaft. Krawalle bei der Hochzeit von Kronprinzessin *Beatrix* mit dem Deutschen *Claus von Amsberg.*
- **1975:** Anerkennung der Unabhängigkeit von Suriname
- **1975–1980:** Zugentführungen und Geiselnahme in Grundschule durch junge Molukker; Bestechungsgeldaffäre um *Prinz Bernhard* mit dem amerikanischen Flugzeughersteller Lockheed veranlassen Königin *Juliana* 1980 zum Abdanken. Amstantritt von Königin *Beatrix.*
- **1982:** Im Abkommen von Wassenaar beschließen Gewerkschaften und Arbeitnehmer ein Bündnis für Arbeit, bekannt als „Poldermodell".
- **1986:** Aruba erhält den Status als autonomer Landesteil innerhalb des Königreichs der Niederlande.
- **1992:** Vertrag von Maastricht markiert die Gründung der Europäischen Union, infolgedessen die Niederlande und elf weitere europäische Länder ihre bisherigen Währungen 2002 auf Euro umstellten.
- **1995:** In Srebenica töten bosnische Serben ca. 8000 muslimische Männer, ohne durch die niederländischen Blauhelme und die UNO gestoppt zu werden.
- **2001–2002:** Verlobung von Kronprinz *Willem-Alexander* mit der bürgerlichen Argentinierin *Máxima Zorreguieta,* deren Vater ein Mitglied der Militärjunta unter der Diktatur *Videlas* war.
- **2002–2012:** Ende der zweiten Amtsperiode von Ministerpräsident *Wim Kok* und Beginn einer Serie von Regierungsbildungskrisen unter Ministerpräsident *Balkenende* mit ständigen Neuwahlen bis 2012. Auslöser u. a. die Ermordung des Rechtspopulisten *Pim Fortuyn* kurz vor der Parlamentswahl im Jahre 2002, die Ermordung des islamkritischen Regisseurs *Theo van Gogh* durch einen muslimischen Extremisten

2004 sowie die geplante Ausbürgerung der Islamkritikerin *Ayaan Hirsi Ali* 2006.

- **2010:** Curaçao und Sint Maarten erhalten den Status von autonomen Landesteilen innerhalb des Königreichs der Niederlande. Bonaire, Saba und Sint Eustatius bekommen den Status von besonderen Gemeinden innerhalb des Königreichs *(Caribisch Nederland).*
- **2010 bis heute:** Beginn des Kabinetts *Rutte,* ab 2012 große Koalition zwischen der rechtsliberalen Volkspartij voor Vrijheid en Democratie (VVD) und der sozialdemokratischen Partij van de Arbeid (PvdA).
- **2013:** Abdankung von Königin *Beatrix* und Einhuldigung von König *Willem-Alexander.*
- **2014:** Abschuss des Passagierflugzeuges der Malaysia Airlines (Flug MH17) über der Ukraine mit u.a. 193 niederländischen Opfern (68 % der Passagiere).
- **2016:** Die Niederlande haben zum 12. Mal den Vorsitz im Rat der Europäischen Union inne. Beim konsultativen Referendum der Niederlande lehnten 61 % der Abstimmenden das Assoziierungsabkommen zwischen der Europäischen Union und der Ukraine ab.

HOLLAND
14
grabbelen
10 cent
Platen
€ 1

Das niederländische Volk

Die Königsfamilie – ganz besondere Volksvertreter | 84
Gleichstellung, Beruf und Familie | 90
Egalitäre Gesellschaft – Auffallen unerwünscht | 96
(Un)Sichtbare Minderheiten – Ursprung der Gesellschaft | 104
Ein tolerantes Volk – stimmt das? | 113
Das Selbstbild der Provinzbewohner | 127

< Gemütlichkeit und Handelssinn werden am Geburtstag des Königs auf Freimärkten im ganzen Land groß geschrieben (004nl Foto: eg)

Groß, blond und blauäugig? König *Willem-Alexander* mit seinen 183 Zentimetern Körpergröße, seinen blonden Haaren und blauen Augen, seiner warmherzigen blonden Königin *Máxima* sowie ihren drei hübschen Töchtern bedienen das Klischee nur allzu perfekt. Aber sie könnten ebenso gut Skandinavier, Norddeutsche, Isländer etc. sein. Tatsächlich ist die Mehrheit des niederländischen Volkes mitnichten blond oder blauäugig. In den Niederlanden sind Schätzungen zufolge durchschnittlich 40 % der Einwohner von Natur aus blond. In der Provinz Groningen sind es ungefähr doppelt so viele, aber auch in den nördlichen Provinzen Drenthe und Friesland scheinen Blonde häufiger vertreten zu sein, wobei man sie im südlichen Limburg, Brabant oder Gelderland weitaus seltener antrifft. Nicht zuletzt sei daran erinnert, dass es viele niederländische Staatsbürger mit Migrationshintergrund gibt, die das Klischee vom großen, blonden Niederländer selten erfüllen. Welche äußerlichen Eigenheiten die niederländische Gesellschaft in z.B. hundert Jahren kennzeichnen werden, wenn sich ein kompletter Generationswechsel vollzogen hat, bleibt abzuwarten. In den nachfolgenden Kapiteln geht es nicht um solche Äußerlichkeiten, sondern um die Formen des Zusammenlebens, die die niederländische Gesellschaft kennzeichen.

Die Königsfamilie – ganz besondere Volksvertreter

Bevor es um die Bevölkerung als Ganzes geht, sollen erst einmal die wohl bekanntesten Volksvertreter des Landes vorgestellt werden: die niederländische Königsfamilie. Keine Sorge, das wird keine Klatsch- und Tratschspalte, sondern mit Blick auf die Königsfamilie können einige Eigenheiten des niederländischen Volkes gut analysiert werden.

Insbesondere seit dem Zweiten Weltkrieg fungieren wohl alle europäischen Königsfamilien vor allem als **Aushängeschilder für ihre Länder** und sie haben ganz besonders schillernde diplomatische Funktionen, die ihnen nicht länger erlauben, Kriege anzuzetteln. Ihre offenkundigen Möglichkeiten zur eigenen Bereicherung auf Kosten des Volkes sind stark eingegrenzt worden. So vermittelt die königliche Familie der Niederlande bei Staatsbesuchen im In- oder Ausland ein Bild vom niederländischen Volk, seiner Kultur und seinen Traditionen, allein schon durch ihr Auftreten und ihr Äußerliches, aber natürlich auch durch ihre Aussagen.

Während die ehemalige Königin *Beatrix* sich mit ihrem Prinzgemahl, dem ehemaligen deutschen Diplomaten *Claus von Amsberg*, ebenso wie viele andere europäische Adlige ihrer Generation darauf verstand, aktiv zur **innereuropäischen Versöhnung** beizutragen, spielen die jungen europäischen Könige und Königinnen des 21. Jahrhunderts auf dem politischen Parkett eine untergeordnete Rolle. Letztere glänzen hingegen in der Vertretung von wirtschaftlichen Interessen und bei der Schirmherrschaft für wohltätige Zwecke. Zu Staatsbesuchen im Ausland reisen im Gefolge des jetzigen Königs *Wilhelm-Alexander* gut und gerne rund 100 niederländische Wirtschaftsvertreter mit, um **Werbung für Produkte oder Technik „made in Holland"** zu betreiben und lukrative Deals einzufädeln. Der König dient dabei in einer Schlüsselfunktion als Türöffner und Visitenkarte gleichermaßen. Dabei trägt er einen Maßanzug und Krawatte im Kontrast zur niederländischen Etikette der Geschäftswelt, wo Krawatten mittlerweile überaus selten sind.

In der post-nationalen Ära innerhalb der Europäischen Union besinnen sich die einzelnen Nationen auf ihre Besonderheiten, um das Bedürfnis nach einem nationalen Zusammengehörigkeitsgefühl zu stillen. Dazu braucht es verbindende Elemente. Während man in den meisten Ländern Europas auf die Tradition einer mächtigen Königsfamilie verweisen kann, hatten die Niederlande jahrhundertelang kein solch einendes Symbol an ihrer Spitze, keine alle vereinende Staatsreligion, keinen Unabhängigkeitskrieg im modernen Sinne, kein wahrhaft einendes Element. Die Institution der niederländischen **Königsfamilie als Nationalsymbol** soll anknüpfen an die Traditionen anderer europäischer Königshäuser.

Um den neuen niederländischen Monarchen Gewicht zu verleihen, glorifizierten die Geschichtsschreiber ab 1815 die Vorreiterrolle ihres *Wilhelm von Oranien* (1533–1584) und beschrieben ihn als den Mann, der die modernen Niederlande in Bewegung gebracht habe. Historiker sind sich längst einig, dass er keinerlei Bestrebungen hatte, die nördlichen Niederlande in einen eigenen Staat umzuformen, dennoch wird mit der Tradition der Oranier auf den Statthalterposten im Mittelalter die Vorbestimmung des niederländischen Staatsoberhaupts per Geburt legitimiert.

Es hat funktioniert. Im Laufe der Amtszeit von sieben Königen und Königinnen hat die niederländische Monarchie immer wieder kleine Krisen erlebt und gemeistert. Königin *Beatrix* hatte während ihrer Amtszeit noch viel positive **Stimmung für die Institution der Monarchie** machen müssen, die den liberalen und freiheitlichen Niederländern der 1960er bis 1980er-Jahre nicht mehr so recht zu passen schien. Auch dem ehemals als *„Prins Pilsje"* (Prinz Pils) verspotteten ehemaligen Kronprinzen begegnete man vor allem im Lager der Monarchiegegner bis zum Tag seiner Hochzeit mit *Máxima* mit viel Gegenwind. Dass das niederländische Volk durch diese Liebeshochzeit so einfach zu versöhnen war, hat einerseits viel mit

Extrainfo 10 (s. S. 6): Video des niederländischen Tourismusbüros zur 200-Jahr-Feier des Königreichs der Niederlande: die königlichen Paläste und die Monarchen des Königreichs (Engl.)

der entwaffnend fröhlichen Erscheinung von *Máxima* zu tun, aber auch mit dem Umstand, dass sie eben keine Adlige ist, sowie mit der Art, wie die junge Königsfamilie lebt und sich präsentiert. Ihre drei Töchter schicken sie in reguläre staatliche Schulen, die sie mit dem Fahrrad erreichen können und die Mädels radeln da genau wie ihre Altersgenossen hin und zurück. *Máxima* war sich auch nicht zu schade, genau wie die anderen Mütter als *overblijfmoeder* das gemeinsame Mittagessen der Grundschulkinder in der Klasse ihrer Tochter *Amalia* zu betreuen, wann immer es ihr Terminkalender erlaubte. Ebenso wenig scheute sie das Durchführen der Kopflauskontrolle bei den Kindern in der Grundschule. Der jährliche Sommerurlaub an einem sonnigen Ort Europas gehört wie auch ein jährlicher Skiurlaub zum Lebensrhythmus der jungen Königsfamilie, wobei sie letzteren wie schon zu Königin *Beatrix'* Zeiten immer im österreichischen Lech verbringen. Ihre gelegentlichen privaten Ausflüge zu entfernteren Ziele oder in Luxusvillen brachten ihnen haufenweise Kritik vonseiten des niederländischen Volkes ein. Denn das Volk verlangt von seinen Monarchen **„doe normaal"** („jetzt mach mal halblang"), sonst fühlt der niederländische Steuerzahler sich gleich ausgenutzt und verschaukelt. Die Reisekosten der fünfköpfigen Familie sollten mit Urlauben an außereuropäischen Zielen nicht unnötig in die Höhe getrieben werden, zumal auch die Sicherheitskosten zum Schutz der Königsfamilie außerhalb der EU (und einiger anderer westlicher Länder) einfach zu hoch sind.

Wer am längeren Hebel sitzt, ist also klar: das niederländische Volk! Wenn die Tochter *Alexia* bei den Feierlichkeiten zum Königstag ein einfaches Kleidchen von der spanischen Stangenwarenmarke Zara trägt, das knapp unter 30 Euro gekostet hat, zerreißen sich so manche das Maul, die gerne echten Pomp und Gloria haben wollen, aber bei den meisten Niederländern macht sich die Königsfamilie damit eher beliebt. Diese Art des bodenständigen, **unprätentiösen Königtums** ist dem Gros des niederländischen Volkes überaus sympathisch. Die nach der Hochzeit ausgesprochenen Warnungen, dass sich durch so viel „Normalität" die „Magie der Krone" abnutzen könne, scheinen unbegründet, denn das Königspaar ist beliebter denn je. Dies kann man an keinem anderen Tag besser beobachten als am Königstag, an dem scheinbar das ganze Land mit der Farbe der Oranier den Geburtstag des Monarchen in der Form eines äußerst ausgelassenen Volksfestes feiert (siehe auch das Kapitel „Alles ‚oranje' – nicht nur am Nationalfeiertag" ab Seite 204).

Was die Königsfamilie tun und lassen kann, unterliegt den Regeln der Verfassung und wird durch das Parlament diktiert. Als der damalige Noch-Kronprinz *Willem-Alexander* die Tochter eines hochrangigen argentinischen Funktionärs zur Zeit des Diktators *Jorge Videla* heiraten wollte, wurde monatelang kontrovers diskutiert, ob eine solche Ehe für den zukünftigen König der Niederlande und für die Niederlande selbst zuträglich seien. *Willem-Alexander* war bereit, *Máxima* auch ohne Zustimmung des Parlaments zu heiraten, selbst auf die Gefahr hin, dass er gemäß den Regeln hätte abdanken müssen. Das Parlament lenkte ein, der Verlust des Thronfolgers wäre mit Sicherheit fatal für das Königreich gewesen, dass, wie in seiner Geschichte mehrfach bewiesen, lieber auf Erprobtes zurückgreift, als sich an Neuem zu versuchen, es sei denn, äußere Umstände sind zwingend.

Für die Niederländer gilt wohl allgemein „Not macht erfinderisch!". Das gilt auch, wenn ein Mitglied der königlichen Familie sich nicht an die Regeln hält, wobei die „Strafe" mitunter ganz bizarr anmutet. Dann darf der Vater der Braut *Máxima* um des lieben Friedens willen eben nicht zur Hochzeit erscheinen und damit ist die Videla-Zorreguieta-Affäre aus der Welt, denn zur Taufe seiner Enkelkinder durfte er wieder dabei sein. Die Taufen seien eine private Angelegenheit, die Hochzeit war hingegen eine Staatssache und somit wäre seine Anwesenheit da nicht zu vertreten gewesen.

Ganz der niederländischen **Duldungstradition** folgend, war es auch kein Problem, dass *Willem-Alexander* als Angehöriger der liberalen Nederlands Hervormde Kerk (Niederländisch-reformierte Kirche) eine Katholikin heiratete, das stand im Gegenteil überhaupt nie zur Diskussion. So hat es immerhin auch schon *Wilhelm von Oranien* im Mittelalter gehalten, der sich dafür einsetzte, dass es keine Staatsreligion brauche, weil der Glaube eine Gewissensfrage sei. Entsprechend ist *Máxima* trotz ihrer Eheschließung in einer Niederländisch-reformierten Kirche auch nach wie vor Katholikin. Und egal, ob man es positiv oder negativ werten will, als das niederländische Parlament sich einmal dazu durchgerungen hatte, der Ehe zwischen *Willem-Alexander* und *Máxima* zuzustimmen, verstummte der Vorwurf an ihren Vater, er sei potenziell in die Gewalttaten der Diktatur *Videla* verwickelt gewesen. Wenn es der Sache nicht dienlich ist, Streit zu suchen, wählen die Niederländer ganz pragmatisch den **pazifistischen Weg.**

Heute scheint man sich mit einer ebenso sachlichen Betrachtungsweise arrangiert zu haben: Solange sich der wirtschaftliche Nutzen der Königsfamilie für das Königreich rechnet, verglichen mit den jährlichen Kosten für den Steuerzahler, wird man diese Institution aller Voraussicht nach beibehalten. Das ist dann wieder ganz im Sinne der Volkstradition, **wirtschaftliche Interessen** über die großen idealistischen Ideen zu stellen. Seit Beginn der Regentschaft von König *Willem-Alexander* sind die Monarchiegegner vorläufig verstummt.

Märchenstunde am Prinsjesdag

Wahrlich märchenhaft geht es in den Niederlanden nicht nur bei einer königlichen Hochzeit zu, wie der des damaligen Kronprinzen Willem-Alexander und seiner argentinischen Máxima im Jahr 2002, sondern eigentlich an jedem dritten Dienstag im September. An diesem sogenannten Prinsjesdag (Prinzentag) wird eine von Natur aus eher trockene Angelegenheit, nämlich die Rede zu Beginn des parlamentarischen Arbeitsjahres, zu einem Staatsakt mit Pomp und Gloria. Begleitet von viel geradezu archaischem Zeremoniell fährt König Willem-Alexander (bis 2013 die jeweilige Königin) in der überaus ornamental im Renaissance-Stil verzierten und mit Blattgold belegten Kutsche durch Den Haag.

Diese goldene Kutsche war ein Geschenk der Amsterdamer Bevölkerung an Königin Wilhelmina anlässlich ihrer Thronbesteigung 1898. Erstmals zum Einsatz kam die Kutsche bei Wilhelminas Hochzeit 1901. Seit 1903 wird sie alljährlich am Prinsjesdag von acht schmuck dekorierten Pferden durch die Stadt gezogen. Begleitet wird das Gefährt von einer marschierenden Musikkapelle sowie Vertretern der Wehrmacht und der Königlichen Marechaussee – sowohl zu Fuß als auch zu Pferd –, den wichtigsten Mitgliedern des königlichen Hofs und anderen Mitgliedern des Königshauses in weiteren Kutschen. Die Bevölkerung liebt die volksnahe Zurschaustellung alter königlicher Pracht, ganz besonders in der goldenen Kutsche, und säumt jubelnd den kaum einen Kilometer langen Weg vom Palast Noordeinde durch die Innenstadt von Den Haag.

Auch am Ziel der Kutschfahrt, dem Binnenhof, ist viel los, denn bevor der König eintrifft, müssen auch die Abgeordneten des Kabinetts, eingeladene Gäste und weitere Mitglieder des Königshauses über den roten Teppich zu ihren Sitzplätzen im Rittersaal des Binnenhofs gegangen sein. Dabei hat es sich eingebürgert, dass die Damen mit schicken Hutkreationen auf ihren Häuptern erscheinen, so wie man es in England oder Australien von wichtigen Pferderennen kennt. Und obgleich diese in einem so nüchternen Land wie den Niederlanden mitnichten so extravagant ausfallen, werden sie und die Outfits im Allgemeinen dennoch von Reportern der verschiedensten Medien en detail lobend oder spöttisch kommentiert.

2016 und in einigen darauffolgenden Jahren müssen Royalty-Liebhaber auf ihre Lieblingskutsche verzichten, da diese zugunsten einer umfassenden Generalüberholung aus dem Verkehr gezogen und so lange von ihrer

[>] Prinsjesdag: Die goldene Kutsche fährt durch ein Spalier von Ehrenwachen und Schaulustigen

021nl Foto: Rijksoverheid/Bas Arps

Vorgängerin, der aus dem Jahr 1826 stammenden gläsernen Kutsche, vertreten wird. Die gläserne Kutsche wurde schon von Wilhelm II. für die jährliche Eröffnung der „Staten-Generaal" (Generalstaaten) gebraucht.

Im Binnenhof schreitet der König dann zur Verlesung der sogenannten Thronrede, die er nicht selber geschrieben hat, aber in seiner Funktion als Staatsoberhaupt verliest. Er nimmt dazu auf dem vergoldeten, gotischen Eichenstuhl im Rittersaal des Binnenhofs zu Den Haag Platz, Königin Máxima im kleineren gotisch verzierten Stuhl an seiner Seite. Die Thronrede beinhaltet ein Resümee des Vorjahres und die Bekanntgabe der Regierungspläne für das kommende Jahr.

Nach Abschluss der Rede ruft der Vorsitzende: „Es lebe der König!" und alle Gäste im Saal antworten mit „Hurra, hurra, hurra!". Der weitere zeremonielle Verlauf hat zumindest dem niederländischen Namen nach etwas Fantastisches. Denn nun trägt der niederländische Finanzminister einen altmodischen braunen Lederkoffer vom Rittersaal zum Abgeordnetenhaus hinüber. Auf dem Koffer, der dem Aussehen nach noch aus der Zeit vor dem Ersten Weltkrieg stammt, steht mit goldenen Lettern „Derde Dinsdag in September" und darin befindet sich die sogenannte „miljoenennota" (der Haushaltsplan) und die „rijksbegroting" (Pläne für den Staatshaushalt), die in den kommenden Monaten im Parlament besprochen werden müssen. Böse Zungen behaupten, dass die Märchenstunde da erst so richtig anfängt …

Gleichstellung, Beruf und Familie

Die niederländische Gesellschaft unterscheidet sich in puncto Gleichstellung der Geschlechter und in den Familienstrukturen zunächst einmal wenig von Deutschland. Bei genauerer Betrachtung fällt in den organisatorischen Strukturen der modernen niederländischen Gesellschaft so manche überraschende Besonderheit auf.

Gleichstellung von Mann und Frau

Wie ist es in den Niederlanden um die Gleichstellung der Geschlechter im Vergleich zu Deutschland bestellt? Wenn man sich allein den Frauenanteil in Führungspositionen anschaut, so hat Deutschland die Nase vorn. Während es in Deutschland 30 % sind, liegt die Zahl in den Niederlanden lediglich bei rund 10 %. Dennoch sind Frauen in den Niederlanden sehr emanzipiert. Zur Emanzipation gehört schließlich auch die Entscheidung, eine solche Topposition eben nicht unbedingt ausfüllen zu müssen. Auf dem Global Index 2015 im Global Gender Gap Report ähneln sich die Positionen der Niederlande und Deutschlands.

Sieht man sich abgesehen von den Beschäftigtenzahlen die Bezahlung von Mann und Frau an, scheinen die EU-Maßnahmen zur Verringerung des sogenannten **Gender Pay Gap,** also der unterschiedlichen Entlohung von Mann und Frau in gleicher Position, gefruchtet zu haben. Wenn man den Veröffentlichungen von Loonwijzer zum Thema glauben darf, haben die Niederlande die Differenz im Jahre 2015 auf durchschnittlich 5 % reduziert, während noch 2014 von über 16 % die Rede war, was knapp über dem EU-Durchschnitt lag. Ganz offensichtlich hat man Probleme, vergleichbares statistisches Material zu erhalten, auf dessen Basis man verlässliche Aussagen machen könnte. So heißt es in einer Untersuchung des Centraal Bureau voor de Statistiek (CBS), dass es sich nicht mit Sicherheit feststellen lässt, ob die durchschnittlich geringeren Löhne für Frauen in den Niederlanden durch eine ungleiche Behandlung der Geschlechter verursacht werden oder aber durch andere Faktoren. Fest steht, dass der Lohnunterschied zwischen den Geschlechtern weiter abnimmt und zwar besonders in den staatlichen Einrichtungen, während die Lohnunterschiede vor allem bei Arbeitnehmerinnen mit Kindern im Vergleich zu anderen Arbeitnehmern und Arbeitnehmerinnen am größten sind.

Jedenfalls stechen die Niederlande auf dem Global Index 2015 im Global Gender Gap Report seit Jahren als das Land mit der höchsten Quote an in **Teilzeit** beschäftigten Frauen – in Relation zu allen weiblichen Beschäftigten im Lande (77 %) – heraus. Mit anderen Worten, die Niederländerinnen können – wenn sie wollen (!) – **Beruf und Familie** sehr gut unter einen Hut bringen.

In den niederländischen Haushalten hat sich die klassische Rollenverteilung insbesondere bei jungen Paaren relativiert. In der postfeministischen Ära ist es nicht nur vollkommen selbstverständlich, dass Frauen einer Erwerbstätigkeit nachgehen, sondern auch, dass Männer wie Frauen sich hinter den Herd stellen und Haushaltspflichten gleichberechtigt erledigen. Damit soll nicht behauptet werden, dass die Mehrheit der niederländischen Paare diese Aufgaben auch gleichberechtigt verteilt, aber es wird in den Großstädten nicht länger vorausgesetzt, dass Frauen automatisch die Rolle der alleinigen Versorgerin übernehmen.

Für sich selbst zu kochen, müssen beide Geschlechter lernen, wenn sie **op kamers gaan** (in ein Studentenzimmer ziehen) – gemeint ist damit eine Art Studentenbude, meist möbliert und oftmals in heruntergekommenen Wohngemeinschaften. Dafür bekamen Studenten und Auszubildende bis Juli 2015 einen Studien- bzw. Ausbildungszuschlag. Seit der Streichung dieses Zuschlags bleiben nachweislich mehr Erstsemester bei den Eltern wohnen. Wie sich das langfristig auf die Gleichstellung der Geschlechter auswirken wird, bleibt abzuwarten.

In den vergangenen 30 Jahren haben die weiblichen wie männlichen Studierenden und Auszubildenden in der Studien- und Ausbildungszeit gleichberechtigt gelernt, sich selbst zu versorgen. Beim Kochen werden sie dabei tatkräftig durch die Lebensmittelindustrie unterstützt. **Fertiggerichte,** Halbfertiggerichte, vorgewaschene und vorgeschnittene Gemüsesorten und Fertigsoßen etc. feiern in den Niederlanden Hochkonjunktur. Das Kochen mit Grundzutaten ist seit dem Ende des Zweiten Weltkriegs immer seltener geworden, wie man unschwer an dem erkennen kann, was die Niederländer im Supermarkt aufs Band legen. Ausnahmen bestätigen natürlich die Regel (siehe auch das Kapitel „‚Echt lekker!' – kulinarische Besonderheiten" ab Seite 218)!

In jedem Fall wird in den Niederlanden abends warm gegessen, da es einfacher ist, für mittags ein Butterbrot oder eine andere kleine Mahlzeit von zu Hause zur Arbeit mitzunehmen. Kantinen gibt es in der Regel nicht in niederländischen Betrieben. Eine warme Mahlzeit wird abends daheim zubereitet und z.B. im Kreis der Familie eingenommen, wenn die berufstätigen Erwachsenen und auch die Kinder von der Kita, von Sportaktivitäten etc. wieder zu Hause sind. Dabei ist es **nicht unbedingt die Frau,** die kocht. Manchmal hat der Mann dafür mehr Talent, ist früher zu Hause oder es gibt ohnehin *afhaal,* wie das überaus populäre Abholen von frittierten Gerichten aus der Snackbar oder vom chinesisch-indonesischen Imbiss genannt wird. Geputzt wird ebenso gemeinsam oder aber man leistet sich als normalverdienende Familie mit Kindern eine Putzhilfe. Kinder machen Arbeit und Eltern sind ganz froh, wenn ihnen jemand einen Teil der Arbeit abnimmt.

Beruf und Familie

Die niederländischen Frauen haben gute Möglichkeiten, aktiv am Arbeitsleben teilzunehmen und ihre Kinder durch die Kindheit zu begleiten, ohne sie vollständig in die Obhut von Kitas und Großeltern abgeben zu müssen. Schon im Kindergarten- und Grundschulalter sind die Kinder bis ca. 14.30 oder 15 Uhr in der Schule, sodass Beschäftigte auch ohne zusätzliche Kinderbetreuung einer Halbtagsstelle nachgehen können. Zwar gibt es in den Schulen in der Regel keine Kantine, aber Kinder nehmen Butterbrote und Sonstiges für einen Snack zwischendurch und ein Mittagessen mit zur Schule. Weil die Lehrkräfte auch eine Mittagspause brauchen, müssen die Kindergarten- und Grundschulkinder zum Mittagessen und für eine Spielpause ca. eine Stunde lang nach Hause gehen oder aber sie bleiben unter Aufsicht von sogenannten **overblijfmoeders** (Mütter, die in der Mittagspause in der Schule die Aufsicht übernehmen und dafür eine kleine Vergütung erhalten) in der Schule. Das nennt man dann *tussenschoolse opvang* (Betreuung während der Schulzeit), von der die Mehrheit der niederländischen Eltern Gebrauch macht. Alternativ arbeiten Schulen kontinuierliche Wochenpläne aus, bei denen die schuleigenen Lehrkräfte reihum ihre Mittagspausen zur Betreuung der Kinder opfern müssen.

Dabei ist die **vorschulische Betreuung** schon seit Jahren gut geregelt und auch bezahlbar. Das war Ende des 20. Jahrhunderts noch anders. Viele Frauen blieben zu Hause, wenn sie junge Kinder hatten, und gingen mit zunehmendem Alter der Kinder an höchstens zwei bis drei Tagen in der Woche halbtags als Arbeitnehmerinnen oder als Freiwillige arbeiten. Diese Mütter sind jedoch inzwischen in der Minderheit, wie man leicht daran erkennen kann, dass „Was machst du beruflich?“ zu den ersten Fragen gehört, die sich Mütter beim Kennenlernen in Kindergarten oder Grundschule stellen. Im 21. Jahrhundert kehren die meisten Frauen nach der Geburt eines Kindes (vor allem des ersten) nach drei Monaten zur Arbeit zurück und nutzen **Kindertagesstätten oder Tagesmütter** in Kombination mit großelterlicher Betreuung. Auch viele Väter reduzieren die wöchentliche Arbeitszeit, um die Kinder im Wechsel mit der Mutter, den Großel-

› Laut UNICEF Innocenti Report Card 2016 sind Kinder in den Niederlanden die glücklichsten der Welt

tern und der Fremdbetreuung zu versorgen. Das gilt auch für geschiedene Paare. Bei einer Scheidungsrate von nunmehr knapp über 40 % bemühen sich insbesondere die Männer um eine Reduktion ihrer Arbeitszeit, um auf diese Weise mehr Umgang mit ihren Kindern zu haben, denn die Kinder bleiben in den meisten Fällen immer noch bei der Mutter.

Kinderopvang (Kitas) sind in den Niederlanden unter Berücksichtigung von einkommensabhängigen, **staatlichen Zuschüssen** durchaus bezahlbar (obwohl die Kosten der Eigenleistungen in den letzten Jahren angestiegen sind), ab dem 3. Lebensjahr gibt es an den Grundschulen einen ebenfalls bezahlbaren *peuterspeelzaal* (Spielgruppen ohne Eltern) in den Morgenstunden und ab dem 4. Lebensjahr geht im Grunde jedes Kind in kostenlose Kindergärten, die heutzutage in die Grundschulen integriert sind (1. und 2. Klasse sind die Kindergartenklassen, 3. bis 8. Klasse sind die Grundschulklassen). In den Niederlanden bleiben Kinder also acht Jahre lang in der Grundschule. Vorschulische und Nachmittagsbetreuungsangebote gibt es an vielen Schulen oder bei unmittelbar benachbarten privaten Organisationen, die den berufstätigen Eltern den Weg in die Beschäftigung ebnen. Dass man „das Kind bequem genug schaukeln kann", Kinder also finanzierbar sind, lässt sich auch daran ablesen, dass die Anzahl von drei Kindern für niederländische Familien typisch ist – die maximale Zahl, die in ein normales Auto hineinpasst. Die **Geburtenrate** liegt in den Niederlanden deutlich über dem deutschen Durchschnitt und auch über dem Mittelwert in der Europäischen Union insgesamt.

027nl Foto: NBTC, Guus Schoonewille

Abkürzungswald der Bildungseinrichtungen

Wenn man sich mit niederländischen Eltern, Jugendlichen und Kindern über die Schule oder Bildungswege unterhalten sollte, fliegen einem ein Haufen Begriffe und Buchstabenkürzel um die Ohren, die man sich als Außenstehender nicht erschließen kann. Daher hier eine Übersicht über die verschiedenen Kategorien von Bildungseinrichtungen in den Niederlanden, damit man im Abkürzungswald durchblickt, nach Eintrittsalter geordnet:

- ***kinderopvang:** Kindertagesstätte, ab dem Babyalter*
- ***peuterspeelzaal:** Spielgruppe, ab 3 Jahren (oftmals angeboten von den Grundschulen)*
- ***buitenschoolse opvang (BSO):** vorschulische Betreuung („voorschoolse opvang") oder Nachmittagsbetreuung („naschoolse opvang") der Kinder an der Schule oder bei einem unabhängigen Anbieter*
- ***basisschool:** acht Jahre Grundschule von ca. 8.30 Uhr bis 15.30 Uhr. „Groep 1+2" sind die beiden Kindergartenjahre (4-5-Jährige), „Groep 3-8" sind die eigentlichen Grundschuljahre (6-11-Jährige).*

Für Grund- und weiterführende Schulen gibt es reguläre, staatlich finanzierte Modelle, aber auch einige nicht reguläre Modelle werden komplett staatlich subventioniert wie z. B. „vrije scholen" (Waldorfschulen), „Montessorischolen" (Montessorischulen), „Jenaplanscholen" (Jenaplanschulen), Daltonscholen (Daltonschulen), konfessionsgebundene Schulen sowie „speciaal (basis)onderwijs" (Sonder(grund)schulen) etc. Außerdem gibt es noch Schulen, in denen der Unterricht nur auf Englisch abgehalten wird und die hauptsächlich auf Kinder von Expats abzielen, die nur zeitweise in den Niederlanden bleiben und den Anschluss an das Curriculum in ihrem Heimatland nicht verlieren wollen. Diese Art von Privatschulen wird nicht staatlich gefördert.

Hier sei am Rande erwähnt, dass in den Niederlanden von einer **Hausgeburt** mit Unterstützung einer professionellen Hebamme als Geburtsmethode ausgegangen wird. Im Krankenhaus gebären Mütter nur, wenn eine medizinische Indikation vorliegt (was dann doch häufig vorkommt) oder die Mutter (z. B. aufgrund ihres Migrationshintergrunds) eine Krankenhausgeburt vorzieht. Egal wo man das Kind bekommt – im Krankenhaus oder zu Hause – Mutter und Kind haben anschließend Anspruch auf **kraamzorg** (Wöchnerinhilfe) zu Hause, die von der Krankenkasse größtenteils oder ganz vergütet wird. Dabei übernimmt diese Helferin

In jedem Fall gilt für das Alter von 5 bis 16 Jahren eine Schulpflicht, wobei Jugendliche bereits ab dem Alter von 12 Jahren selbst dafür verantwortlich sind, dass sie dieser nachkommen. An den meisten Grundschulen wird während der Grundschulzeit in regelmäßigen Abständen über den landesweiten „CITO-toets" geprüft, wie sich der Wissensstand des Kindes entwickelt. Im letzten Jahr der Grundschule bekommt man vom Klassenlehrer und dem Schulleiter eine Empfehlung für die weiterführende Schule ausgesprochen, die seit 2015 als bindend gilt.

- ***voorgezet onderwijs (VO):** weiterführende Schulen bzw. Sekundarschulen*
- ***voorbereidend middelbaar beroepsonderwijs (VMBO):** allgemeinbildende Sekundarschulen für 12–16-Jährige, bereitet auf den Besuch einer Berufschule oder einer Lehrstelle vor*
- ***hoger algemeen voorgezet onderwijs (HAVO):** allgemeinbildende Sekundarschulen für 12–17-Jährige, bereitet auf den Besuch einer Fachhochschule vor, oder ermöglicht den Wechsel auf VWO (s. u.)*
- ***voorbereidend wetenschappelijk onderwijs (VWO):** wissenschaftliche Sekundarschulen für 12–18-Jährige, bereitet auf den Besuch einer Hochschule oder Universität vor, wobei man in den Niederlanden unterscheidet zwischen „gymnasium" (altsprachlich mit Griechisch und Latein), „atheneum" (neusprachlich mit z. B. Englisch, Deutsch, Französisch etc.) und „lyceum" (alt- und neusprachlich, frei wählbar)*

Und als Letztes geht es dann weiter mit:

- ***middelbaar beroepsonderwijs (MBO):** Berufsschulen*
- ***hoger (beroeps)onderwijs (HBO):** Fachhochschulen und Hochschulen*
- ***wetenschappelijk onderwijs (WO):** Universitäten*

nicht nur die Versorgung von Mutter und Kind und hilft, dass es mit dem Stillen oder der Flaschenfütterung klappt, sondern kocht, putzt, kümmert sich um die anderen Kinder oder erledigt andere dringende Aufgaben im Haushalt.

Übrigens gehen **junge Eltern** in den Niederlanden auch recht schnell wieder abends aus, ohne Kind. Es findet sich immer ein Teenager in der Nähe, der für weniger als fünf Euro die Stunde auf das Klein- oder Schulkind aufpassen will. Viele Jugendliche freuen sich über ein Nebenjobangebot, die heutzutage schwer genug zu bekommen sind. Die älteren Nachbarn von nebenan oder gegenüber machen es mit ein bisschen Glück sogar ganz umsonst.

Kinder gehören in der niederländischen Gesellschaft dazu, sie machen Lärm, tanzen den Eltern zuweilen auf der Nase herum und rennen durch Cafés. Die Eltern stören sich selten daran, denn sie haben die Kinder den größten Teil des Tages ja nicht gesehen, da waren sie arbeiten und das Kind in Betreuung. Die gemeinsame Zeit mit den Kindern wird daher von vielen als Geschenk gesehen und den Kindern werden oftmals Freiheiten zugestanden, die die Eltern in ihrer Kindheit selbst nicht hatten. Deutsche Familien, die in den Niederlanden Urlaub machen, empfinden das Land daher oft als äußerst kinderfreundlich.

Egalitäre Gesellschaft – Auffallen unerwünscht

Man kennt die Niederländer als eher lautes Völkchen, wenn man ihnen im Urlaub begegnet. Sie sprechen in der Regel recht laut, mit wenig melodiösen Stimmen und für unsere Ohren klingt ihre Sprache noch rauer als die unsrige (auch wenn viele andere Nationalitäten Deutsch und Niederländisch kaum unterscheiden können). In den weltweiten Handelshäfen und in den Niederlanden selbst berichteten ausländische Händler schon im Goldenen Zeitalter der Niederlande über ihre Begegnungen mit den ungewöhnlichen holländischen Kaufleuten, deren Benehmen wenig distinguiert war, ganz im Vergleich zu denen aus z. B. Portugal oder Italien. In den mittelalterlichen Gemälden wurde das „manierenlose Benehmen" der holländischen Kaufleute festgehalten, die sich trotz ihres Reichtums und ihrer politischen Macht fast genauso ungehobelt benahmen wie das einfache Volk.

Immer schön normal bleiben!

So auffällig die Niederländer für andere Nationalitäten bis heute auch sein mögen, im Land selbst gilt, dass man sich „normal" verhalten soll: *„Doe maar normaal, dan doe je al gek genoeg"* („Benimm dich normal, dann ist es schon verrückt genug"), lautet die passende niederländische Redensart dazu.

Auch die Stadtarchitektur mit der **Gleichförmigkeit der Reihenhäuser** verweist nicht nur auf ein Bedürfnis nach Effizienz, sondern auch auf den Wunsch, nicht aus der Reihe tanzen zu wollen. Während man in mehr individualistischen Gesellschaften wie der belgischen und auch der deutschen so eine „Gleichmacherei" in weitaus geringerem Maße gewohnt ist, scheint für Niederländer das Verschwinden in der Masse eher normal zu sein. Lenkt man dann beim Spaziergang in einem niederländischen Wohnviertel sein Augenmerk auf die Fenster der Reihenhäuser, springt die moderne, symmetrische Gestaltung der Fensterbänke mit zwei gleichen Topfpflanzen im gleichen Übertopf, zwei Laternen oder zwei Kerzenständern ins Auge. Der Trend wird natürlich in Gartencentern und Dekorläden sowie in einschlägigen TV-Sendungen und Magazinen kreiert. Dass diese Gestaltungsart in den Niederlanden so flächendeckend gut ankommt, liegt allerdings an dieser **Tradition der Unauffälligkeit.** Einwohner mit Migrationshintergrund haben ihre eigenen Strategien entwickelt, damit ihre Behausungen nicht allzu sehr auffallen, wenn auch vielleicht aus anderen Gründen.

Was aber ist denn nun bitte schön „normal"? Eine Definition gibt es natürlich nicht, aber im Umgang mit Niederländern tut man gut daran, beispielsweise im Berufsleben nicht damit hausieren zu gehen, dass man einen akademischen Titel, ein Haus in Frankreich, eine eigene Firma, ein Schwimmbad und Ähnliches hat. Das **Zurschaustellen von Reichtum und besonderen Leistungen** gilt generell als Angeberei. Dabei ist es mitnichten so, dass es solche Unterschiede in den Niederlanden nicht gibt, im Gegenteil, es gibt auch in den Niederlanden verschiedene gesellschaftliche Schichten, auch viele reiche Familien, die alles haben und dies in ihren Kreisen auch durchaus zeigen. Aber im Kontakt mit anderen gesellschaftlichen Schichten, z. B. am Arbeitsplatz, schätzt man eine bescheidene Art des Umgangs.

Einen Ton tiefer singen

So kann ein Universitätsprofessor zwar einen Titel haben und ein Meister seines Faches sein, seine gesellschaftliche Stellung muss er aber keinesfalls durch seine Kleidung betonen. Gerade in höheren beruflichen Positionen haben die Niederländer einen Hang zum *„dress down"* und kleiden sich oft **wenig förmlich oder schick.** In der Firma lässt sich der Chef äußerlich ebensowenig von den Angestellten unterscheiden wie der Professor an der Universität von anderen wissenschaftlichen Mitarbeitern. Kehrt man seine Stellung allzu sehr nach außen, heißt es gleich *„Wie het hoofd boven het maaiveld uitsteekt, wordt zijn kop eraf gehakt"*, denn man soll sein Können nicht besonders hervorheben und „einen Ton tiefer singen". Über den, der sich für etwas Besseres hält, sagt man *„hoge bomen vangen veel wind"*, wörtl.: „hohe Bäume fangen viel Wind", was dann so viel heißt wie „Hochmut kommt vor dem Fall". Deswegen braucht es in der Regel auch kein förmliches „Sie" für den Chef oder den Professor, das würde von Niederländern als **Schleimerei** empfunden (siehe auch das Kapitel „Drei Luftküsse und das ‚Du' – die Umgangsformen" ab Seite 163).

Diese Denkweisen findet man im Übrigen in einer ähnlichen Form in Australien und Neuseeland sowie in geringerem Maße ebenfalls in Großbritannien. Dort bezeichnet man das „Zurechtstutzen" einer Person mit nach außen gekehrter Hochnäsigkeit als *tall poppy syndrome* (großes Mohnblumen-Syndrom). Bei den Reformierten heißt es gar noch nachdrücklicher, dass man sich nicht anmaßen sollte, sich „göttlicher als Gott" zu benehmen.

Übrigens kann man beobachten, wie niederländische Geschäftsleute, die in Deutschland arbeiten, ihre Garderobe an die deutschen Gepflogenheiten anpassen, sprich sich z. B. in Hemd und Krawatte oder gar ganz in einen Anzug werfen, dann aber vergessen, die Schuhe dazu passend auf Vordermann zu bringen. Schuhpflege ist in den Niederlanden deutlich in Vergessenheit geraten.

Das Ideal der friedlichen Koexistenz

Die Fachwelt ist sich jedenfalls mittlerweile einig, dass diese Denkweise in den Niederlanden ihren Ursprung bereits in der Republik der Sieben Vereinigten Provinzen hatte, als man die etablierte Unterordnung unter die römisch-katholischen Kleriker und den Hochadel hinter sich ließ und sich ein Bürgertum entwickelte – eine Ära, in der der reformierte Glaube zwar nicht zur neuen Staatsreligion wurde, aber dennoch weite Verbreitung im Bürgertum fand. Man verabscheute die Unruhe, die die Inquisition mit sich brachte, und zog es in der Republik vor, unterschiedliche religiöse Auffassungen **im Privaten zu belassen,** und eben kein großes Aufheben darum zu machen. Wie man einmal mehr am Beispiel des Universitätsprofessors festmachen kann, sind die Niederländer sich durchaus ihrer unterschiedlichen gesellschaftlichen Stellung bewusst, gleichen sich aber zur Vermeidung von Problemen, die aus ungleichgewichtigen Machtverhältnissen heraus entstehen, an „schwächere Positionen" an. Diesem Verhalten liegt das unterschwellige Bewusstsein zugrunde, dass sich die dünne Schicht an der Macht nur halten kann, wenn es unter der breiten Masse nicht zum Aufstand kommt. Die Tradition hat somit von ihrem Ursprung her nichts mit philosophischen Gedanken zur Umverteilung von Reichtum in einer Gesellschaft zu tun, sondern ist eher eine **Überlebensstrategie** zum Erhalt eines angenehmen Lebensstandards.

Die Tradition, (religiöse) Meinungen in die Wohnzimmer hinter geschlossene Türen zu verbannen, hatte ihren Ursprung im Mittelalter, als man der Verfolgung durch die Inquisition entkommen wollte und sich darüber hinaus dafür entschied, keine Staatsreligion zu erzwingen, sondern die Pluralität in Glaubensfragen zuzulassen, sofern diese **nicht in die Öffentlichkeit** getragen wurden. Manch ein exzentrischer niederländischer Künstler, der sich nicht in die Gleichförmigkeit einreihen will, findet es daher u. a. in Deutschland ganz besonders erfrischend, weil man dort seine exzentrische Seite voll und ganz ausleben darf, das Publikum einen dafür auch noch ungehemmt anhimmelt und die Presse nicht unbedingt sofort mit bissiger Kritik reagiert.

In der zweiten Hälfte des 19. Jahrhunderts wurden die tradierten Auffassungen in der Periode des **Anarchismus** in den Niederlanden nur noch verstärkt, z. B. durch die Arbeiterbewegung mit ihren Gewerkschaften und Genossenschaften, den antiautoritären Sozialismus, das Freidenkertum, den Antimilitarismus und die Forderungen nach freier Meinungsäußerung, Achtung der Menschenwürde wie Toleranz. Darin liegen die Wurzeln der Versäulungspolitik, innerhalb derer verschiedene religiöse, soziale und ethnische Gruppen eigene Organisationen und Institutionen hatten. So konnte man seine Gesinnung innerhalb der eigenen Gemeinschaft frei äußern und kam anderen Gesinnungsgemeinschaften nicht ins Fahrwasser. Dies ermöglichte allen eine freiheitliche und friedliche Koexistenz, die oft als die **niederländische Toleranz** interpretiert wurde (siehe auch das Kapitel „Ein tolerantes Volk – stimmt das?" ab Seite 113).

Koexistenz ist nur möglich, wenn man nicht allzu sehr auffällt, nicht provoziert, Zurückhaltung übt und einander gleichstellt bzw. gleich behandelt. Auf dieser kulturhistorischen Grundlage konnte die **soziale Nivellierung,** sprich die Gleichstellung von Mann und Frau, von gleichgeschlechtlichen und nicht gleichgeschlechtlichen Beziehungen etc. im Laufe des 20. und 21. Jahrhunderts in den Niederlanden vielleicht ein wenig einfacher voranschreiten als in anderen westlichen Ländern.

Das Egalitätsprinzip im 21. Jahrhundert

Ebenso gibt es in den Niederlanden (sowie in Australien und Neuseeland) eine **Verherrlichung des einfachen Mannes** an der Spitze. Ist ein Politiker oder ein Spitzensportler etwas unbeholfen, macht er Fehler, dann wird er gerade dafür nicht abgesäbelt, sondern eher hochgejubelt. Die Offenkundigkeit menschlicher Schwächen wertet der Niederländer als Pluspunkt. Wenn man sich die niederländischen Ministerpräsidenten anschaut, findet man keine *Thatcher,* keinen *Putin* oder eine ähnlich schillernde Persönlichkeit darunter, sondern vielmehr „den Mann von nebenan". Und so lieben es die Niederländer. Man kann das selbst im Königshaus beobachten, denn *Willem-Alexander* und *Máxima* achten ganz besonders darauf, sich

Die Niederlande: sozialpolitischer Vorreiter

Die Niederlande gelten im Ausland oftmals als ein besonders liberales und soziales Land, dem man eine sozialpolitische Vorreiterrolle zuschreibt. Tatsächlich fanden im 20. Jahrhundert relativ zeitgleich ähnliche Veränderungen in u. a. Deutschland, England und Frankreich statt, die einander auch gegenseitig beeinflussten. Letztendlich geht es nicht darum, wer mit welcher „Erfindung" der Erste war, sondern um das Ergebnis: ein bequemer Wohlfahrtstaat, in dem alle Menschen in relativem Wohlstand leben, von dem das niederländische Volk im Mittelalter oder auch zu Anfang des 19. und 20. Jahrhunderts nur träumen konnte .

Hier die wichtigsten Fakten zu den bekanntesten „revolutionären" Themen niederländischer Sozialpolitik:

Euthanasie, das Recht auf Beendigung des eigenen Lebens

Seit 1973 bemüht sich die Nederlandse Vereniging voor een Vrijwillig Levenseinde (Niederländischer Verein für ein freiwilliges Lebensende) um die gesellschaftliche Anerkennung der Euthanasie. Seit 2002 ist diese in den Niederlanden per Gesetz nicht mehr strafbar, wenn man sich bei der gewünschten Beendigung des eigenen Lebens an die per Gesetz definierten Regeln hält. Ebenfalls nicht länger strafbar ist Euthanasie in Belgien, Luxemburg und der Schweiz. In allen anderen Ländern ist die vom Patienten willentlich herbeigeführte, vorzeitige Lebensbeendigung mithilfe Dritter nach wie vor strafbar.

Familienplanung

Familienplanung war in den Niederlanden bis in die 1960er-Jahre hinein ein Tabuthema. Die Folge: eine der höchsten Geburtenraten innerhalb Europas und ein rasantes Bevölkerungswachstum. Niederländische Politiker schwenkten um und erteilten 1963 die Zulassung für die Antibabypille (in der Bundesrepublik Deutschland 1961, 1965 in der DDR). 1969 wurde das Verhütungsverbot in den Niederlanden endgültig aufgehoben, zwei Jahre später wurden die Kosten für Verhütungsmittel von den Krankenkassen übernommen und weitere zwei Jahre später auch die Sterilisation.

Die sogenannte „Pille danach" („morning-after-pill") ist in den Niederlanden seit 2004 rezeptfrei erhältlich (auch in Drogerien), während sie in Deutschland bis 2015 verschreibungspflichtig war war.

Schwangerschaftsabbruch

Europäischer Pionier auf dem Gebiet des legalen Schwangerschaftsabbruchs war Großbritannien (seit 1967). Schwangerschaftsabbrüche vor der

24. Woche sind in den Niederlanden per Gesetz seit 1984 nicht länger strafbar, aber de facto konnte man schon ab 1971 in vielen niederländischen Abtreibungskliniken unbehelligt einen Abbruch vornehmen lassen. Bis zur rechtlichen Neuregelung 1995 in Deutschland, wonach es keine Strafverfolgung innerhalb der Frist von 12 Wochen mehr gibt, wurden mehr als die Hälfte aller Abbrüche bei deutschen Frauen in den Niederlanden vorgenommen (Abort-Tourismus). Und obwohl die Niederlande es den Frauen einfach machen, ein ungewolltes Kind abzutreiben, ist die Abtreibungsrate in den Niederlanden ganz besonders niedrig, was der guten Aufklärungs- und Verhütungspolitik zugeschrieben wird.

Weiche Drogen und Coffeeshops

Siehe hierzu den Exkurs „Coffeeshops sind keine Cafés!" (ab Seite 214).

Methadon und Heroin auf Rezept

Zur Bekämpfung der Kriminalität rund um den Drogenkonsum gibt es seit Anfang der 1970er-Jahre in den Niederlanden die Methadonvergabe, aber erst ab 1985 gibt es Methadonprogramme, die der Verantwortung der Gemeinden obliegen. Erst 2005 wurde eine landesweite Richtlinie eingeführt. Weil die Methadonvergabe langjährig therapieresistenten Abhängigen nicht half, begann man 1998 mit der kontrollierten Vergabe von Heroin, 2002 wurde daraus ein Programm. 2013 gab es 82 Stellen für die Methadonvergabe und weitere 18 Stellen für die Heroinvergabe. 2005 wurden noch 14.000 Patienten behandelt, 2014 hingegen nur noch 9600. Auch finanziell ist das Projekt ein Erfolg, denn laut Tactus Verslavingszorg, einer der Hilfsorganisationen für Abhängige, werden für jeden investierten Euro in Methadon/Heroin vier Euro an anderen Krankenkosten (u. a. durch Vermeidung von HIV-Infizierung), an Kosten infolge von Kriminalität und durch Ermöglichung von Teilnahme am Berufsleben eingespart.

Prostitution und Rotlichtviertel

Da man Prostitution nicht erfolgreich verbieten konnte, betreibt man in den Niederlanden eine Entkriminalisierungspolitik (und ist somit zusammen mit Deutschland, Österreich, der Schweiz und Griechenland Vorreiter in Europa). Das landesweite Bordellverbot von 1911 wurde im Jahr 2000 formell aufgehoben, zuvor wurde Prostitution in Bordellen aber schon jahrzehntelang geduldet. Die freiwillige Dienstleistung von volljährigen Prostituierten wird jetzt als reguläre Erwerbstätigkeit gewertet, mit den gleichen Rechten und Pflichten (Arbeitsrecht, Lohnsteuer, Sozialabgaben). Das heißt, man schützt die Rechte der Prostituierten und trägt mittels Kontrollen durch Gesundheitsbehörden und Sittenpolizei zu sicheren Arbeitsbedingungen bei. Fensterprostitution wie z. B. im Rotlichtviertel in Amsterdam sowie die Beschäftigung von Prostituierten in einem lizensierten Bordell, Sexklub, Massagesalon, einer Escortagentur etc. oder auch Straßenprostitution sind legal, sofern die vorgegebenen Auflagen der Gemeinde erfüllt werden. Gleichzeitig werden Zwangsprostitution und Menschenhandel zum Zwecke der sexuellen Ausbeutung streng verfolgt.

Homosexualität

Die Niederlande waren 2001 das weltweit erste Land, in dem die bürgerliche Ehe zwischen gleichgeschlechtlichen Paaren gesetzlich erlaubt wurde (die oft Homo-Ehe genannte Lebensgemeinschaft ist absolut gleichgestellt mit der Ehe zwischen Mann und Frau). Bis 1971 war Homosexualität in den Niederlanden gesetzlich verboten (u. a. zwischen 1811 und 1911 war sie dagegen legal), erst 1993 wurde das Anti-Diskriminierungsgesetz in Bezug auf sexuelle Vorlieben verabschiedet. Durch die Versäulungspolitik gab es ein gutes Netzwerk mit Treffpunkten und Vereinen für Homosexuelle. Der Vorläufer der landesweit agierenden Organisation COC wurde bereits 1946 unter dem Namen „Shakespeare Club" in Amsterdam gegründet. Die COC ist damit die weltweit älteste, noch bestehende Organisation für die Belange von Schwulen, Bisexuellen, Lesben, Transgenders und anderen nicht heteronormativen Gruppen.

„normal" und „bürgerlich" zu benehmen, wann immer sie Termine in der niederländischen Öffentlichkeit haben, z. B. bei den Königstagsfeiern oder in der Rolle als Eltern ihrer drei Töchter (siehe auch das Kapitel „Die Königsfamilie – ganz besondere Volksvertreter" ab Seite 84). So sieht man dann eben einen König, der aus seiner grundehrlichen Freude über den Olympiasieg des niederländischen Surfers *Dorian van Rijsselberghe* 2016 nach einem kollegialen „vertikalen Handschlag" zu einer Umarmung des Sportlers ansetzt. Ein König, der sich nicht über die anderen erhebt, sondern auch nur ein Mitglied des „Teams Niederlande" ist, mit einem besonderen Aufgabenpaket.

Man kann bei der jüngeren Generation – den in oder nach den 1980er-Jahren Geborenen – eine **Distanzierung vom Egalitätsprinzip** der vorangegangenen Generationen beobachten. Das ist vor allem dem Einfluss des Fernsehens und des Internets zuzuschreiben. Es ist praktisch die erste Generation, die von Anfang an mit Privatfernsehen- und Internet aufgewachsen ist: vor allem mit amerikanischen und britischen Serien, mit Boulevardprogrammen über die Stars und Sternchen im In- und Ausland, mit Endemol-Produktionen etc. Nach einem langjährigen Bad in der medialen Glamourwelt haben die im 21. Jahrhundert erwachsen gewordenen Niederländer und Niederländerinnen durchaus das Bedürfnis, mit Markenkleidung, schicken Autos, Wohnaccessoires u.v.m. zu imponieren. Diese Generation steigt auch schneller in den Billigflieger, bucht ein Last-Minute-Angebot zu einer exotischen Destination oder plant minutiös und ganz individuell den Erlebnis- oder Sporturlaub irgendwo auf der Welt. Dennoch findet man sie nach wie vor in den **Caravans** auf den europäischen Campingplätzen: den Ministerpräsidenten, das neureiche Pärchen aus der Villa, den Fabrikarbeiter bei DAF, den Softwareingenieur bei ASML, den Bankangestellten der ING, die Friseurin, den Bäcker, den Inhaber des schicken Modegeschäfts etc. Sie alle genießen die, zumeist doch gut geplante, Fahrt ins Blaue. Während betuchte Deutsche sich lieber gleich ein schickes Ferienhaus mieten, ins Hotel gehen oder sich zumindest in die Privatsphäre eines Luxus-Wohnmobils zurückziehen, stört sich der Niederländer nicht an diesem Standesdünkel und geht unbeirrt campen. Das Campen mit dem Wohnwagen war für die Niederländer schon immer das große **Nivellierungsinstrument.** Wen kümmert es schon, wer man ist, oder was man hat, wenn man da ungewaschen mit seinen Badeschlappen zum Toilettenblock wandert, weil man seine Morgentoilette verrichten möchte. Campen ist sozusagen die Vorstufe der Sauna, noch gleichwertiger geht es nicht (siehe auch den Abschnitt „Die Liebe zum Camping" ab Seite 173).

Dennoch scheint das Egalitätsprinzip in der modernen Gesellschaft in Gefahr. Die Individualisierung ist ja im Grunde diametral zum egalitären Denken. Mit der zu beobachtenden Zunahme des ichbezogenen Denkens kommt es zum **Verlust des Wirgefühls** sowie des gegenseitigen Verantwortungs- und Pflichtgefühls in der Gemeinschaft. Vorläufig bleiben vom Sozialgedanken des 19. und 20. Jahrhunderts die vielen Organisationen übrig, die oftmals auf ehrenamtlicher Basis die Versorgung von alten, kranken oder armen Menschen übernehmen. Das *buurthuis* (Stadtviertel-Begegnungsstätte) übernimmt heute vielfach soziale Aufgaben, die früher von den Kirchengemeinschaften ausgeübt wurden, ohne jedoch zu indoktrinieren. Hier greifen die Mitglieder auf die Konsensfähigkeit zurück, die seit dem Mittelalter praktiziert wird, als es um den gemeinsamen Kampf gegen das Wasser ging. Man weiß nie, wann das Wasser wieder ins Haus steht und man den anderen braucht. Auch darum ist es schlau, sich die Gemeinschaft nicht durch unnötig exzentrisches Verhalten „zum Feind gemacht" zu haben.

Aber längst nicht jeder Niederländer ist ehrenamtlich aktiv. Die **Zahl der Ehrenamtler schrumpft** vielmehr und so wird die Kritik auch immer lauter an einer Individualisierung, die einen einseitigen Egoismus, einen Materialismus und ein Desinteresse am Schicksal des anderen mit sich gebracht habe, welche der Gesellschaft als Ganzes nicht guttun und ihre Zukunft gefährden. Welche langfristigen Konsequenzen diese Entwicklung für die Tradition des Egalitarismus in den Niederlanden hat, wird man im 22. Jahrhundert rückblickend beurteilen müssen.

(Un)Sichtbare Minderheiten – Ursprung der Gesellschaft

Wohl kaum ein anderer Ausspruch von Königin *Máxima* (damals noch Prinzessin) wurde so häufig zitiert wie ihre Feststellung „Den Niederländer gibt es nicht". Die Niederlande sind schließlich keine Insel ohne Kontakt mit der Außenwelt, sondern der Lebensraum eines über Jahrhunderte gewachsenen Volkes, in dem sich im Laufe der Geschichte schon immer Menschen aus verschiedenen Kulturen niedergelassen haben. Die ursprünglich aus Argentinien stammende Königin *Máxima* ist da keine Ausnahme. Und man bedenke, allein in Amsterdam wohnen und arbeiten Menschen mit rund 180 verschiedenen Nationalitäten! Was sind die Niederländer denn nun eigentlich für ein Volk? *Máxima* ging mit ihrer Feststellung auf die zur Jahrtausendwende einsetzende Diskussion um eine Definition der niederländischen Identität ein.

Von alters her multikulturell

Nach den Wohlstandsjahren, die auf den Zweiten Weltkrieg folgten und im Zuge der Europäischen Gemeinschaft suchten die Niederländer am Vorabend der Euro-Einführung wieder vermehrt nach einer Definition ihrer nationalen Eigenheiten in einem globalisierten und gleichzeitig individualisierten Europa. Man sucht nach einer **monokulturellen Definition für ein Volk,** dass seit der Blütezeit der Niederlande im Goldenen Zeitalter multikonfessionell und durch Zuwanderung aus diversen Regionen auch multikulturell ist (ebenso wie andere europäische Länder wohlgemerkt). Die Herkunftsgebiete dieser Migranten zu Zeiten der Republik der Sieben Vereinigten Provinzen wurden bereits im Kapitel „Gesellschaftliche Kräfte: Glaube und Bürgermoral" (s. S. 61) genannt. Dabei muss man anmerken, dass die vielen Migranten aus Flandern kein wirklich anderes

Volk waren und auch keine andere Sprache sprachen, aber durch die lange Herrschaftszeit der Franzosen und Spanier hatten sich ihr Sprachgebrauch, ihre Traditionen, Gewohnheiten und Kleidung schon deutlich anders entwickelt als die im Norden. Deutlicher waren die Unterschiede im Mittelalter natürlich bei den Migranten aus anderen, nicht-niederländischen Kultur- und Sprachgebieten.

Man könnte jetzt davon ausgehen, dass die Bewohner in den nördlichen Provinzen bei der Gründung des heutigen Königreichs der Niederlande 1830 nach mindestens 280 Jahren der Migration und unter der frühkapitalistischen Entwicklung längst zu einer homogenen niederländischen Bevölkerung zusammengeschmolzen wären. Doch die Auswirkungen der **Kolonialisierung von Gebieten in Asien, Afrika und der Karibik** sind auch heute – weitere mehr als 180 Jahre später – noch immer von Bedeutung.

Die Kolonialgeschichte der Niederlande konnte ab 1602 mit der Gründung der Handelsflotte der VOC so richtig beginnen. Mit jeder Schifffahrt wurden nicht nur exotische Handelswaren, sondern auch Menschen von den Handelsposten in der ganzen Welt zurück in die Niederlande transportiert, vom Kap der Guten Hoffnung, aus Rio de la Goa in Mozambique, Mauritius, den sogenannten „Westerkwartieren" in Arabien, Persien und in Suratte (im Gujarat des heutigen Indien), aus Ceylon (heutiges Sri Lanka), Malabar, Coromandel und Bengalen (im heutigen Indien), Myanmar (Birma), Siam (Thailand), aus den Molukken, Sumatra, Java, Timor, Borneo und Sulawesi (im heutigen Indonesien), Kambodscha, Tonkin und Quinam (in Vietnam), China, Formosa (Taiwan) und Japan. Ab 1621 deckte die Niederländische Westindien-Kompanie (niederl. Westindische Compagnie, abgekürzt zu WIC) auch noch das Gebiet zwischen Westafrika und Amerika ab, wobei das wichtigste „Gut" afrikanische Sklaven waren.

Die Nachkommen der Niederländer des Goldenen Zeitalters mögen sich heute für die „wahren Niederländer" halten und neuere Migranten des 20. und 21. Jahrhunderts mit gemischten Gefühlen beäugen. Das ändert aber nichts an der Tatsache, dass die Niederlande **damals wie heute ein Migrationsland** sind. Von den fast 17 Millionen Einwohnern der Niederlande sind 77,9 % *autochtoon* (beide Eltern sind in den Niederlanden geboren – einheimisch) und 22,1 %, sprich knapp über 3,7 Millionen Einwohner sind *allochtoon* (mindestens ein Elternteil ist im Ausland geboren – ausländisch), wobei die genaue Definition, wer zur letzten Kategorie zählt – ob der Vater oder die Mutter die niederländische Staatsangehörigkeit hat – im Laufe der Geschichte immer wieder verändert wurde, je nach verfolgtem politischen Zweck (Zahlen von CBS, 2016).

Die Kategorisierung in die zwei Herkunftsgruppierungen wird seit ihrer Einführung durch die Soziologin *Hilda Verwey-Jonkerin* im Jahre 1971 in allen niederländischen Statistiken, vorrangig von den Medien und der Regierung, verwendet. Das Bild von der Zahl der „Ausländer" wurde dadurch im Laufe der Jahre verzerrt (tatsächlich haben in den Niederlanden nämlich nur 5 % (!) der Einwohner nicht die niederländische Staatsangehörigkeit). Es hat im 21. Jahrhundert immer wieder Forderungen gegeben, den Gebrauch der Kategorien *autochtoon* und *allochtoon* endgültig abzuschaffen. So wurde zuletzt am 1. November 2016 eine neue Richtlinie für das Centraal Bureau voor de Statistiek und die Regierung erlassen, diese Begriffe nicht länger zu verwenden.

Die „westlichen" kolonialen Erben

Die nach den „einheimischen Niederländern" drittgrößte Bevölkerungsgruppe in den Niederlanden sind die rund 367.000 **Indonesier.** Das mag nicht weiter erstaunen, da der indonesische Archipel ja das erste Kolonialgebiet der Niederländer war. Niederländisch-Indien wurde das Gebiet genannt und die Menschen von dort *Indisch* (aus *Indië* – Indonesien, nicht zu verwechseln mit *Indiaas* – aus *India* – Indien)! Überraschendes Detail in der demografischen Statistik ist jedoch, dass man Indonesier und Menschen aus dem ehemaligen Niederländisch-Indien – ebenso wie Japaner, Menschen aus anderen EU- und nicht EU-Ländern in Europa (exkl. Türkei), aus Nordamerika, Australien und Neuseeland – als **westliche Ausländer** klassifiziert.

Niederländische Staatsangehörige und in Indonesien geborene Kinder von niederländischen Männern kamen nach dem Ende des Zweiten Weltkriegs (zurück) in die Niederlande, als man auf den Druck der Vereinten Nationen hin die Unabhängigkeit Indonesiens anerkannte. Die niederländische Regierung forcierte die Repatriierung nicht, da sie sich nicht imstande sah, große Migrantengruppen, von denen viele noch nie in den Niederlanden gelebt hatten, in dem kriegslädierten Land aufnehmen zu können. Letztendlich ließ man aber alle *Indische Nederlanders* in die Niederlande repatriieren, d.h. auch in Indonesien geborenen Kinder von niederländischen Frauen, die man anfänglich aufgrund ihrer Väter für Indonesier erklärt hatte, sowie die sogenannten „gesellschaftlichen Niederländer", d.h. jene die im Prinzip in niederländischen Kreisen gelebt und gearbeitet hatten.

Als es zu Beginn der Unabhängigkeit Indonesiens Probleme gab mit der Demobilisierung der **molukkischen Soldaten,** die der niederländischen Regierung jahrelang geholfen hatten, die Unabhängigkeitsbestrebungen zu unterdrücken, brachte man sie und ihre Familien als Übergangslösung in die Niederlande. Daraus wurde dann eine Dauerlösung. Die Molukker blieben (siehe auch „Ein tolerantes Volk – stimmt das?" ab Seite 113). Selbiges galt auch für eine ganz kleine Gruppe von Papuas aus dem Ostteil der Insel Papua-Neuguinea, die 1975 ihre Unabhängigkeit erlangte.

Im 20. und 21. Jahrhundert nehmen die Zahlen der Indonesier in den Niederlanden aber beständig ab, da die Nachkommen der damals Migrierten sterben, sie als in den Niederlanden geborene mit mindestens einem niederländischen Elternteil und ihre Kindeskinder bereits als Niederländer gelten, weil beide Eltern bereits in den Niederlanden geboren wurden und die niederländische Staatsangehörigkeit haben. Heute migrieren nur noch verhältnismäßig wenig neue Indonesier dauerhaft in die Niederlande, wobei sie dieselben Einwanderungsbedingungen erfüllen müssen wie alle anderen Einwanderer aus westlichen Ländern von außerhalb der Europäischen Union.

„Nicht-westliche" koloniale Erben

Ganz offensichtlich haben die Menschen aus dem ehemaligen Niederländisch-Indien, die ein Erbe aus dem lukrativen Gewürzhandel (später auch Gummi und Erdöl) sind, eine andere Stellung als die Nachkommen der Sklaven der WIC. Denn die nächste Überraschung in der niederländischen Statistik stellen die 350.000 **Surinamer** dar, die fünftgrößte Minderheit. Diese gelten ganz im Gegensatz zu den Indonesiern als nicht-westliche Ausländer, genau wie die 146.000 Antillaner und die 4400 Arubaner (noch kleinere Minderheiten stammen zudem von Curaçao und Sint Maarten), obwohl sie bis zur Erlangung der Unabhängigkeit 1975 als Kronkolonie der Niederlande galten. Ebenfalls als **nicht-westliche Länder** gelten z. B. Türkei, Marokko, Afrika, Asien (exkl. Indonesien und Japan) sowie Lateinamerika.

Nach Suriname verschleppten die Niederländer im Laufe der Kolonialzeit geschätzte 500.000 Afrikaner als Sklaven zur Arbeit auf den Plantagen. Nach der Abschaffung der Sklaverei 1863 ließen sich dort u. a. große Gruppen von Indern und Javanern nieder, die dort in Lohndienst auf den Plantagen arbeiteten.

Ab 1954 erlangten die Surinamer und Antillaner per Statut des Königreichs der Niederlande die **niederländische Staatsbürgerschaft** und somit das Recht, sich frei im ganzen Königreich zu bewegen. Nach und nach migrierten immer mehr Surinamer zum Studieren und Arbeiten in die Niederlande und blieben oftmals dauerhaft dort. Ungeschulte Surinamer mussten auf dem niederländischen Arbeitsmarkt mit Gastarbeitern aus der Türkei und Marokko konkurrieren. Als man ab 1973 auf die für 1975 geplante Unabhängigkeit von Suriname hinarbeitete, verließen immer mehr

Bewohner das Land aus Angst vor einem Bürgerkrieg (wie im Nachbarland Guyana), mit dem Resultat, dass mehr als ein Drittel der Surinamer in die Niederlande migrierte. Die niederländische Regierung konnte wegen des Statuts von 1954 nichts dagegen unternehmen, denn es handelte sich ja per juristischer Definition um niederländische Staatsbürger! Heute leben in Suriname selbst ungefähr 535.000 Menschen (letzte veröffentlichte Zahlen des Algemeen Bureau voor de Statistiek, 2012) und somit nur knapp 185.000 mehr als von dort stammende Menschen in den Niederlanden leben!

Aus den **Antillen** gab es je nach Wirtschaftslage immer Migranten. Da die Antillen aber seit dem oben erwähnten Statut von 1954 noch immer ein eigenständiges Territorium innerhalb des Königreichs der Niederlande darstellen und die Antillaner dementsprechend nach wie vor die niederländische Staatsangehörigkeit haben, ist die Migrationsbewegung geringer und das Gebiet entvölkert nicht auf solch drastische Weise wie Suriname. Dasselbe gilt für Aruba, das seit 1986 ein autonomes Gebiet im Königreich der Niederlande ist.

Als kleinste Gruppe sind **Flüchtlinge und Asylsuchende** zu erwähnen, zu denen die rund 84.000 Migranten aus dem ehemaligen Jugoslawien ebenso gerechnet werden (die meisten kamen als Kriegsflüchtlinge in den 1990er-Jahren, nur ein geringer Anteil davon sind Nachkommen der

Nachkriegsgastarbeiter) wie die rund 80.000 Flüchtlinge aus der ehemaligen Sowjetunion. Aus dem Irak, Iran, Afghanistan, Syrien oder Somalia stammen jeweils zwischen 38.000 und 56.000 Personen. Bei einer Gesamtbevölkerung von über 17 Millionen Einwohnern fallen sie somit faktisch kaum ins Gewicht. Wie viele Menschen allerdings illegal in den Niederlanden leben, lässt sich kaum schätzen. Seit der Einführung der landesweiten Datenbanken, die Stadtverwaltungen und Steuerbehörden miteinander vernetzen, ist es in jedem Fall schwieriger geworden, sich als Illegaler eine Steuerkarte und Krankenversicherung zuzulegen oder sich Wohnraum zu beschaffen.

Arbeitsmigranten in den Niederlanden

Aus wirtschaftlichen Gründen ließ man ab den 1960er-Jahren **Gastarbeiter** in die Niederlande kommen, um dem herrschenden Arbeitskräftemangel in der nach dem Zweiten Weltkrieg langsam erstarkenden Wirtschaft entgegenzuwirken. Es wurden diverse Gastarbeiterabkommen vereinbart, zunächst mit Spanien, Portugal, Griechenland, Italien und Jugoslawien, dann auch mit der Türkei und Marokko. Mit Beginn der Ölkrise 1973 endete dieser „Import" von Arbeitskräften. Die Gastarbeiter gingen jedoch nicht zurück in ihr Ursprungsland, sondern ließen stattdessen – ganz legitim – ihre Familien nachkommen. Heute leben rund 398.000 Türken und 386.000 Marokkaner in den Niederlanden und stellen damit die zwei größten Minderheiten dar.

Abgesehen von den Gastarbeitern gab es auch **Wirtschaftsmigranten,** die auf eigene Faust in die Niederlande kamen und hier Firmen gründeten. Die größte Gruppe bilden die **Chinesen,** die sowohl vor dem Zweiten Weltkrieg als auch danach ins Land kamen. Heute leben rund 69.000 Chinesen und rund 18.000 Hongkong-Chinesen in den Niederlanden. Sie kamen selten als Gruppen, stammen aus den verschiedensten Gebieten der Volksrepublik China, aus Hongkong, Taiwan, Malaysia, Suriname, Indonesien, Singapur etc. und ließen sich dezentral in den Niederlanden nieder. Entsprechend findet man in jeder noch so kleinen niederländischen Stadt mindestens ein China-Restaurant.

Seit den EU-Erweiterungen von 2004 und 2007 hat insbesondere die **Arbeitsmigration innerhalb der EU** deutlich zugenommen. Kamen zwischen 1995 und 2004 jährlich rund 15.000 Bürger aus anderen EU-Ländern zum Arbeiten in die Niederlande, liegt diese Zahl seit 2007 bei rund 40.000 Arbeitsmigranten jährlich. Im Jahr 2014 waren es geschätzte 43.000 Arbeitnehmer aus EU-Mitgliedstaaten und weitere 9000 aus anderen Ländern (Tendenz steigend). Aus Polen stammt die seit 2004 zahlenmäßig am schnellsten wachsende Migrantengruppe aus den neueren EU-Mitgliedstaaten, insgesamt liegen die Polen jedoch mit rund 150.000 Personen auf Platz Nummer sechs, noch vor den Antillanern! Damit wären dann auch schon alle Minderheiten mit einer Personenzahl im sechsstelligen Bereich genannt.

Unter den – wohlgemerkt legalen – Migranten aus anderen Ländern sind viele sogenannte **kennis werkers** (wörtl. Wissensarbeitnehmer), also solche, die ein hohes Ausbildungsniveau mitbringen und oftmals bei multinationalen Unternehmen arbeiten, dazu gehören auch Amerikaner, Inder, Chinesen, Australier, Neuseeländer etc. Unter den Migranten aus den EU-Mitgliedstaaten sind besonders viele Briten (rund 85.000) und auch Deutsche. Mit rund 360.000 **Deutschen** sind diese die viertgrößte(!) Minderheit in den Niederlanden. Wie schon im Kapitel „Der Urkeim: die Republik, Migration und Handelsboom" (ab Seite 54) aufgezeigt, kommen seit jeher viele Deutsche in die Niederlande: zum Arbeiten, zum Studieren, zum Verlieben und Heiraten. Angesichts der 567 Kilometer langen gemeinsamen Grenze zwischen den Niederlanden und Deutschland ist dies nicht weiter verwunderlich.

Gerade die *kennis werkers* bleiben oftmals Jahre oder Jahrzehnte mit oder ohne ihre Kernfamilien in den Niederlanden. In Amsterdam und in anderen Großstädten wie Utrecht, Rotterdam, Den Haag, Eindhoven, Groningen, Maastricht oder Leiden bewegen sich diese landläufig als **Expats** bezeichneten Menschen relativ unsichtbar oder unerkannt in der lokalen Bevölkerung. Bei genauem Hinhören vernimmt man allerdings viele Sprachen: Englisch, Spanisch, Hindi, Chinesisch, Italienisch, Polnisch ... Im Gegensatz zu den Touristen zücken sie nicht ständig das Handy für ein Selfie, man trifft sie im Supermarkt, beim Bäcker, im Schwimmbad, auf dem Fahrrad ... im alltäglichen Leben. Sie vernetzen sich teilweise – wie auch alle anderen Einwanderergruppen – über ihre bestimmten Treffpunkte, schicken ihre Kinder auf teure englischsprachige Privatschulen, organisieren internationale Krabbelgruppen, veranstalten englische Comedy-Abende und produzieren eigene Nachrichten-Websites, um die Expat-Gemeinde mit Lokalnachrichten in englischer Sprache zu versorgen u. v. m. Typisch ist auch, dass viele Expats sich gerade mal so viel von der **niederländischen Sprache** aneignen, wie sie z. B. für die Niederländisch-Tests als Nicht-EU-Bürger brauchen, weil die Kommunikation an ihrem Arbeitspatz oftmals auf Englisch abläuft. Am Anfang bemühen sich viele

☒ Die „Rijksoverheid" informiert deutschsprachige EU-Bürger in einer Broschüre über praktische Notwendigkeiten zum Leben und Arbeiten in den Niederlanden

lu090

noch, ihre Sprachkenntnisse mit Niederländern zu üben, aber wenn Niederländer hören, dass das Gegenüber offenbar kein Muttersprachler ist, wechseln sie oft ungefragt ins Englische. Das ist sehr bequem und angenehm für viele Ausländer – allerdings beschweren sich dann genau die gleichen Niederländer oft Jahre später darüber, dass der Freund oder die Bekannte noch immer nicht richtig Niederländisch spricht.

Einbürgerungstest

Weil in einer multikulturellen Gesellschaft auch immer die Frage nach einem Vehikel für den Zusammenhalt gesucht wird, begann seit der letzten Jahrtausendwende auch bei der niederländischen Regierung die Suche nach einer Definition für die nationale Identität, für nationale Werte und Traditionen. Einerseits will ein solch kleines Land wie die Niederlande eine starke, wahrnehmbare Position in der EU einnehmen und andererseits braucht die Regierung eine Definition der eigenen Identität, wenn sie die Integration von ausländischen Mitbürgern einfordert. Damit steht sie nicht alleine da. Um die Jahrtausendwende haben sich viele westliche Länder mit dieser Frage beschäftigt und anschließend auch **Einbürgerungstests für Einwanderer** in ihren Ländern entworfen. In den Niederlanden gibt es seit 2006 eine Einbürgerungspflicht für alle, die sich von außerhalb der EU zum Arbeiten in den Niederlanden niederlassen wollen.

In den Niederlanden muss der Einwanderungswillige einerseits eine ausreichende Kenntnis der niederländischen Sprache nachweisen, aber eben auch Fragen zum **Verständnis der niederländischen Kultur** beantworten. Bei Letzterem geht es vor allem um das Verständnis allgemeiner organisatorischer Strukturen in der niederländischen Gesellschaft, also wo man Medizin bekommt, welche Bildungseinrichtungen man in welchem Alter besucht, wie man einen Job bekommt, wie ein Hauskauf vonstattengeht, welche Rechte und Pflichten man im Steuersystem hat, wie man auf amtliche Schreiben reagiert etc. Es wird im Fragenkatalog aber auch ganz nachdrücklich darauf hingewiesen, dass in den Niederlanden Geschlechtergleichstellung herrscht wie auch Freiheit der Religionsausübung und welche Art von Verhalten als höflich bzw. korrekt angesehen wird. Durch diese Fragen des Tests werden die Kernwerte der niederländischen Gesellschaft deutlich, die man von Einwanderern nicht nur verstanden wissen möchte. Man erwartet, dass sie ihre bisherige Lebensart an das vorherrschende Wertesystem der Niederlande anpassen.

Abwanderung

Abschließend sind die Niederländer zu erwähnen, die komplett in die Unsichtbarkeit entschwinden, nämlich solche, die dauerhaft **abwandern.** Die Bereitwilligkeit, in andere Länder auszuwandern, ist bei den Niederländern historisch gesehen schon seit Ende des Goldenen Zeitalters groß, da es in Krisenzeiten zu wenig Bodenschätze gab und geografisch schlechte Bedingungen für eine Subsistenzwirtschaft der gesamten Bevölkerung herrschten. Franzosen z. B. wandern bedeutend seltener aus, weil ihr Staat seit Jahrtausenden eine verherrlichende, zentralistische Politik betreibt, zudem flächenmäßig immer groß genug und geografisch divers genug war, um seine Bürger selbstversorgend ernähren zu können.

Nach dem Zweiten Weltkrieg schloss die niederländische Regierung entsprechende **Migrationsabkommen** u. a. mit den beliebten Emigrationsländern Australien und Kanada ab, aus Angst vor einer Wiederholung der hohen Arbeitslosigkeit in den Jahren vor dem Krieg (1936 waren 18 % der Niederländer arbeitslos). In den protestantischen und katholischen Kirchen ermunterte man die potenziellen Emigranten nach dem Motto „gehet in die Welt und mehret euch" – die Geburtenkontrolle war kein dringendes Anliegen (siehe auch den Exkurs „Die Niederlande: sozialpolitischer Vorreiter" ab Seite 100). Die niederländische Regierung richtete zum Zweck der Emigrantenwerbung ein Netzwerk von Emigrationszentralen ein. Diese sorgten für die Kategorisierung der Auswanderungswilligen in zwei Gruppen: **„Entbehrliche" und „Unentbehrliche".** Zu den Ersteren gehörten Arbeitslose, ungeschulte Arbeitskräfte, Bäcker, Frisöre und weitere Handwerksberufe, die man zur Auswanderung ermutigte und bei denen Beihilfe für die Reisekosten zum Zielland geleistet wurde. Der Gruppe der Unentbehrlichen, sprich den höher qualifizierten Arbeitskräften, riet man hingegen möglichst von der Emigration ab. Schließlich hatten die Migrationsabkommen die Senkung der Arbeitslosigkeit ohne Schädigung der niederländischen Wirtschaft zum Ziel und der Verlust eines jeden hoch qualifizierten Niederländers wäre diesem Anliegen nicht zuträglich gewesen. Daher wurde auch in den Migrationsverträgen festgelegt, dass das Zielland zum Ausgleich für jeden „Unentbehrlichen" eine vorher vereinbarte Zahl an „Entbehrlichen" aufnahm. Zwischen 1946 und 1969 wanderten 450.000 Niederländer dauerhaft aus. So kommt es, dass gefühlt so ziemlich jede niederländische Familie eine Geschichte über Verwandte in den typischen Auswanderungsländern (Amerika, Kanada, Neuseeland, Australien, Brasilien oder Südafrika) parat hat. Auch heute noch werden Emigranten aus den Niederlanden angeworben, z. B. von Australien, aber auch von Norwegen. Allerdings sind diese Länder ebenfalls fast nur noch auf der Suche nach qualifizierten Arbeitskräften. Und wenn sie einmal ausgewandert sind, werden sie trotz aller Abkommen nicht etwa mit offenen Armen und einem Traumjob empfangen, wie manche Auswanderer vielleicht annehmen, sondern sie fangen wieder ziemlich weit unten an und müssen sich erst hocharbeiten. In der neuen Heimat sind sie Fremde – genau wie die Gastarbeiter und Expats in den Niederlanden.

Ein tolerantes Volk – stimmt das?

Spätestens seit Beginn des Goldenen Zeitalters im 17. Jahrhundert machten die Niederländer von sich reden als ein Volk „ohne Blatt vor dem Mund", als besonders pragmatisch und liberal. Im 20. Jahrhundert lag das schmeichelhafte Label des wohl tolerantesten Volks in Europa in der **progressiven Gesellschaftspolitik** der 1970er und 1980er-Jahre begründet. Die ausschlaggebenden Themen waren u. a. Euthanasie, Schwangerschaftsabbruch, Duldung von Softdrogen, Entstehen der berühmten Coffeeshops, Methadonprogramme für Heroinabhängige, Hausbesetzungen, Homosexualität sowie Gleichstellungspolitik zwischen Mann und Frau (siehe auch den Exkurs „Die Niederlande: sozialpolitischer Vorreiter" ab Seite 100). Dabei waren die Niederlande weder die tatsächlichen Vorreiter in allen genannten Themen, noch waren sie anderen europäischen Ländern enorm voraus. Lediglich die Diskussionen zu den einzelnen Themengebieten schienen in den Niederlanden konstruktiver zu verlaufen.

Die Niederländer konnten auf die erprobte Art der politischen Konsensbildung zurückgreifen, die u. a. auf die alten Wasserwirtschaftsverbände sowie auf die progressive Föderation der Republik der Sieben Vereinigten Provinzen zurückgeht (siehe auch die Kapitel „Die kultivierte niederländische Landschaft“ ab Seite 45 und „Gesellschaftliche Kräfte: Glaube und Bürgermoral“ ab Seite 61). Einzelne Themen oder Vorschläge werden immer wieder zur Diskussion gestellt und verhandelt, bis im Grunde alle Beteiligten mit dem Konsens zufrieden sind, während ein Vorschlag in den Nachbarländern vielleicht nach der ersten Vorlage zunächst vom Tisch gefegt wird oder nicht gegen den Druck der Opposition durchgesetzt werden kann. Auf der Grundlage eines bequemen wirtschaftlichen Wohlstands waren liberale Veränderungen in den Niederlanden möglich.

Historische Interpretation

Wie kam es also zu der scheinbaren Zunahme an Intoleranz zu Beginn des 21. Jahrhunderts? Dazu muss man zunächst die **Bedeutung des Wortes „tolerant“** klären. Das dazu passende Verb kommt vom lateinischen *tolerare* und bedeutet „erdulden“, „aushalten“ oder „ertragen“. Diese Bedeutungen passen gut zum Status quo in der mittelalterlichen Republik der Sieben Vereinigten Provinzen, als man alle religiösen, ethnischen und anderen politischen Organisationen zuließ, insofern sie ihre Gewissensfragen nicht in die Öffentlichkeit trugen und die Rechte anderer nicht beschnitten. Im Gegensatz zu anderen Königreichen Europas konnte sich in den mittelalterlichen Niederlanden weder der protestantische noch der katholische Glaube als Staatsreligion etablieren. Aus einer Verkettung von vielen Faktoren wurde das Bürgertum mit seinen erfolgreichen Kaufleuten und Händlern faktisch zur stärksten Macht.

Mit der **Union von Utrecht** vereinigten sich die Kaufleute und das restliche Bürgertum der nördlichen niederländischen Provinzen gegen die spanischen Habsburger, die sich in die Handelspolitik der Provinzen einmischten und große Geldsummen zur Finanzierung der spanischen Kriege forderten. Die Kaufleute und das Bürgertum der nördlichen Provinzen wollten die politischen und wirtschaftlichen Freiheiten schützen, die die nordniederländischen Städte damals genossen. Darüber hinaus missfiel ihnen das harte Durchgreifen der katholischen Machthaber und ihrer Inquisitoren gegen Menschen protestantischen Glaubens. In der Union von Utrecht wandten sie sich vom katholischen Establishment ab, ohne den katholischen Glauben als solchen zu diffamieren. Die nördlichen Provinzen der Niederlande schlossen sich **um des Friedens willen** zusammen. Sie duldeten und ertrugen die Ausübung gleichwelcher Religion und tolerierten sie. Und weil das Wirtschaftswachstum in dieser frühkapitalistischen Phase der Niederlande so enorm groß war, profitierte nicht nur eine kleine Elite vom Handelsreichtum, sondern eine breite Mittelschicht konnte sich entwickeln. Es boten sich viele Arbeitsmöglichkeiten, viele Migranten zogen in die nordniederländischen Provinzen.

Das koloniale Erbe

Nach dem Zweiten Weltkrieg bot sich eine vergleichbare Situation. Es herrschte Arbeitskräftebedarf, politische Flüchtlinge kamen und die Wirtschaft wuchs. Was im Mittelalter durch bestimmte Absprachen zwischen den Provinzen geklappt hatte, sollte nun auf formalisierte Weise auch im 20. Jahrhundert funktionieren (diese Parallele ist von den Entscheidungsträgern sicherlich so nicht gezogen worden, sondern aus einer Gewohnheit heraus wurden erprobte Lösungsansätze gewählt).

Ab 1949 kamen als **erste Migrantengruppe** zunächst die Indonesier. Sie bekamen Wohnraum zugewiesen, bekamen Essensmarken und ihnen wurde bei der Reintegration in den Arbeitsmarkt geholfen. Weil die Rückkehr nach Indonesien für die meisten von ihnen keine Option war, machten sie das Beste aus ihrer Situation und passten sich soweit es ging an die niederländische Gesellschaft an. Die alteingesessene niederländische Gesellschaft empfing sie mit einer Art kolonialem Schuldgefühl, aber **die Mehrheit zeigte kein Interesse** an den neuen Bewohnern und ihrer Geschichte oder Kultur.

Die **südmolukkischen Soldaten,** die in den 1940er-Jahren als Streitkräfte im Koninklijke Nederlands-Indische Leger (KNIL) gegen die indonesische Unabhängigkeitsbewegung eingesetzt wurden, sowie ihre Familien wurden von den indonesischen Unabhängigkeitskämpfern als Verräter angesehen. Ihre 1950 gegründete eigene Republik auf der Insel Ambon wurde nicht anerkannt und ihr Staatsoberhaupt durch die Indonesier exekutiert. Die Niederländer wollten die KNIL-Soldaten als ihre Verbündeten im Kampf gegen die indonesischen Unabhängigkeitskämpfer nicht hängen lassen und brachten insgesamt 12.000 Südmolukker per Schiff in die Niederlande. Man beabsichtigte jedoch gar nicht, sie in die niederländische Gesellschaft zu integrieren, sondern ging davon aus, sie könnten bald nach Ambon, Ceram und die umliegenden südmolukkischen Inseln zurückkehren. Sie lebten daher anfangs in leeren Militärkasernen und Baracken, wurden dort komplett versorgt und durften nicht arbeiten. Als 1954 klar wurde, dass eine Rückkehr der südmolukkischen Familien nach Indonesien wegen des herrschenden Guerillakriegs zwischen den Molukkern und dem indonesischen Militär keine Option war, wollte man sie in verschiedenen Stadtvierteln über das ganze Land verteilt unterbringen, um den Integrationsprozess zu unterstützen. Die Molukker selbst wollten aber ihre Gemeinschaft nicht aufgeben, in der sie nunmehr seit drei Jahren zusammenlebten. Infolgedessen machte man Absprachen mit Wohnungsbaugesellschaften, sodass in bestimmten Stadtvierteln ausschließlich Molukker angesiedelt wurden. Dies führte zu einer selbst gewählten **Segregation.** Heute gibt es in den Niederlanden noch ca. 60 Stadtteile, in denen ausschließlich Molukker leben dürfen. Sie schlossen sich überdies in molukkischen Organisationen zusammen, in denen sie ihre Kultur pflegen konnten. Rückblickend gilt dieser Ansatz heute nicht mehr als zeitgemäß, zumal man aufgrund mangelnder Integration große Probleme mit einer Gruppe von jungen Molukkern bekam (siehe auch den Exkurs „Die Suche nach pragmatischer Stabilität" ab Seite 123). Andererseits ist es allerdings auch nicht möglich, die einst getroffene Absprache zwischen den Molukkern und der niederländischen Regierung im Nachhinein zu brechen. Sich an Absprachen zu halten, ist ein wichtiges Kriterium der niederländischen Kultur und dient der Stabilität und der Friedlichkeit.

Als ab 1975 die Surinamer kamen, wollte man eine **Ghettoisierung** auf jeden Fall vermeiden und plante, die Migranten dezentral unterzubringen. Doch auch die Surinamer zogen das Zusammenleben mit der eigenen Volksgruppe vor. Dabei sind zwei verschiedene Gruppen zu unterscheiden: die von Afrikanern abstammenden Kreolen einerseits, die sich vor allem in Amsterdam in der Bijlmergegend niederließen, und die von Indern abstammenden Hindustanis, die sich vorzugsweise in Den Haag niederließen. Beide Hauptgruppen gründeten jeweils verschiedene Organisationen für ihre Belange und sozialen Kontakte. Die Kreolen hätten sich in der Theorie sicher den bereits bestehenden christlichen oder muslimischen Gruppierungen anschließen können, während die Hindustanis wegen ihrer verschiedenen Religionen – u. a. Hinduismus – eigene Organisationen gründen mussten.

Die Politik der „Versäulung"

In Bezug auf die **Gastarbeiter** aus den verschiedenen Ländern Südeuropas und später auch aus der Türkei und Marokko hatte man ebenfalls keine Integration geplant, weil ihr Aufenthalt in den Niederlanden zunächst als zeitlich begrenzter „Gaststatus" gewertet wurde. Es gab für diese Migranten je nach Ursprungsland unterschiedliche Migrationsabkommen, die allerdings eines gemeinsam hatten: Die Einwanderer sollten **möglichst ungelernt** und gesund sein, ohne Frauen und Kinder kommen, um die harte Arbeit in den Kohleminen, bei den Hochöfen, auf Schiffswerften und in der Textilindustrie widerstandslos zu leisten. Später brauchte man Pflegepersonal und warb ganz gezielt um Frauen aus Südeuropa, den Philippinen, aber auch aus Deutschland. Zur deren Anwerbung bediente man sich vor allem des katholischen Netzwerks. Da Arbeitnehmer nicht nur für die Unterbringung der Migranten sorgen mussten, sondern auch für ihre sozialen Belange, unterstützten sie die entstehenden Organisationen der jeweiligen Migrationsgruppen, die weiterhin auch von der Regierung subventioniert wurden.

Im Rahmen einer **Politik der Versäulung,** die Pluralität innerhalb der Gesellschaft erlaubt und fördert, wurde den Migrantengruppen zugestanden, genau wie die verschiedenen religiösen Gruppierungen eigene Radiosender, Zeitungen, Verlage, Schulen sowie kulturelle und soziale Organisationen zu betreiben und darüber hinaus auch, wie z. B. im Falle der Molukker, ganz exklusiv bestimmte Wohngegenden zu besiedeln. Mit der „Versäulung" wurde das Zusammengehörigkeitsgefühl innerhalb der einzelnen Gruppen gestärkt. Aufgrund dieser zunächst einmal nicht negativ belegten Trennung der Bevölkerungsgruppen kam man einander nicht ins Fahrwasser und konnte einen Zustand des angenehmen Nebeneinanders ohne Spannungen realisieren. Das Credo dieser Handhabung von Multkulturalität könnte man schlicht mit **„Leben und leben lassen"** umschreiben, oder, wie man in den Niederlanden auch sagt *Een goed hek, maakt goede buren* (Ein guter Zaun sorgt für gute Nachbarn). In diesem System der Versäulung wusste jeder stillschweigend, wo sein Platz war. Damit konnte ohne persönlichen Einsatz des Einzelnen **ein gutes nachbarschaftliches Verhältnis** herbeigeführt werden. Im Niederländischen gibt es dafür den Begriff der „verdraagzaamheid", den es leider im Deutschen so nicht gibt, der aber in seine Teile aufgeschlüsselt als „Sich-vertragen-sam-keit" jedem verständlich wird. Wenn man so will, ist das der Kern der niederländischen Toleranz.

Vor allem türkische und marokkanische Gastarbeiter brachten nicht nur eine andere Kultur, sondern eben auch den für Niederländer fremden muslimischen Glauben mit. Dieser wurde z. B. in der Form der Verschleierung von Frauen nach außen hin sichtbar, was dem alten Grundsatz, Gewissensfragen im Privaten zu belassen, ein wenig gegen den Strich ging.

Auseinanderbrechen der Nischengesellschaft

Als der Wirtschaftsboom der Nachkriegsjahre zu Ende ging, wurde in den Betrieben zunehmend automatisiert und es vollzog sich der Wechsel zur Dienstleistungsgesellschaft, in der man die „ungelernten" Gastarbeiter nicht mehr brauchte. Und so kam es zunehmend zu Spannungen. Die politische und gesellschaftliche Toleranz ist erfahrungsgemäß dann am größten, wenn es dem Volk wirtschaftlich sehr gut geht. Der Zustand des Wirtschaftswachstums und allgemeinen Wohlstands wurde nun deutlich instabiler. Seit Beginn der 1990er-Jahre beugten sich niederländische Politiker, Philosophen, Schriftsteller und Journalisten über Lösungsansätze für das Problem, das in der öffentlichen Debatte immer mehr zum „Ausländerproblem" reduziert und nicht faktisch korrekt als Beschäftigungsproblem angegangen wurde.

Man erkannte bald, dass es auch eine **Begleiterscheinung der „ontzuiling"** („Entsäulung") war, d.h. der Aufgabe der Nischengesellschaft, die ab Mitte der 1960er-Jahre einsetzte. In der Nischengesellschaft stellte die Zugehörigkeit zu einer bestimmten Glaubensgemeinschaft an sich schon eine deutliche Form der Abgrenzung dar. In der entsäulten Gesellschaft dagegen musste sich der mündig gewordene Bürger nun ganz individuell und in Eigenverantwortung eine Meinung bilden. Man konnte und wollte sich nicht länger hinter den Positionen von politischen oder religiösen Autoritäten verstecken. In der nun geforderten Auseinandersetzung mit den/dem anderen kam es zu Reibungen, Vorurteilen und Intoleranz gegen bestimmte Gruppen. So wird dann verallgemeinernd über „die Molukker" geschimpft, weil eine kleine extremistische Gruppe in den 1970er-Jahren zwei Züge gekapert hatte, man verschreit alle Teenager auf einem Spielplatz als *hangjongeren* (herumlungernde Jugendliche, die krumme Dinge drehen) oder man wettert eben gegen Migrantengruppen wie Surinamer, Türken oder Marokkaner.

Als man in der Politik begriff, dass die Mehrheit der Migranten dauerhaft in den Niederlanden bleiben wollte, legte die Regierung 1983 in der **Minderheitennota** (Minderheitenbericht) fest, wie sozialer Rückstand vermindert und die Integration der Minderheiten gefördert werden können, wobei ein Recht auf Erhaltung und Entwicklung der eigenen kulturellen Identität eingeräumt bleiben sollte. Die Gemeinden sorgten daraufhin erst einmal für Letzteres, da sie annahmen, dass sich Migranten dann von allein emanzipieren würden. Man baute über 400 Moscheen in den Niederlanden, mehr als 40 islamische Schulen, richtete islamische Rundfunkprogramme ein, ließ muslimische Schlachtereien zu etc. Das allein reichte aber nicht aus, auch weil mittlerweile die Arbeitsplätze für die einfachen Arbeiter verschwunden waren. Die ehemaligen Arbeitgeber der Gastarbeiter waren entweder pleite, hatten ihre Produktion automatisiert oder in

☐ Wie hier in Utrecht gehören Moscheen fast überall zum Stadtbild

026nl Foto: fo hans engbers, Fotolia.com

Billiglohnländer ausgelagert. Die Regierung half den Arbeitgebern, indem sie erlaubte, dass die überschüssigen Gastarbeiter der Stunde null, damals 40- bis 50-jährige türkische und marokkanische Männer, mithilfe einer Erwerbsunfähigkeitsgesetzgebung (WAO, *Wet op de arbeidsongeschiktheidsverzekering*) vom Arbeitsmarkt genommen werden konnten. Sie wurden praktisch in einen vorgezogenen Ruhestand entlassen, obwohl die Mehrheit von ihnen nicht krank, sprich nicht arbeitsunfähig war, sondern eben nur nicht über passende Qualifikationen für eine Reintegration in den Arbeitsmarkt verfügte. Rückblickend stellte sich aber heraus, dass dies fatale Folgen für ihre Partizipation und Integration in die niederländische Gesellschaft haben sollte. Durch die Knappheit an Arbeitsplätzen für einfache Arbeiter wurden diejenigen mit Migrationshintergrund darüber hinaus gegenüber „waschechten" Niederländern benachteiligt.

In den 1990er-Jahren hat man daraufhin Gesetze erlassen, nach denen Betriebe und Gemeinden mindestens fünf Prozent ausländische Arbeitnehmer einstellen müssen. Es sollte noch bis in das 21. Jahrhundert hinein dauern, bis die Maßnahmen einigermaßen fruchteten. Rauften sich niederländische Politiker im Jahre 2002 bei Analyse des Berichtes „In de Fuik" noch immer die Haare, weil fast eine Million Menschen Versicherungsleistungen auf Basis des WAO-Gesetzes bekamen und die Zahl der türkisch- und marokkanischstämmigen Niederländer unter ihnen im Verhältnis zur Einwohnerzahl dieser Bevölkerungsgruppen noch immer doppelt bzw. anderthalb Mal höher war als unter den Niederländern ohne Migrationshintergrund (obwohl die Gastarbeiter von einst schon nicht mehr in diese Statistik fielen, denn die waren mittlerweile im Rentenalter). Seit 2007 bleibt die Zahl der Leistungsempfänger aus den mittlerweile unterschiedlichen Erwerbsunfähigkeitsregelungen bei stabilen rund 800.000 Menschen und die Zahl der Leistungsempfänger mit Migrationshintergrund ist nur noch leicht höher im Vergleich zu denen ohne Migrationshintergrund. Das zeigt auch, dass **Toleranz auch in den Niederlanden nicht einfach gegeben ist,** sondern durch die Politik gelenkt wird.

Neue Ängste und offene Diskriminierung

Vorurteile und „Gefühle des Unbehagens" gegenüber **Mitbürgern mit Migrationshintergrund** vor allem aus muslimischen Ländern wie Marokko und der Türkei wurden um die letzte Jahrtausendwende in den Niederlanden auf einmal laut und deutlich ausgesprochen. Der Politiker *Pim Fortuyn* trug in dieser Zeit mit seinem charismatischen Auftreten bis zu seiner Ermornung 2002 maßgeblich zur populistischen Verzerrung der Ursachen des eigentlichen Problems bei. Die Schwächen der Versäulungspolitik, die keinen Beitrag zur Förderung des gegenseitigen Verständnisses leisten konnte, sondern eben nur den Rahmen für verschiedene „Parallelwelten" schuf, wurden hierin deutlich. Mit den ausgesprochenen Vorurteilen **wurden Ängste geschürt,** nicht nur bei der „Altbevölkerung", sondern auch bei den seit Jahren in den Niederlanden wohnhaften „Migrantengruppen", von denen viele längst als niederländische Staatsbürger anerkannt worden waren, deren Kinder größtenteils in den Niederlanden geboren wurden und deren Eltern oder andere nahe Verwandte bereits in die Niederlande nachgezogen waren. Plötzlich wurde ihnen ganz öffentlich – vonseiten der Politik und der Medien, aber vor allem vonseiten der Menschen in ihrer Heimatgesellschaft Niederlande – mit offener **Diskriminierung** begegnet.

Die Fassungslosigkeit über eine Serie von einschneidenden Ereignissen wie die dramatischen Selbstmordattentate per Flugzeug am 11. September 2001 in New York, die Ermordung des Politikers *Pim Fortuyn* 2002 und zwei Jahre später die Ermordung des Filmemachers *Theo van Gogh* schlug nunmehr um in eine „Welle der Islamfeindlichkeit", die nicht nur über die Niederlande hereinbrach, sondern sich seither global in der westlichen Welt verbreitet.

Wie in vielen europäischen und anderen westlichen Ländern tauchen auf einmal **Einbürgerungstests für Einwanderer** (siehe auch das Kapitel „(Un)Sichtbare Minderheiten – Ursprung der Gesellschaft" ab Seite 104) auf. Solche Tests müssen seit 2006 alle Migranten absolvieren, die von außerhalb der EU zum Arbeiten in die Niederlande kommen. Da mehr als die Hälfte der nicht-westlichen Ausländer in den Niederlanden Türken, Marokkaner und Surinamer sind, richtet sich dieser Test vor allem an bzw. gegen sie, was man ganz deutlich an den Testfragen ablesen kann: Diese sind mit Fangfragen für Menschen aus nicht-westlichen, insbesondere aus muslimischen Kulturen gespickt. Eigentliches Ziel der Einbürgerungstests war sicherlich, die Familienzusammenführung für Gastarbeiter und Flüchtlinge zu erschweren, auch wenn das so niemand sagt.

Die Politik scheint sich seither auf eine **Diskriminierung** einzuschießen, die hier zunächst einmal in der Bedeutung des zugrundeliegenden lateinischen Verbs *discriminare,* also „scheiden", „trennen" oder „absondern", verstanden werden soll. Als nämlich die Soziologin *Hilda Vevey-Jonker* 1971 den niederländischen Begriff *allochtoon* für alle Einwohner mit Migrationshintergrund in ihrem Bericht an das Ministerium über die Lage eben jener Menschen in den Niederlanden vorlegte, nutzte sie diesen als Hilfsmittel, um die verschiedenen Ausländergruppen voneinander „diskriminieren" zu können. In der Einleitung ihres Berichtes definiert sie den Begriff *allochtoon* im Niederländischen als „Menschen, die außerhalb der Niederlande geboren wurden – nach 1945 in diesem Land angekommen sind, untergebracht wurden und in der Gemeinschaft aufgenommen wurden". Sie erklärt auch, warum sie nur diese Kategorie von Ausländern als *allochtoon* bezeichnet, nicht aber Belgier, Deutsche oder Amerikaner. „... die deutliche Erkennbarkeit der hier genannten Gruppen. Diese beruht in vielen Fällen auf einem auffallenden Äußeren – insbesondere der Hautfarbe – und in einigen Fällen auf der fremden, für wenige Niederländer verständlichen Sprache." (Übersetzung aus dem Niederländischen). Es ging in der Diskussion damals vor allem um die Mitbürger aus den ehemaligen Kolonien, Menschen die seit Jahrhunderten ein Band mit den Niederlanden hatten und die man nun auf der Grundlage ihrer **ethnischen Zugehörigkeit und Sprache** diskriminierte.

Staatsbürgerschaft und Integration

Damit steht fest, dass die Gleichberechtigung von niederländischen Staatsbürgern, ungeachtet ihrer ethnischen Zugehörigkeit und Herkunft, kein Aushängeschild für niederländische Toleranz sein kann. Statt in der Politik und in den Medien ständig die diskriminierenden Zahlen zu „Allochthonen" und „Autochthonen" anzuführen, die seit *Vevey-Donkers* die Statistiken dominieren und bereits im vorhergehenden Kapitel „(Un) Sichtbare Minderheiten – der Ursprung der Gesellschaft" (ab Seite 104) vorgestellt wurden, sollte man viel häufiger, deutlicher und lauter verkünden, wie groß die **Zahl der niederländischen Staatsbürger** ist: 16.053.457 Menschen in den Niederlanden besitzen die niederländische Staatsbürgerschaft, wohingegen lediglich 847.269 in den Niederlanden registrierte Menschen diese nicht haben (Stand: Winter 2016)! Im juristischen Sinne sind demnach nur fünf Prozent der Einwohner in den Niederlanden tatsächlich „Ausländer". Und wenn man hier weiter diskriminieren möchte, haben von diesen fünf Prozent wiederum mehr als die Hälfte eine EU-Staatsbürgerschaft, daher lassen sie sich nur in seltenen Fällen einbürgern. **95 % der niederländischen Bevölkerung** haben von Geburt an oder durch Einbürgerung die Rechte und Pflichten erworben, die mit dem Besitz der niederländischen Staatbürgerschaft einhergehen. Sie haben das allgemeine Wahlrecht ab 18 Jahren, unterliegen den Gesetzen des Königreichs der Niederlande, haben gemäß bestimmten Bedingungen das Recht auf medizinische und soziale Einrichtungen und sie erhalten diplomatische Hilfe bei Problemen im Ausland. Aber vor allem zeigt ihre niederländische Staatsbürgerschaft, dass sie Teil der niederländischen Gesellschaft sind! Die abgrenzenden Bezeichnungen „mit Migrationshintergrund" oder *allochtoon* negieren oder verschleiern diesen juristischen Tatbestand. Die Zahlen belegen im Grunde das höchste Maß an **Integration,** das erreicht werden kann. Oder wird allen Ernstes erwartet, dass z. B. die türkische Frau kein Baklava mehr isst, sondern Heringe, ihre Fensterbank mit zwei symmetrisch angeordneten Übertöpfen und der gleichen Topfpflanze darin schmückt und am Rand des Hockeyfeldes ihrer Hockey spielenden Tochter – ganz ohne Kopftuch in orangenem Trikot und mit dem kürzesten Rock bekleidet – einen Schlachtruf zubrüllt? ... Wobei ich wette, dass man auch diese finden wird ... Das Angleichen aneinander ist ja auch keine Einbahnstraße, denn warum würde sonst überhaupt ein Niederländer *shoarma* bestellen, sein Zimmer mit marokkanischen Ornamenten verzieren und in Rotterdam Karneval à la Rio de Janeiro feiern?

Türken, Marokkaner oder andere Gastarbeiterkinder der zweiten oder dritten Generation sehen sich selbst als Niederländer, wenn auch mit ihren ganz eigenen Wurzeln und mit einem Faible für das Land der Herkunft ihrer Eltern oder Großeltern. Und sie sind eigentlich stolz auf ihre (Wahl)Heimat. Wenn man dort allerdings anfängt, mit dem Finger auf sie zu zeigen, erzeugt das sicherlich keine positive Wirkung. Trotzdem haben sich die Niederlande im 19. und 20. Jahrhundert fortwährend zu einer **Demokratie mit nahezu größtmöglicher Ebenbürtigkeit aller Einwohner** entwickelt. Die Zukunft wird zeigen, ob die derzeitigen gesellschaftlichen Schwierigkeiten überwunden werden können und die Niederlande weiterhin für Fortschrittlichkeit und Toleranz stehen werden.

Die Suche nach pragmatischer Stabilität

Im Mittelalter kämpften die Niederländer im Grunde jahrhundertelang um ihre wirtschaftliche, politische und auch religiöse Freiheit, umringt von den alten Großmächten Frankreich, Spanien, England und Deutschland. Diplomatisches Herumtänzeln, knallharte Verhandlungen, Stärke zeigen, wenn nötig, und sich ruhig verhalten, wenn nötig. Immer wenn es extreme Ereignisse gab, haben die egalitären Niederländer mit Kompromissen dagegengehalten und Ruhe und Ordnung wiederhergestellt. So war es nach dem Höhepunkt des Bildersturms von 1566, als Reformierte katholische Kirchen in Flandern, Zeeland und Utrecht verwüsteten, 1584, als der Statthalter Wilhelm von Oranien in Delft durch einen Franzosen erschossen wurde, 1619, als der Landesadvokat und Ratspensionär der Generalstaaten Oldenbarnevelt auf Geheiß von Prinz Moritz von Oranien im Binnenhof zu Den Haag enthauptet wurde, im Katastrophenjahr 1672, als der Ratspensionär Johan de Witt und sein Bruder Cornelis durch Mitglieder der örtlichen Schützenbruderschaft in Den Haag gelyncht wurden, 1940, als der deutsche Bombenangriff auf Rotterdam die niederländische Neutralität beendete, und so war es rückblickend auch, als 2002 der rechtspopulistische Pim Fortuyn und 2004 der Filmemacher Theo van Gogh ermordet wurden. Die letzten beiden Ereignisse liegen natürlich noch gar nicht so lange zurück und es hat seitdem neue Schockmomente gegeben, insbesondere im Jahr 2014 den Absturz der Maschine des Malaysia Airlines Fluges MH17 in der Ukraine als Folge des Beschusses durch eine russische Flugabwehrrakete im Ukrainekrieg, bei dem 193 Niederländer ums Leben kamen.

Betrachtet man die erste Reaktion der Niederländer und was dann folgt, lässt sich beobachten, dass nach einem ersten Aufschrei vor allem die Suche nach pragmatischer Stabilität, das Bewahren des Status quo und die Wiederherstellung friedlicher Ruhe an erster Stelle stehen. Die Nachbereitung der Vorfälle lässt dann oftmals genau die Konsenskultur vermissen, die im Berufsleben so erfolgreich gehandhabt wird. Statt alle Karten auf den Tisch zu legen und jedem Argument zuzuhören, wird nicht breit genug diskutiert und analysiert.

Über 70 Jahre nach Ende des Zweiten Weltkriegs ist die Frage nach dem Ausmaß der Mitschuld der Niederlande am Massenmord an den Juden noch immer nicht aufgearbeitet. 75 % aller 1940 in den Niederlanden lebenden Juden kamen in den Konzentrationslagern ums Leben. Das ist der höchste Prozentsatz unter den anderen europäischen Ländern (ausgenommen Deutschland selbst) wie beispielsweise Belgien mit 40 % der belgischen Juden oder Frankreich mit 25 % der französischen Juden. Die Frage nach der Mitschuld bleibt ein Tabuthema, während die Unterstützer von unter-

Extrainfo 11 (s. S. 6): Bericht der Deutschen Welle zum Trauma der Niederländer nach dem Absturz des Fluges MH17 in der Ukraine

getauchten Juden wie beispielsweise im Falle der berühmten Amsterdamer Jüdin Anne Frank geradezu verherrlicht werden

Die beiden Zugentführungen in den Jahren 1975 und 1977 durch junge Molukker schrien förmlich danach, die Entscheidungen in Bezug auf die Unterbringung und mangelnde Integrationshilfe für die Molukker deutlich zu überdenken sowie politisch und gesellschaftlich Konsequenzen daraus zu ziehen. Aber in der niederländischen Politik werden nur selten deutliche Konsequenzen gefordert, was auch daran liegt, dass man im System der Konsensfindung den Finger nicht auf einzelne Personen richten kann, die man dann für den Fehltritt zur Verantwortung ziehen könnte.

Die mutmaßliche Duldung des Massenmords von ca. 8000 muslimischen Männern durch bosnisch-serbische Truppen beim Massaker von Srebenica 1995 in Anwesenheit der niederländischen UN-Blauhelme bleibt bis heute ein schwerwiegender wunder Punkt, der insbesondere bei den Angehörigen der bosnischen Opfer und den damals beteiligten niederländischen UN-Soldaten noch lange ungeheilt bleiben wird. (Das Menschenrechtsgericht in Straßburg hat 2016 entschieden, dass es kein Strafverfahren gegen die niederländischen UN-Blauhelme geben wird.)

Von einer umfassenden Aufarbeitung der Kolonialgeschichte, sowohl in Indonesien als auch in der Karibik, ist man ebenfalls weit entfernt. Da nahm 2005 mit dem damaligen niederländischen Außenminister Ben Bot erstmals ein Mitglied der niederländischen Regierung an den indonesischen Feierlichkeiten anlässlich des Jahrestages der endgültigen Erlangung der Unabhängigkeit Indonesiens (im Jahre 1949) teil und „bezeugte sein Bedauern“, was noch immer keine richtige Entschuldigung war.

Anlässlich des 70sten Jahrestages seit der Kapitulation Japans am 15. August 1945, mit der auch deren Besetzung von Niederländisch-Indien seit Dezember 1941 ein Ende fand und Indonesien unabhängig werden konnte, entschuldigte sich Ministerpräsident Rutte 2015 zum ersten Mal mit deutlichen Worten für die Rolle der Niederländer bei den bislang lapidar als „Polizeiaktionen“ beschönigten brutalen militärischen Aktionen zur Unterdrückung des indonesischen Aufstands gegen die niederländischen Kolonialherren. In den Jahren zuvor hatte es nur Kranzniederlegungen gegeben.

Das politische System der Versäulung bzw. das noch ältere Konzept der Gewissensfrage erforderte keine kritische Auseinandersetzung mit dem anderen, sondern überließ jeden Einzelnen oder jede Kleingruppe sich selbst in einer Art Parallelwelt. Es wurde somit auch keine Stellungnahme des Einzelnen zu anderen Gruppierungen eingefordert.

Bei den am Anfang des 21. Jahrhunderts aufgeflammten Diskussionen um das rassistische Aussehen des „Zwarte Piet“, das historisch ganz klar auf die Darstellungen von ungebildeten Schwarzen aus der Sklavenzeit zu-

Extrainfo 12 (s. S. 6): Video der Deutschen Welle: „Von der Schuld an Srebenica“ – über die Schuldgefühle der Niederländer am Mord an 8000 Bosniern

rückgeht, werden allzu schnell alternative Erklärungen für sein Aussehen gegeben wie „er ist so schwarz, weil er durch den Schornstein kommt", dabei muss man doch mal ehrlich sein und den Hinweis auf die „spanischen Mohren" und damit auf die Sklaverei zugeben. Welche Konsequenzen man aus der Diskussion dieses „Erwachsenenproblems" für das Fest mit den Kindern zieht, steht auf einem anderen Blatt.

Die Probleme rund um die großen Einwanderergruppen aus muslimischen Ländern wurden auch lange Zeit nicht besprochen. Man hatte als „Friedensinstrument" die Politik der Versäulung und die funktionierte gut, solange es genügend Arbeitsplätze für alle gab. Mit der Veränderung der Wirtschaft im ausgehenden 20. Jahrhundert war das nicht mehr gegeben, die vorprogrammierten Probleme hatte man aber nur hinter vorgehaltener Hand thematisiert. Der Politiker Pim Fortuyn traute sich, diese Themen anzusprechen und man wunderte sich, warum der rechtspopulistische Mann so schnell so viele Anhänger fand. Dass er durch einen weißen Niederländer, einen Tier- und Umweltaktivisten, erschossen wurde mit der Begründung, der charismatische Politiker sei eine Bedrohung für die niederländische Lebensart, war ein ebenso großer Schock wie die öffentliche Benennung der gesellschaftlichen Probleme in den Niederlanden durch Fortuyn. Denn dessen Sichtweisen beinhalteten viele kritische Punkte, die lange Zeit einfach ignoriert wurden. Zur eingehenderen Beschäftigung mit ihnen wurde man auf diese Weise jäh wachgeruttelt.

Historisch betrachtet scheinen die Niederländer in Vielem gut zu sein, in echter Problembewältigung und dem Umgang mit Schuld allerdings steht die niederländische Gemeinschaft noch ganz am Anfang. Traditionelle gesellschaftliche und politische Instrumente wie die Politik der Versäulung, die Konsenskultur oder der Egalitarismus haben die Niederlande auf ihrem Weg zu einem wirtschaftlich erfolgreichen parlamentarischen Einheitsstaat erfolgreich begleitet. Doch für den Gang durch das 21. Jahrhundert mit einem wahrhaft demokratischen Staat und eventuell ohne traumhaften Wirtschaftsaufschwung muss man lernen, Probleme „besprechbar" zu machen, damit man sie gemeinsam lösen kann. Da hilft es beispielsweise wenig, wenn man alle Migrantengruppen aus muslimischen Ländern in einen Topf wirft, obwohl sie mitnichten eine homogene Gruppe darstellen.

In einem Land, das bis Ende der 1960er-Jahre sehr konservativ christlich geprägt war, in dem die Säkularisierung vor allem in katholischen Gemeinden noch nicht abgeschlossen ist und in dem ein hoher Grad an Individualismus mit auseinanderlaufenden Meinungen vorherrscht, hilft dann auch keine stigmatisierende Kopftuchdiskussion. Die deutlichen Risse im politischen und sozialen Gefüge brauchen nun eine gesunde Streitkultur, ohne dass jemand zur Waffe greift.

Niederländische Provinzen

Das Selbstbild der Provinzbewohner

Die Niederländer sehen sich selbst nicht als homogenes Volk, sondern identifizieren sich vorrangig mit ihrer Stadt oder Provinz. Damit geht natürlich einher, dass ganz bestimmte Assoziationen mit der eigenen Stadt oder Provinz im Gegensatz zu anderen Städten und Provinzen bestehen, die historisch begründet sind. Zum besseren Verständnis des unterschiedlichen Selbstbildes der Niederländer werden hier die wesentlichen Charakteristika für die Bewohner der zwölf Provinzen zusammengefasst.

Die Zuid-Hollander

Die knapp über 3,6 Millionen Bewohner der Provinz Zuid-Holland wohnen mit einer Bevölkerungsdichte von 1283 Ew./km² am allerdichtesten aufeinander, allen voran die 629.606 Rotterdamer in der zweitgrößten Stadt der Niederlande, die den südlichen Rand des Ballungsgebietes Randstad markiert. Rotterdam steht in ewiger Konkurrenz zu Amsterdam und hat diesem seit dem Zweiten Weltkrieg den Rang des wichtigsten Welthafens abgelaufen. Rotterdam ist heute nach Shanghai der zweitgrößte Hafen der Welt. Die Auswirkungen des blühenden Welthandels machen sich auch in der Bevölkerung bemerkbar, denn fast die Hälfte hat mindestens einen im Ausland geborenen Elternteil. Mit anderen Worten, in Rotterdam geht es besonders multikulturell zu.

Die Amsterdamer halten die Rotterdamer gemeinhin für wenig kultiviert – einerseits wegen der vielen Arbeiter im Hafen und in den dort angesiedelten großen Raffinerien und andererseits, weil von der Grandeur aus den Tagen des VOC nichts übrig geblieben ist. Rotterdam wurde als einzige Stadt der Niederlande während des Zweiten Weltkriegs von Bomben komplett zerstört und anschließend mit moderner Architektur neu aufgebaut. Die Rotterdamer selbst sehen sich vorwiegend als bodenständig und fortschrittlich, während die Amsterdamer sich für kulturell überlegen halten.

Die Provinz Zuid-Holland steht zusammen mit der Provinz Noord-Holland für alles typisch Holländische. Hier lebt die holländische Strandkultur mit ihren Strandcafés, dem Neujahrsschwimmen im Meer, den ausgedehnten Blumenfeldern, dem Gartenbau in Gewächshäusern, der flachen, wasserreichen Landschaft, den Landwirtschaftsflächen, die einst durch Poldermühlen und heute durch Schöpfwerke trocken gehalten werden, und der Bodenfläche, die vielfach unter dem Meeresspiegel liegt, wie die Stadt Nieuwerkerk aan den IJssel, die mit -6,7 m NAP der niedrigste Punkt der Niederlande ist.

019nl Foto: mvl

Die Südholländer sind stolz darauf, dass ihre Provinzhauptstadt Den Haag ('s Gravenhage) den Regierungssitz der Niederlande beherbergt, der Wohnsitz der Königsfamilie und der Sitz des Internationalen Strafgerichtshofs ist. Gleichzeitig handeln sie sich durch die Anwesenheit der diplomatischen Vertretungen aus aller Welt, die vielen Regierungsangestellten, Juristen, Mitglieder der Königsfamilie und Bewohner der Villenviertel in den restlichen Niederlanden den Ruf als *Haagse kak* (überhebliche Den Haager, „Hochwohlgeborene") ein.

Die Südholländer rühmen sich mit ihren auf das Mittelalter zurückgehenden Städten wie der Grachtenstadt Leiden, in der sich die älteste Universität der Niederlande befindet, der Stadt Dordrecht, der ältesten Stadt mit Stadtrecht in den beiden Provinzen Holland, der Grachtenstadt Delft als mittelalterliche Hochburg der blauweißen Porzellanindustrie und ihrer Universität mit dem Schwerpunkt Wasserwirtschaft sowie der beschaulichen urholländischen Stadt Gouda, dem Namensgeber für den wichtigsten Exportartikel der Niederlande.

Die Noord-Hollander

Die Provinz Noord-Holland als nördliche Grenze des Ballungsraumes Randstad hat dem im Grunde „nur" die Hauptstadt entgegenzusetzen. Mit rund 834.000 Einwohnern ist Amsterdam mit dem pittoresken mittelalterlichen Grachtengürtel die bevölkerungsreichste und bei Touristen beliebteste Stadt der Niederlande, die seit dem Goldenen Zeitalter durch den florierenden Handel der VOC auch als mächtigste Stadt der Niederlande galt, was bis heute anhält. Auch heute noch verstehen sich die Amsterdamer als besonders avantgardistisch, rühmen sich für ihren Humor, der auf den einst großen jüdischen Bevölkerungsanteil verweist und der sie insbesondere von den steifen Den Haagern abgrenzt. Im Mittelalter wie heute sehen Amsterdamer sich als Nabel der niederländischen Geschäftswelt und am internationalen Flughafen Schiphol fliegen sowohl Waren als auch Menschen ein- und aus. Sie wetteifern mit Rotterdam um die höchste Anzahl an ausländischen Mitbürgern aus rund 180 Ländern und verstehen sich als Metropole der Lesben- und Schwulenszene der Niederlande. Alles außerhalb von Amsterdam gilt für die Stadtbewohner mehr oder weniger als „dörflich", inklusive der nordholländischen Provinzhauptstadt Haarlem sowie aller anderen Ballungsgebiete um Amsterdam herum.

Die Utrechter

Die Provinz Utrecht bildet die östliche Grenze des Ballungsraums Randstad. Die Utrechter verstehen sich im Vergleich zu den Holländern oftmals als „bessere Gesellschaft", was unter anderem daran liegt, dass ihre gleichnamige Grachten- und Universitätsstadt als Sitz der altkatholischen und römisch-katholischen Erzbischöfe stark katholisch geprägt wurde, wobei sie bis 1559 dem Erzbistum Köln unterstellt waren. Sie verstehen sich aber auch oftmals als die „bessere Gesellschaft", weil die vielen Seen in den ehemaligen Torfabbaugebieten betuchten Bootsbesitzern als Naherholungsgebiet dienen.

Die Zeelanders

Die Bewohner der Provinz Zeeland werden heute von den nördlichen Randstad-Bewohnern nicht mehr ernst genommen. Dass die Provinzhauptstadt Middelburg im Goldenen Zeitalter neben Amsterdam auch Niederlassungen der VOC und WIC beherbergte und als Seefahrerhochburg des Mittelalters galt, ist längst in Vergessenheit geraten. In der extrem wasserreichen Provinz, wo Schelde und Maas in die Nordsee fließen, litten die Einwohner am meisten unter der Flutkatastrophe von 1953,

‹ Rotterdam erfindet sich in der Nachkriegszeit durch moderne Architektur selbst neu

Foto: eg 020nl

bei der allein in Zeeland 865 Menschen ertranken. Seitdem hat man die Küstenlinie der Provinz durch die Deltawerke vor zukünftigen Überflutungen geschützt und gelten die verkehrstechnisch eher umständlich zu erreichenden Inseln und Halbinseln mit dem riesigen Gezeitengebiet der Oosterschelde in der Provinz als Urlaubsparadies für die gestressten Bewohner der Randstad und der inländischen Provinzen, die sich nach dem Meer sehnen.

So manch ein Niederländer beäugt die Bewohner Zeelands mit einer Portion Unverständnis, da sich hier die südliche Grenze des „Bibelgürtels" befindet, wie man die Gebiete in den Niederlanden nennt, in denen auch heute noch besonders viele strenggläubige Reformierte, sprich Calvinisten, leben.

Die Friesen

Sie waren und sind ein Volk für sich. Sie lebten immerhin schon vor den Römern in der Region und legten ihre Siedlungen zum Schutz vor Hochwasser auf Terpen an. Das Friesische gilt nicht als niederländischer Dialekt, sondern als eigenständige Sprache: „Frysk" kann man auf den Ortsschildern lesen und wird in den friesischen Schulen auch wieder gelehrt. Entsprechend sind die Friesen ein besonders stolzes Volk, das auf gar keinen Fall mit den Holländern in einen Topf geworfen werden möchte. Sie haben in ihrer Mentalität sicherlich mehr mit den Friesen an der deutschen

022nl Foto: Rudmer Zwerver, Fotolia.com

Nordseeküste gemein als mit den Holländern und doch sind die Friesen auch die Erfinder eines der beliebtesten modernen Nationalevents, bei dem ein zaghafter niederländischer Nationalstolz zum Vorschein kommt: das Eislaufrennen Elfstedentocht durch die Provinzhauptstadt Leeuwaarden mit Rundkurs durch zehn weitere friesische Städte.

Die Groninger

Die traditionsreichen Groninger, die sich seit 1614 mit einer eigenen Universität rühmen und im Mittelalter als Hansestadt reich wurden, geben nicht viel auf die anderen Städte der Niederlande, auch wenn das Umland der gleichnamigen Provinzhauptstadt traditionell von armen Kartoffelbauern und hoher Arbeitslosigkeit bestimmt wird. Die Region verhalf dem Königreich Niederlande 1959 zu einem Wirtschaftsboom, als man dort reiche Erdgasvorkommen entdeckte. Sehr zum Leidwesen der Groninger führt dessen Abzapfen in der Region zu kleinen Erdbeben und Erdverschiebungen, weswegen man hier nicht allzu gut auf die niederländische Landesregierung zu sprechen ist.

⌃ Groningen: Historische Häuserfront des Bürgertums aus dem 17. Jahrhundert

⟨ Middelburg: Grachtenfahrt mit Details zu den Glanzzeiten der VOC

018nl Foto: NBTC

Die Bewohner der Provinz Gelderland

Gelderland ist mit fast 5000 Quadratkilometern Fläche die größte niederländische Provinz, die von den wichtigen Flüssen Rijn (Rhein), Niederrijn, IJssel, Lek, Maas und Waal durchkreuzt wird, an denen u. a. die zwei alten Hansestädte Zutphen und Doesburg sowie die Provinzhauptstadt Arnhem liegen. Die Hansestadt Nijmegen gilt ebenso wie Maastricht als die älteste Stadt der Niederlande seit der Römerzeit. Die Provinzbewohner waren und sind besonders stolz auf ihre historischen Handelsrouten, ohne die der Handel mit deutschen Gebieten nicht möglich gewesen wäre.

Die ländliche Region der Provinz Gelderland bot den Amsterdamern und Utrechtern einen Zufluchtsort vor dem Dreck und der Luftverschmutzung durch die Industrie in ihren Städten, insbesondere das Großbürgertum der holländischen Provinzen baute hier seine Sommerwohnsitze. Auch heute kommen Randstadbewohner noch immer gern für einen Wochenendtrip, auch wenn es kaum noch jemanden gibt, der sich dort eine Sommerresidenz leisten könnte. Dennoch belächeln die Amsterdamer die

⌃ Im 1612–1613 erbauten De Waagh fuhr man seinen Karren zum Wiegen des Ladeguts auf die Stadtwaage, heute lässt man sein Geld im Café

Provinzbewohner aus der Region Achterhoek an der Grenze zu Deutschland, da diese traditionsgemäß als eine der am wenigsten entwickelten Regionen der Niederlande gilt.

Die Tukkers und andere Bewohner jenseits der IJssel

Overijssel ist eine der Provinzen, deren Bewohner keine besondere Zugehörigkeit zu ihrer Provinz empfinden. Bis 1528 gehörte die Provinz zum Bistum Utrecht und dann als Provinz Overijssel zum Herrschaftsgebiet Kaiser *Karls V.* Die geringe Identifikation mit der Provinz liegt unter anderem daran, dass die Einwohner der ehemals fünf reichen Hansestädte Hasselt, Kampen, Zwolle, Hattem und Deventer die östlichen Provinzbewohner im Grenzbereich zu Deutschland als „dumme Tukker" (gemeint sind die Bewohner von Twente) belächelten.

Die Erfolgsgeschichte der Hansestädte im frühen Mittelalter wurde jedoch vom noch größeren Reichtum der holländischen Provinzen im Goldenen Zeitalter überschattet. Die Bewohner der Randstad heute nehmen die Heidelandschaft und Wälder der Provinz Overijssel hauptsächlich als Ausflugsziel für Wochenendtrips wahr.

Die Bewohner der Provinz Drenthe

Die Bewohner der Provinz Drenthe hatten zu Zeiten der Republik der Sieben Vereinigten Niederlande keinen eigenen Stellvertreter bei Zusammenkünften der *Staten-Generaal* (Generalstaaten) und wurden entsprechend nicht „für voll genommen". Daran hat sich bis heute im Grunde wenig geändert, denn auch heute noch ist die Provinz mit knapp unter 500.000 Einwohnern eine der am wenigsten besiedelten Provinzen der Niederlande, wenn man einmal von der „künstlichen", neuen Provinz Flevoland absieht, deren Einwohnerzahlen in einigen Jahren die der Provinz Drenthe überflügeln könnten.

Die Flevolanders

Flevoland ist die jüngste und am schnellsten wachsende Provinz der Niederlande. Sie wurde erst 1986 auf trockengelegtem Polderland der Zuiderzee angelegt. Diese war wiederum durch den Bau des Abschlussdeichs 1932 von der Nordsee abgetrennt worden und heißt seither IJsselmeer. Die Provinzhauptstadt Lelystad und die Trabantenstadt Almere machen die Provinz mit ihrer schnellen Verkehrsanbindung nach Amsterdam zu einer Art ausgelagertem Vorort Amsterdams. Die Bevölkerung besteht aus in- und ausländischen Migranten, die aus den gleichen Gründen dorthin kamen: die Sehnsucht nach mehr Wohnraum, für den sie z. B. in der Randstad mehrere Jahre auf der Warteliste gestanden hätten. Niederländer, die glücklich in anderen Provinzen wohnen, würden um nichts auf der Welt in den Neubauten der durchgeplanten Landschaft auf durchschnittlich 5 Metern unter dem Meeresspiegel wohnen wollen.

Die Brabanders

Die Provinz Noord-Brabant mit ihrer langen Landesgrenze zu Belgien, die schon im Mittelalter als annektierte Generalitätslande der Puffer zu den besetzten südniederländischen Provinzen war, ist in den Augen der Niederländer heute eine vollwertige Provinz. Dennoch wird sie nicht nur geografisch durch die Flüsse Rhein, Waal und Maas vom Norden der Niederlande getrennt, sondern auch die Aussprache des „g" unterscheidet die Einwohner der Provinz von denen der restlichen nordniederländischen Provinzen. Brabanders und auch Zeelander sprechen das „g" wie die flämischsprachigen Belgier weich aus, während es vor allem in den holländischen Provinzen eine harte kehlige Klangfärbung hat. Das weiche „g" wird von den niederländischen Nordlichtern besonders bei Frauen als „charmant" gewertet.

Im traditionell katholisch geprägten Brabant (das „Noord" kann man auch weglassen, wenn man ganz deutlich von den Niederlanden spricht und es nicht mit dem belgischen Brabant in Flandern verwechselt) feiern die Jecken ausgiebig Karneval nach rheinländischem Vorbild, während man damit vor allem in den holländischen Provinzen, aber auch in Utrecht, Friesland und Zeeland rein gar nichts am Hut hat. Hier herrschen burgundischer Lebensstil und brabantische Gemütlichkeit, für die auch die südlichsten niederländischen Nachbarn in der Provinz Limburg berühmt sind.

Die Limburger

Die knapp über eine Million Limburger fühlen sich von allen niederländischen Provinzbewohnern – eingebettet zwischen Deutschland und Belgien – wohl am allerwenigsten zum Königreich der Niederlande gehörig. Das ist kaum verwunderlich, wenn man bedenkt, dass das rechte Maasufer der Provinz Limburg erst durch den Wiener Kongress 1815 dem Königreich der Niederlande hinzugefügt wurde. Während die Provinzhauptstadt Maastricht im Mittelalter in Doppelherrschaft durch den Bischof von Lüttich und den Herzog von Brabant regiert wurde, gehörten die Stadtteile Venlos zu zwei verschiedenen Herzogtümern. In den verschiedenen Regionen Limburgs wurden und werden dadurch unterschiedliche limburgische Dialekte gesprochen, die die Einwohner der restlichen Niederlande kaum verstehen können.

Auch landschaftlich unterscheidet sich Limburg stark von den anderen niederländischen Provinzen und hat als einzige eine Hügellandschaft vorzuweisen mit dem 322,7 m hohen Vaalserberg, welcher den höchsten Punkt der Niederlande darstellt (wenn man die Berge in Karibisch Niederlande einmal außer Acht lässt, von denen Mount Scenery auf Saba mit 887 Metern der höchste ist). Mit der Landschaft geht auch eine andersartige Industrie einher, denn hier befinden sich die einzigen Kohleminen sowie Weinanbaugebiete des Landes. Letzteres passt nur allzu gut zum burgundischen Lebensstil der größtenteils katholisch geprägten Region, in der genau wie in Brabant mit voller Inbrunst Karneval gefeiert wird, was bei den Holländern dagegen nur verwundertes Kopfschütteln hervorruft.

Typisch niederländisch!

Die niederländische Behausung | 138

Gezellig! – Maxime des Zusammenlebens | 151

Fahrradkultur auf zwei oder drei Rädern | 157

Drei Luftküsse und das „Du" – Umgangsformen | 163

Mal kleckern und dann wieder klotzen | 171

Arbeitsleben: informeller Ton und endloses Beraten | 181

Fenster: Aushängeschild für wichtige Ereignisse | 189

Sinterklaas ist anders als Sankt Nikolaus | 195

Alles „oranje" – nicht nur am Nationalfeiertag | 204

„Gesetze gibt es viele, aber …" – ein pragmatisches Rechtsverständnis | 211

„Echt lekker!" – kulinarische Besonderheiten | 218

Käse, Käse und noch einmal Käse | 225

Pro Englisch, anti Französisch und ach, die Belgier! | 227

‹ Die Tulpen werden nach der Blüte geköpft, Handelsware sind die Blumenzwiebeln (007nl Foto: rb)

Denkt man an die Niederlande, denkt man oftmals an Gouda und riesige Stapel von Käserädern, Windmühlen in Reih und Glied, blauäugige Bauern mit Holzschuhen, endlose Tulpenfelder, altmodisch anmutendes blauweißes Porzellan, den süßlichen Cannabisduft um die Coffeeshops herum, freizügige Prostituierte in rotbeleuchteten Schaufenstern von Amsterdam, ganze Karawanen von Wohnwagen auf der Autobahn oder Grachten mit Schiffen und Hausbooten. Das eine oder andere dieser Klischees kommt zwar in den nachfolgenden Kapiteln zur Sprache, aber vorrangig geht es darum, die typisch niederländischen Dinge zu beleuchten, die man nicht so plakativ in Worte fassen kann und welche die niederländische Gesellschaft tiefgreifender kennzeichnen. Angefangen beim „niedlichen Look" der niederländischen Häuser, den man so z. B. in Belgien, Frankreich, Polen oder Deutschland nicht findet und der mit dem Markenzeichen „Holland" durch das Niederländische Büro für Tourismus & Convention vermarktet wird.

Darüber hinaus werden auch bestimmte Verhaltensweisen der Niederländer genauer beschrieben, die in den umliegenden Ländern auch nicht gang und gäbe sind: die drei Luftküsse zur Begrüßung z. B. und die besondere niederländische Art der Verhandlungsführung bzw. Beschlussbildung in Unternehmen. Egal ob Sie als Tourist oder als Arbeitnehmer in den Niederlanden verweilen, in diesem Kapitel erfahren Sie mehr darüber, was hinter den besonderen typisch niederländischen Verhaltensweisen und Traditionen steckt.

Die niederländische Behausung

Mit roten oder gelblichen Klinkersteinen gepflasterte Straßen, rote oder gelbe Backsteinhäuser, teilweise auch weiß gestrichen, dann dunkelgrün, dunkelrot oder dunkelblau lackierte Türen, Tore und Fensterläden, weiß lackierte Fensterrahmen, spitze Giebel, weiße Holzverzierungen auf den Giebeln und an den Regenrinnen, mittelalterliche Staffelgiebel, Reetdächer, rote oder schwarze Dachziegel, grün bemalte Holzfassaden der typischen *Zaanse Huisjes* (in Zaandam nördlich von Amsterdam, auf der anderen Seite des Nordseekanals) ... Egal, ob sie noch aus dem Mittelalter stammen, Anfang des 20. Jahrhunderts erbaut wurden oder ob es sich um Neubauten aus dem 21. Jahrhundert handelt, beim Bau oder Renovieren von niederländischen Häusern werden diese **typischen architektonischen Elemente** mehrheitlich verwendet. Insbesondere im Vergleich zu den Städten im südlichen Nachbarland Belgien fällt auf, dass dieser uniforme niederländische Look kein Zufall sein kann. Im Mittelalter gab es in den gesamten Lage Landen im Prinzip eine einheitliche Palette an Baustilen, die sich später in der Entstehungsgeschichte des heutigen Belgiens ganz anders weiterentwickelt hat, weil Baustile dort nicht auf Stadt- oder Gemeindeebene vorgeschrieben wurden. Während man in Belgien wenig Uniformität der Häuser entdecken kann, bestechen niederländische Wohngebiete durch eine Handvoll wiederkehrender Elemente, die in ihrer Gleichförmigkeit und Symmetrie Ruhe ausstrahlen. Neubausiedlungen, in denen man sich bewusst für andere architektonische Elemente entschieden hat, wirken dagegen zuweilen ganz trostlos.

Grachtenstädte und zunehmende Verstädterung

Typisch niederländisch sind wohl die mittelalterlichen Grachtenstädte, von denen die Hauptstadt **Amsterdam** mit Abstand die bekannteste ist. In dieser bevölkerungsreichsten Stadt der Niederlande wohnten im März 2016 gerade mal 837.155 Einwohner. Diese zwängen sich auf nur 166 km² Landfläche (und teilweise auf weitere 54 km² Wasserfläche, s. S. 145 „Wohnboote“) und bringen es so auf eine **Bevölkerungsdichte** von rund 4888 Einwohnern pro Quadratkilometer. In Köln, der mit knapp über einer Million Einwohner bevölkerungsreichsten Stadt Nordrhein-Westfalens, können sich die Kölner hingegen auf gemütlichen 405 km² ausbreiten und bringen es so auf eine angenehmere Bevölkerungsdichte von 2584 Einwohnern pro Quadratkilometer. Im Stadtkern der typisch niederländischen **Grachtenstädte** herrschen heute im Grunde noch dieselben beengten Wohnverhältnisse wie im Mittelalter, als diese Städte entstanden sind. Insbesondere für deutsche Stadtbewohner ist dies sehr ungewohnt, da die mittelalterliche Bausubstanz in Deutschland während des Zweiten Weltkriegs größtenteils zerstört wurde und man im Grunde vorwiegend Nachkriegsbauweisen kennt. In den Häusern an den Grachten Amsterdams, Middelburgs oder Utrechts zwängt man sich heute im engen Hausflur auf eine steile Treppe, deren Stufen so schmal sind, dass der Fuß eines durchschnittlich großen Erwachsenen darauf nur seitlich abgestellt werden kann, wenn man das Abrutschen vermeiden möchte. Überdies hat man auf den **steil ansteigenden Treppen** das Gefühl, jeden Augenblick wieder rücklings runterzupoltern – ein krasser Gegensatz zur deutschen Treppennorm! Einmal oben angekommen, möchte beispielsweise der Amsterdamer dann nur ungern wieder herunterlaufen, um nachzusehen, wer unten an der Haustür klingelt. Schlauerweise haben die Bewohner dieser Häuser deshalb ihre **eigene Art von „Türspionen“** erfunden: Außen an der Fassade neben einem straßenseitigen Fenster wird ein alter Mopedspiegel o. Ä. montiert, damit so das Geschehen vor der

Haustür beobachtet werden kann, ohne das Fenster öffnen zu müssen. So manch ein Erfindergeist hat im Treppenhaus eine Kordel gespannt, mit der von den oberen Etagen aus das altmodische Schloss der Haustür geöffnet werden kann.

Die steilen und schmalen Treppen sind auch der Grund für die **Haken an den Hausgiebeln** der Grachtenhäuser. Weil man größere Möbelstücke kaum durch das Treppenhaus in die oberen Etagen transportieren kann, werden sie seit jeher über eine Seilwinde außen hinaufgehievt und durch die großen Fenster, die sich in der Regel ganz öffnen lassen, ins Wohnungsinnere befördert. Aus diesem Grund haben die meisten mittelalterlichen Giebel auch ein wenig Schräglage, denn das Mobiliar sollte beim Heraufhieven schließlich nicht gegen die Fassade knallen.

Aber nicht nur in den Grachtenwohnungen herrschen beengte Verhältnisse, sondern auch in den Straßen. Während die Wasserwege im Mittelalter die wichtigsten Zufahrtswege für Waren und Menschen innerhalb der Stadt darstellten, sind sie heute meist nur noch zu Freizeitzwecken in Gebrauch und der gesamte Waren- und Personenverkehr hangelt sich über die schmalen rechts- und linksseitigen Straßen. Und obgleich die Niederlande im Allgemeinen für ihr gutes Netzwerk an Fahrradwegen bekannt sind, findet man diese in den Zentren der Grachtenstädte aus Platzgründen eben auch nicht. Die Straßen sind dort gerade einmal breit genug für einen normalen Lkw und entsprechend bleiben solche Straßen bei einem Umzug oftmals **über mehrere Stunden blockiert,** bis der Umzugswagen komplett ausgeladen ist. In einer geschäftigen Großstadt wie Amsterdam nimmt dies nicht jeder mit der nötigen Geduld hin, ebenso wenig wie das für Außenstehende gefährlich anmutende Gewirr von Fahrradfahrern, Fußgängern, Autos und Straßenbahnen ... es gilt die ungeschriebene Regel, dass Fahrradfahrer und Straßenbahnen (in dieser Reihenfolge) das Sagen haben. Touristen, die kopflos auf die Straße ausweichen, sind Einheimischen grundsätzlich ein großes Ärgernis.

Es grenzt an ein wahres Wunder, dass entlang der Grachten überhaupt noch Platz ist für einen durch Metallpfeiler abgetrennten schmalen Fußgängerweg. Hier sollte man im Übrigen immer seine Augen offenhalten, denn alle paar Meter wird dieser von Treppenstufen zu einer höher liegenden Wohnungstür unterbrochen oder durch schräg ablaufende Luken zum ehemaligen Warenlager im Souterrain auf einen winzig schmalen Grat dezimiert. Autoparkplätze in Wohnungsnähe sind innerhalb des

⊡ Mit dem Fahrrad kommt man in den mittelalterlichen Grachtenstädten, wie hier in Delft, am besten vorwärts

028nl Foto: NBTC

Grachtengürtels reiner Luxus und selbst für Fahrräder gibt es auf der Straße **kaum Abstellmöglichkeiten.** Nicht wenige Grachtenbewohner nehmen sie mit ins Haus, zumal sie deren Diebstahl nicht riskieren möchten (siehe auch das Kapitel „Fahrradkultur auf zwei oder drei Rädern" ab Seite 157). So zwängt man sich beim Betreten einer z.B. Utrechter Grachtenwohnung erst einmal vorbei an dort abgestellten Fahrrädern, bevor man die Treppen hinaufsteigen kann.

Während die niederländischen **Herrenhäuser und Lagerhäuser** in den Grachtenstädten, die man z.B. in Amsterdam an der Herengracht und Keizersgracht oder in Utrecht an De Drift bewundern kann, bereits aus dem 17. Jahrhundert stammen, als die Niederlande ihr Goldenes Zeitalter erlebten, datieren die Altstadtgebäude der betuchten Bevölkerung in deutschen und österreichischen Städten im Regelfall auf das Ende des 19. Jahrhunderts! In den zumeist denkmalgeschützten Grachtenherren- und -lagerhäusern wohnen heute in den seltensten Fällen Familien, sondern in der Regel sind Institute, Stiftungen, Anwaltskanzleien und Firmen dort niedergelassen.

Bereits im Goldenen Zeitalter setzte die **Verstädterung** der Niederlande ein. Es entstanden viele neue Industrien und somit Arbeitsplätze und hier wurden die Waren umgeschlagen. Mit der Geschäftigkeit und der Industrie kamen immer mehr Müll, Luftverschmutzung und eine schlechte Hygiene in den Grachten mit niedrigem Wasserstand. Die reichen Händler aus Amsterdam zog es daher aufs Land, wo sie sich entlang des

Flusses Vecht zwischen Amsterdam und Utrecht prunkvolle *buitenhuizen* (Sommerresidenzen) nach französischem Vorbild mit gigantischen Gärten zum Jagen anlegten. Nur wenige dieser kleinen Lustschlösschen sind heute noch erhalten, Teile der Gebäude wurden ab dem 18. Jahrhundert verkauft, abgerissen und als Baumaterial veräußert oder anders genutzt. Einige wenige sind erhalten geblieben und zeugen von der Dekadenz des 17. Jahrhunderts.

Die niederländischen Städte wuchsen enorm durch die erstarkende Industrie und den Zuzug von Migranten. Während die Reichen die Städte nach Möglichkeit verließen, brauchten die Arbeiter mehr Wohnraum. So kam es z. B. in der ersten Hälfte des 17. Jahrhunderts zu einer deutlichen Erweiterung des Stadtgebiets von Amsterdam, bei der das Arbeiterviertel De Jordaan entstand, das heute bei Touristen und Einheimischen gleichermaßen beliebt ist. Die Vorliebe für **schmale, tiefe Grundstücke** soll dabei auf eine alte Verordnung zurückgehen, nach der die Grundstückssteuer entsprechend der Grundstücksbreite gezahlt werden musste und nicht nach Grundfläche. Zwar gibt es diese Verordnung schon lange nicht mehr, aber wie sich herausstellte, kann man nach einem solchen Grundriss relativ angenehme Zimmergrößen auf einer minimalen Grundfläche planen, weshalb Neubauten im Wesentlichen auch heute noch nach diesem Muster gebaut werden.

Traditionell wohnen die Großeltern oder andere Verwandte in den niederländischen Städten auch nicht im selben Haus wie das *gezin,* womit nur Vater, Mutter und deren Kinder gemeint sind. Andere Mitglieder der *familie,* womit im Niederländischen sowohl die Großeltern, Brüder und Schwestern der Eltern als auch andere Verwandte wie Onkel, Tanten, Nichten, Neffen etc. gemeint sind, wohnen in eigenen Häusern, die nicht unbedingt in der Nähe der Kleinfamilie liegen. Selbst die mittelalterlichen Gebäude waren auch damals **nicht für Großfamilien geeignet** und vermutlich war es durch den wirtschaftlichen Reichtum im Goldenen Zeitalter selbstverständlich geworden, dass man nach der Heirat seinen eigenen Hausstand gründete. Die Gesellschaft war immerhin außerordentlich verstädtert. Für niederländische Bauernhöfe dagegen galt durchaus, dass viele Familienmitglieder mit auf dem Hof wohnten, denn hier brauchte man jede helfende Hand, wenn man keine Fremden anheuern wollte.

Wohnungsbaugesellschaften und Wohlstand

In den Arbeitervierteln im ganzen Land drängten sich viele Menschen auf kleinstem Raum, sodass wegen der schlechten hygienischen Verhältnisse häufig Epidemien ausbrachen. Die Frühsozialisten der Niederlande vertraten Anfang des 19. Jahrhunderts die Ansicht, dass der private Grundbesitz die Wurzel des vorherrschenden sozialen Elends in den Städten war und strebten eine Föderation von gemeinschaftlichem Grundbesitz an. 1852 wurde somit durch eine gemeinnützige Sozietät in Amsterdam die erste **Wohnungsbaugesellschaft** der Niederlande gegründet, um die Lebensverhältnisse der Arbeiter zu verbessern. Bis zur Einführung des sogenannten *woningwet* (Wohnungsgesetzes) im Jahr 1901, das den Abriss von gesundheitsschädlichen Wohnungen regelte und den Bau von passenden Wohnungen förderte, sollten noch rund 40 weitere Wohnungsbaugesellschaften gegründet werden, die den Bau sauberer Wohnungen für Arbeiter vorantrieben (Mitte der 1950er-Jahre gab es schon 700 Wohnungsbaugesellschaften in den Niederlanden). Nach einigen Jahren der Stagnation im Wohnungsbausektor durch hohe Materialpreise und Regierungsmaßnahmen gegen das beständige Hochtreiben der Mietpreise versuchte die Regierung in den 1920er-Jahren, den Wohnungsbau durch die Zahlung von Quadratmeter-Prämien wieder anzukurbeln. Es ging nicht länger nur um Arbeiterwohnungen, sondern auch um den Bau von Wohnungen für die Mittelklasse. Überdies wurden von den Provinzen nun regionale Städtebaupläne mit geregelter Flächennutzung erstellt.

Ähnlich handhabte man es im 19. Jahrhundert auch in anderen europäischen Ländern, in denen man mithilfe gemeinnütziger Gesellschaften preiswerten Wohnraum für die unteren Schichten der Bevölkerung schaffen wollte. So findet man Zechenkolonien oder mit einem bestimmten Arbeitgeber verbundene Werksiedlungen auch in Deutschland, Belgien, England etc. Die architektonische Besonderheit der niederländischen **Arbeiterwohnungen** besteht darin, dass die Bauweise sich an den erprobten architektonischen Elementen des Goldenen Zeitalters orientiert. Dabei spielt die *welstandscommissie* (Wohlstandskommission) der jeweiligen Gemeinde eine große Rolle. Sie überprüft bis heute die **architektonische Qualität** für jede äußerliche Veränderung an bestehenden Gebäuden und jeden Neubau in den Niederlanden, wobei für jeden Stadtteil bzw. jedes Stadtviertel in der *welstandsnota* alljährlich die Kriterien festgelegt werden, denen bauliche Veränderungen genügen müssen. Diesem Prüfungsverfahren ist die regionale Gleichförmigkeit in den architektonischen Stilelementen zu verdanken, die den Niederlanden den typischen „niedlichen Look" verleiht, von dem nicht nur die Touristen, sondern auch die Bewohner profitieren.

Insbesondere aus den Zeiten der Versäulung haben die traditionellen Wohnungsbaugesellschaften gelernt, welche negativen Effekte reine Arbeitersiedlungen haben können, wenn diese z. B. durch Massenarbeitslosigkeit zu sozialen Brennpunkten werden. Aus diesem Grund werden bei der Modernisierung von durch Wohnungsbaugesellschaften errichteten Siedlungen älteren Datums die Gebäude oftmals nicht im eigentlichen Sinne saniert, sondern die **gesamte Siedlung wird abgerissen** und auf dem Zeichenbrett vollkommen neu konzipiert, wobei man dann eine Mischung von Eigentumswohnungen und Mietwohnungen vorzieht. Sind diese **in gemischte Stadtviertel** eingebettet, in denen Reiche, Mittelständler und Geringverdiener in unmittelbarer Nähe voneinander wohnen, spricht diese Form des Zusammenlebens die Egalitätsbestrebungen der Niederländer an. Auch wenn man keineswegs behaupten kann, dass die gesellschaftlichen Schichten sich privat vermischen, sind sie durch das gemischte Wohnkonzept im öffentlichen Raum weniger voneinander abgegrenzt, was als positiv empfunden wird.

Der Wohnungsmarkt

Ausländische Arbeitnehmer, die in die Niederlande kommen, sind immer wieder überrascht, dass es nur einen **sehr kleinen freien Wohnungsmarkt** gibt, auf dem private Wohnungen zur Miete angeboten werden. Rund 90 % der Mietwohnungen sind fest in der Hand der Wohnungsbaugesellschaften, bei denen man sowohl ein Haus privat kaufen als auch die begehrten preiswerteren Wohnungen anmieten kann. Für Letztere gibt es jedoch **ellenlange Wartelisten.** Die durchschnittliche Wartezeit für eine solche „Sozialwohnung" lag 2016 bei drei Jahren für eine Wohnung rund um Den Haag bis zu neun Jahren in der Region Amsterdam. Nur wenn man durch extreme Umstände wirklich auf der Straße landen würde, wird man auf die Eilliste gesetzt und sollte binnen sechs Monaten ein Dach über dem Kopf haben. Die Wahl hat man dann aber nicht. Mit etwas Glück bekommt man z. B. ein paar bezahlbare Wohnungen ab ca. 500 Euro und Reihenhäuser ab ca. 700 Euro monatlich angeboten, während sich auf dem privaten Wohnungsmarkt nichts unter 700 Euro für eine Wohnung und 1200 Euro monatlich für ein Reihenhaus findet, die dann typischerweise auch noch schlecht instand gehalten sind. So erklärt sich, warum viele Niederländer im grenznahen Bereich nach Deutschland oder Belgien umziehen, auch wenn sie weiterhin ihrer Arbeit und ihrem Privatleben in den Niederlanden nachgehen.

Studenten wohnen in den Niederlanden im Übrigen meistens in **Wohn- oder Hausgemeinschaften,** nur wenige haben ein eigenständiges Studen-

⊡ Bis heute gehören Hausboote zum Stadtbild vieler Grachtenstädte wie hier in Amsterdam

tenapartment, denn die sind teuer. Ein Zimmer (nicht einmal eine Wohnung!) in Amsterdam bekommt man auf dem freien Wohnungsmarkt für etwa 450 bis 650 Euro monatlich! Das Zusammenleben mit anderen Studenten hat natürlich den Vorteil, dass man nicht alleine ist und es schult mit Sicherheit die soziale Kompetenz.

Das Leben in einem Land, das zu 18,41 % aus Wasser besteht, hat ganz besondere Wohnformen hervorgebracht. In Amsterdam besteht z. B. ein knappes Viertel der Stadtfläche aus Wasser. Als Folge der Wohnungsknappheit nach dem Zweiten Weltkrieg gingen **Wohnboote** auf den Grachten vor Anker, die man nicht länger für den Warentransport benötigte, u. a. in Amsterdam, Rotterdam, Leiden und Den Haag. Heute versuchen die Gemeinden, diese Wohnboote loszuwerden und stellen keine neuen Genehmigungen mehr dafür aus, es soll derzeit noch über 10.000 legale Hausboote im ganzen Land geben, ca. 2200 davon in Amsterdam. Die einst **legalisierte Prostitution** auf den Wohnbooten entlang dem Zandpad an der Vecht und der Hardebollenstraat in Utrecht wurde im Jahre 2013 verboten und die Wohnboote dauerhaft geschlossen, nachdem der Verdacht auf Menschenhandel ausgesprochen wurde.

Noch etwas sieht man in den Niederlanden regelmäßig: Bis in die 1990er-Jahre gab es in den Großstädten viele besetzte Gebäude, sogenannte *kraakpanden* (wörtl. „geknackte Gebäude"). Zur Vermeidung von illegalen **Hausbesetzungen** sowie zum Schutz der leerstehenden Gebäude werden viele nun durch spezialisierte Betriebe verwaltet, die sie mit

029nl Foto: ArTo, Fotolia.com

kurzfristigen Verträgen „ausleihen". Mietverträge im eigentlichen Sinn gibt es dafür nicht, (weil dann das Mietgesetz angewendet werden müsste), sondern Verträge ähnlich der Vermietung von Fahrzeugen. Diese vorübergehend bewohnten Häuser nennt man dann *antikraak woningen* („Anti-Hausbesetzungs-Wohnungen"). Besonders beliebt sind diese Wohnungen bei Studenten, da dafür deutlich niedrigere „Leihgebühren" gezahlt werden müssen als für das Mieten auf dem freien Wohnungsmarkt oder bei den Wohnungsbaugesellschaften. Wenn man sich darauf einlässt, muss man mit einer kurzen Kündigungsfrist rechnen, die je nach Vertrag zwei Wochen bis zu drei Monate betragen kann.

Die dicht besiedelte Randstad und ihr grünes Herz

Beengte Wohnverhältnisse sind in dem dichtbesiedelten, verstädterten Ballungsraum im Dreieck zwischen Utrecht, Amsterdam und Rotterdam vorherrschend. In der sogenannten **Randstad** mit ihren 201 Gemeinden geht eine Stadt in die andere über ohne deutlich erkennbare Orts- oder Gemeindegrenzen. Entsprechend schwingen im Begriff Randstad die Assoziationen „Überbevölkerung" und „soziale Brennpunkte" mit. In modernen niederländischen Städten ohne verzweigtes Grachtensystem und ohne den Status des „lebenden Museums" ist die Bevölkerungsdichte um ein Vielfaches höher als in Amsterdam. So ist z. B. Den Haag mit rund 6300 Einwohnern pro Quadratkilometer die Stadt mit der höchsten Bevölkerungsdichte der Niederlande. Das sind bedeutend mehr Einwohner als selbst in München, der am dichtesten bevölkerten deutschen Stadt, mit 4672 Einwohnern pro Quadratkilometer!

Obwohl sich die Niederlande mit 17 Millionen Einwohnern auf 41.528 km² von der Bodenfläche und der Bevölkerungszahl her mit Nordrhein-Westfalen (17.7 Mio. auf 34.110 km²) vergleichen lassen, gibt es heute in der Randstad weitaus dichter besiedelte Städte als in Nordrhein-Westfalen. Kein Wunder also, dass viele Randstad-Bewohner irgendeinen Familienangehörigen oder Bekannten haben, der nach Kanada, in die USA, nach Australien oder Neuseeland ausgewandert ist. „Randstad" steht trotz allem aber auch für Reichtum, kulturelle Vielfalt, Arbeitsplätze, Infrastruktur, kurzum für das **ökonomische und kulturelle Herz** der Niederlande – zumindest aus der Sicht der Menschen, die dort wohnen, und das ist immerhin fast die Hälfte der niederländischen Bevölkerung.

Von den Bewohnern aus den Provinzen Zeeland, Friesland, Groningen, Gelderland, Overijssel, Drenthe, Flevoland, Noord-Brabant und Limburg, **pendeln** viele notgedrungen zu ihrem Arbeitsplatz in der Randstad. Täglich anderthalb bis zwei Auto- oder Zugstunden von Eindhoven zur Arbeit in Den Haag oder von Maastricht nach Utrecht zu fahren, ist keine Seltenheit. Aber in die Randstad mit ihren beengten Wohnverhältnissen umzuziehen, ist insbesondere für junge Eltern und Alteingesessene unter ihnen keine Option, lieber erfreuen sie sich nach Feierabend an ihrem Reihen- oder gar freistehenden Haus in einer weitaus grüneren Region.

Die Städte der Randstad sind angeordnet wie ein Ring um das sogenannte **Groen Hart** (grünes Herz), das *Albert Plesman,* der Gründer der niederländischen Fluggesellschaft KLM, bei einem Flug über die Provinzen Zuid-Holland, Noord-Holland und Utrecht aus der Luft erspähte. Er hatte damals auch den Begriff „Randstad" geprägt, wie er die kranzartig um das Ackerland herum angeordneten Siedlungsgebiete in der Region nannte.

Dennoch bestehen in der Randstad nur fünf Prozent der Fläche aus Waldgebiet, im Gegensatz zu elf Prozent im Rest der Niederlande. In den Randstad-Provinzen werden 21,5 % der Fläche durch Bebauung und Infrastruktur vereinnahmt (im Rest der Niederlande sind es zwölf Prozent), rund zwei Drittel der Bodenfläche werden sowohl in der Randstad als auch im Rest des Landes für agrarische Zwecke genutzt. So erklärt sich, warum man beim Durchqueren der Randstad doch auf recht viel Grün trifft. Gewohnt wird hier auf kleinstem Raum über- und nebeneinander.

Besonderheiten in Haus und Wohnung

Übrigens hält man die Fläche zum Wohnen, Arbeiten und zur infrastrukturellen Nutzung in den niederländischen Städten absichtlich so gering wie möglich und setzt sich für den Erhalt bzw. das Erschaffen großer Naturgebiete ein. Durch die Knappheit der Bebauungsflächen liegt der **Grundstückspreis** weit über dem deutschen Durchschnitt. Während vor allem viele ältere oder alleinstehende Niederländer in Apartments wohnen, leben junge Familien mit Kindern abseits der Zentren der großen Städte zumeist in Reihenhäusern oder einem *twee-onder-een-kap* (Zweifamilienhaus). Es wird jedoch durchschnittlich weniger Grundstücksfläche gebraucht als z. B. für ein deutsches oder ein österreichisches Reihenhaus.

Wie man bei einem Spaziergang durch die Wohnviertel in kleineren Städten wie Maastricht, s'Hertogenbosch oder Deventer erkennen kann, sind die Grundstücke der typischen *doorzonwoning* (wörtlich „Durch-Sonnen-Wohnung") an der schmaleren Straßen- und der Gartenseite rund sechs Meter breit, durchschnittlich 3,5 Meter entfallen auf die Breite des Wohnzimmers. Die Wohnungstiefe ist mit der Zeit von 7 auf 8,5 Meter angestiegen, immer noch nur so tief, dass das Tageslicht von den beiden großen Fenstern an der Vorderseite und an der Gartenseite den Wohnraum ausreichend erhellt (man kann i. d. R. einmal komplett durchgucken,

Ikonen niederländischer Architektur: Kirchen und Windmühlen

Obwohl es in vielen Ländern Windmühlen gibt, assoziiert man sie oft mit den Niederlanden. Entgegen der landläufigen Auffassung sind nur die wenigsten von ihnen Getreidemühlen. Die meisten waren oder sind sogenannte Poldermühlen, die das Wasser mithilfe von Windkraft von einer niedrigen auf eine höhere Lage hinaufpumpen, um so ganze Landstriche trockenzulegen. Im 19. und 20. Jahrhundert wurden die Poldermühlen durch mit Diesel und später elektrisch betriebene Schöpfwerke ersetzt. Beliebt waren auch die Sägemühlen im Gebiet Zaanse Schans nördlich von Amsterdam, wo das aus Deutschland und Norwegen importierte Holz für die Schiffsbauindustrie passend zugesägt wurde. Darüber hinaus gab es noch viele andere industrielle Anwendungsgebiete für Windmühlen wie das Feinmahlen von Marmor oder Muschelsand, die Papierherstellung, das Pressen von Öl, das Walzen von Flachs für die Leinenherstellung sowie die Tabak- und Kakaoverarbeitung, die Herstellung von Senf oder die Texilfärberei. Heute gibt es noch immer ca. 1170 traditionelle Windmühlen in den Niederlanden (zu Beginn des 19. Jahrhunderts waren es über 11.000), die manchmal am Wochenende aktiv sind, als Touristenattraktion besucht werden können oder in denen ganz einfach Familien wohnen.

Ins Auge fällt darüber hinaus die Omnipräsenz von Kirchen. Aufgrund der Tatsache, dass man in den Niederlanden schon im Mittelalter keine deutliche Staatsreligion hatte und den Bürgern gestattete, ihrem jeweiligen Glauben nachzugehen, sofern man sich damit im Hintergrund hielt, konnte sich eine große Vielzahl an Glaubensrichtungen etablieren. In der Vereinigten Republik der Sieben Provinzen durften jedoch nur unauffällige Gebetshäuser für die nicht-refomierten Gläubigen errichtet werden. Mit der Gründung des Königreichs der Niederlande knüpfte man zwar an die bis dahin herrschende Duldungspolitik gegenüber anderen Glaubensrichtungen an, aber in der darauf aufbauenden Versäulungspolitik mussten die Gebetshäuser nicht länger unauffällig sein. Im 19. und 20. Jahrhundert wurde eine unglaublich große Anzahl von Kirchengebäuden errichtet, die nie von offizieller Stelle inventarisiert, sondern seit 1988 von dem 2012 verstorbenen Jan Sonneveld privat dokumentiert wurden (heute Ausgangspunkt für ein Studienprojekt der Universität Amsterdam). Der Inventarisierung von

[>] Der Buchladen Waanders In de Broeren wurde respektvoll in die 1465 als Dominikanerkloster erbaute Broerenkerk in Zwolle integriert

046nl Foto: ck

Sonnevelds zufolge wurden zwischen dem Jahr 1200 und 2011 insgesamt 19.000 Kirchen, Klöster, Synagogen, Tempel, Moscheen und andere Gebetshäuser in den Niederlanden errichtet, von denen heute noch ungefähr 7000 bestehen. Der Organisation Kerkbalans zufolge stehen davon ungefähr 4000 unter Denkmalschutz, grob eingeteilt 2275 protestantische, 1675 katholische und rund 50 jüdische. Unter den restlichen 3000 Gebetshäusern, die nicht unter Denkmalschutz stehen, sind über 440 Moscheen. Viele Kirchen wurden bereits abgerissen, weil die Kirchenleitung eine „unpassende" Nutzung fürchtete, aber manchmal sucht man auch gezielt andere „Mieter" für diese Gebäude. Man muss sich also nicht wundern, wenn sich eine Bed and Breakfast Unterkunft oder ein Luxusapartment als ehemaliges Kirchengebäude entpuppt oder das alte Kirchengebäude z. B. eine Trampolinhalle, eine Kindertagesstätte oder einen Buchladen beherbergt.

Extrainfo 13 (s. S. 6): Video der Deutschen Welle über die kreative Nutzung leerstehender Kirchengebäude in den Niederlanden

daher auch der niederländische Name dieser beliebten Reihenhausvariante der Nachkriegszeit). Die Reihenhäuser älteren Datums hatten in der Regel eine gläserne Schiebetür in der Mitte des Hauses, die das Wohnzimmer an der Straßenseite vom Esszimmer sowie dem Küchen- und Badezimmeranbau abtrennte. Bei modern renovierten Häusern wurde diese Zwischentür meist entfernt und das Badezimmer in die erste Etage verlegt.

Es sind gerade diese Reihenhäuser, die ausländischen Besuchern auffallen, weil ihnen die **Gardinen im Wohnzimmer fehlen.** Für waschechte Holländer sind die freien Fenster das Normalste der Welt, schließlich würde sonst viel zu viel Licht geschluckt und man lässt das Tageslicht eben gerne herein. Auch nach Einbruch der Dunkelheit werden die heute durchaus vorhandenen Vorhänge im Wohnzimmer nicht sofort zugezogen. Befragt man die Niederländer nach den Gründen dafür, antworten sie prompt, dass ehrliche Bürger nichts zu verbergen haben. Tatsächlich aber ist es vermutlich eine alte Gewohnheit, ohne Gardinen auszukommen. Stoffe waren im Mittelalter schließlich etwas sehr Kostbares und somit besaßen nur betuchte Bürger schwere Vorhänge zur Dekoration oder um mehr Wärme im Haus zu halten, da das dünne Glas die Räume ganz schön zugig machte. Üblich waren je nach Häuserstil durchaus hölzerne Fensterläden an der Außenseite der Fassade, die man öffnete, sobald es Morgen war. Im Übrigen lässt sich beobachten, dass jüngere Generationen heute viel eher Gardinen oder Jalousien aufhängen, weil man in der individualisierten Gesellschaft mehr Privatsphäre vorzieht. Den Mittelweg gehen viele, indem sie auf Blickhöhe einen ca. 50–60 cm breiten Streifen Sichtschutzfolie aufkleben, die zwar noch immer viel Licht durchlässt, aber nicht durchsichtig ist.

Gewöhnungsbedürftig sind gerade für Deutsche auch die geringeren **Verarbeitungsstandards** in den Niederlanden. Weil niederländische Handwerker in der Regel weitaus teurer sind als deutsche, versuchen sich die Niederländer vielfach selbst an den Renovierungen. Das Ergebnis: Heizungsrohre verlaufen über dem Putz, Lichtschalter sind in einem Raum auf verschiedenen Höhen angebracht, die Elektrik wurde diagonal verlegt, Küchenzeilen nicht mit Silikon abgedichtet, Fliesen ungerade verlegt u.v.m. In den Niederlanden ist die Anzahl der Vorkriegs- oder gar mittelalterlichen Bauten sehr hoch – im Gegensatz zu deutschen Städten – und bei deren Modernisierung muss man die Vorschriften aus der niederländischen Bauordnung für Neubauten nicht anwenden. Gerade bei niederländischen Altbauten wundert man sich zuweilen über die andersartigen Fenster. Kunststoff- oder Aluminiumfenster kommen wenig zum Einsatz, sondern man baut auf die althergebrachten Hartholzfensterrahmen, die man alle paar Jahre neu streichen muss.

Richtet man das Augenmerk auf die Gärten, erwartet man in einem **Gartenbau- und Blumenland,** dass zumindest Hauseigentümer ihre Gärten reich bepflanzen. Aber in den Reihenhaussiedlungen hat längst nicht jeder einen grünen Daumen. Nur allzu gern verwandeln gerade berufstätige Niederländer ihre Gärten vor und hinter dem Haus in eine pflegeleichte „Steinwüste" aus hübschen Pflastersteinen oder auch aus den typisch niederländischen grauen Betonplatten, die dann höchstens mit ein paar Pflanzen in Kübeln dekoriert werden.

Als Letztes sei noch das **Fehlen eines Kellers** in den meisten Häusern erwähnt. In einem Land, in dem ca. 26 % der Landfläche unterhalb des Meeresspiegels liegen, in dem der Vaalserberg in Limburg mit seinen 322,7 m der höchste Punkt ist und darüber hinaus 18,41 % der Fläche aus Wasser bestehen, will man schließlich kein Feuchtbiotop im Untergeschoss riskieren.

Gezellig! – Maxime des Zusammenlebens

Es gibt in den Niederlanden zwei zentrale Begriffe, wenn es darum geht zu beschreiben, wie man eine Situation oder einen Ort empfindet: *gezellig* und *ongezellig*. Oberflächlich betrachtet, kann man diese als Deutscher durchaus als „gesellig" und „ungesellig" verstehen. Die deutschen Entsprechungen verfügen allerdings nicht im Entferntesten über so zahlreiche Anwendungsmöglichkeiten wie die niederländischen Varianten. Das Prädikat *gezellig* gilt in jedem Fall als Auszeichnung, mit seinem Gegenteil wird schneidende Kritik geübt. Eine als *ongezellig* abgestempelte Person, Sache oder Situation verheißt daher nichts Gutes. Ebenso negativ ist ein mit geballter Ironie geäußertes *gezellig?!*

Um eine „Geselligkeit" zu Erreichen, braucht es Harmonie und diese kann es sowohl im kleineren als auch im größeren Kreis nur geben, wenn man jedem Einzelnen genügend Raum gibt und sich selbst nicht allzu wichtig nimmt. Das Zusammenleben auf kleinem Raum erfordert nun einmal sowohl Zusammenarbeit als auch, einander wohlwollend zu dulden, wenn man nicht so ganz auf einer Linie liegt. In jedem Fall sind offene Streitigkeiten zu vermeiden und auch das Pochen auf dem eigenen Standpunkt wird von Niederländern als eher unangenehm empfunden. Es gilt, es *gezellig te houden,* sich also nicht in eine Sache zu verbeißen und dem anderen ein Stück entgegenzukommen. Spannungen sollen in jedem Fall aufgelöst und besprochen werden, bis beide Seiten den Knoten lösen können, sonst bleibt eine *ongezellige sfeer* (schlechte Stimmung) übrig, womit keinem gedient ist.

Geburtstag und andere Partys

Bei **Geburtstagen** z. B. steht das Wörtchen *gezellig* im Mittelpunkt. Zu einer gemütlichen Runde werden in der Regel Freunde, Nachbarn und Verwandte gleichermaßen am frühen Nachmittag zu Kaffee und Kuchen eingeladen. Einer nach dem anderen setzt sich um den Tisch herum oder in eine beliebige kreisförmige Konstellation. So wird es schon ganz lange gehandhabt, aber erst gegen die Jahrtausendwende kam der folgende Gratulationsbrauch hinzu: Fast überall in den Niederlanden gratuliert jetzt jeder neu ankommende Gast nicht nur dem eigentlichen Geburtstagskind mit einem herzlichen *gefeliciteerd,* sondern auch die Partnerin bzw. der Partner, die Kinder, Onkel, Tanten, Eltern und alle anwesenden Freunde werden auf diese Weise beglückwünscht. Bei unbekannten Anwesenden geht das mit einem Handschlag einher, während alle Freunde, Bekannten und Verwandten mit den drei Luftküsschen beglückwünscht und gleichzeitig begrüßt werden. Man nimmt an, dass der Brauch ursprünglich nur die anwesenden Familienmitglieder betraf, weil man den Geburtstag vorwiegend mit der Familie feierte, die als Ganzes mehr im Mittelpunkt stand als das Individuum. Da Freunde heute manchmal sogar wichtiger sind als die Verwandten, werden sie auf diese Weise einfach miteinbezogen.

Da sitzt man dann in der Reihenfolge, wie man hereingekommen ist, balanciert **in größerer Runde** oftmals einen Teller mit einem Stück Geburtstagstorte oder Kuchen auf seinem Schoß (in der Regel gekauft, nicht selbst gebacken, und auch nur ein Stück pro Person!), hat im Fußbereich eine Tasse Kaffee oder Tee stehen und versucht mehr oder weniger verkrampft, einen Beitrag zum allgemeinen Gespräch zu leisten. Jeder bleibt die gesamte Geburtstagsfeier an seinem Platz sitzen, getanzt wird nicht und Stehparties gibt es nur selten. Das nennt der Niederländer dann *gezellig.* Bei nicht-niederländischen Teilnehmern mag das beinahe wie eine sarkastische Bemerkung klingen, aber die Niederländer finden solche Runden tatsächlich überaus schön und gelungen. Im Übrigen bekommt man das Stück Kuchen gleich auf einem Teller angeboten und er steht nicht zur Selbstbedienung bereit. Sollte einem mehr als ein Stück angeboten werden, darf man das ruhig annehmen. In der Regel ist die Zahl der Kuchenstücke jedoch mehr oder weniger abgezählt. In der Regel gehen die Gäste spätestens gegen 17 Uhr wieder nach Hause, damit sie pünktlich gegen 18 Uhr ihr Abendessen daheim einnehmen können. Aber wenn vor allem Verwandte oder alte Freunde von weiter her gekommen sind, bietet der Gastgeber zuweilen einen Umtrunk an (siehe unten).

Auffällig ist auch, dass in der Regel sowohl Freunde, Bekannte, Nachbarn als auch drei bis vier Generationen an Verwandten zu Geburtstagen eingeladen sind. Damit hat man automatisch eine wenig homogene Gruppe von Menschen, die sich gar nicht oder kaum kennt, wodurch es oft zu einer **steifen Atmosphäre** kommt, weil nur wenig Gastgeber begnadete Entertainer sind. Gelobt sei der, der die hohe Kunst des Smalltalks beherrscht. Das einfachste ist, man fängt mit einem Kommentar über das Wetter an und hofft dann darauf, dass das Gegenüber das Stichwort für das nächste Thema liefert. Ausnahmen bestätigen natürlich die Regel und bei Studenten- und Kindergeburtstagen geht alles wiederum etwas lockerer zu.

Arbeitet man in einem niederländischen Unternehmen, kann man gleich noch eine Besonderheit erleben, denn das Geburtstagskind bringt zur Feier des Tages **ausreichend Kuchen für seine Abteilung** mit. Dieser wird dann einfach in der Nähe des Kaffeeautomaten platziert und jeder darf sich bedienen. Kollegen, mit denen man zusammenarbeitet, werden vorbeischauen und dem Jubilar per Handschlag oder Luftküsschen gratulieren (siehe auch das Kapitel „Drei Luftküsse und das ‚Du'– die Umgangsformen" ab Seite 163). Nur äußerst selten sammeln die Kollegen Geld und schenken etwas. Im Übrigen wird das *trakteren* (andere bewirten/beschenken) schon ab dem Babyalter geübt, denn die Eltern laden immerhin schon zur Geburt eines Kindes zu *beschuit met muisjes* (Zwieback mit Zuckeranis, s. S. 190) ein.

Im Kindergarten und in der Grundschule bringt das Geburtstagskind etwas Leckeres oder ein kleines Spielzeug für jedes Kind in der Gruppe mit. Übrigens muss man sich nicht wundern, wenn ein Geburtstag ein paar Tage **vor dem eigentlichen Geburtsdatum** gefeiert wird. Die Geselligkeit steht im Vordergrund und was den Termin zum Feiern angeht, ist man **nicht abergläubisch.** Wenn es den Teilnehmenden nun einmal eine Woche vorher besser passt, dann werden die Feierlichkeiten ganz pragmatisch vorverlegt.

Wird man zu einer **Party** ab 20 Uhr eingeladen, sollte man in jedem Fall schon daheim zu Abend gegessen haben, denn ein Abendessen oder ein Büfett wird es auf der Party nicht geben, auch wenn es sich z. B. um eine Hochzeitsfeier handelt. Einladungen zum Abendessen gibt es in den Niederlanden nur höchst selten und wenn, wird dies explizit ausgesprochen.

Der Umtrunk

Besonders *gezellig* ist auch der **borrel** (Umtrunk). Dafür gibt es unzählige Anlässe, die von langer Hand geplant oder recht spontan organisiert werden. An vielen Arbeitsplätzen finden sie regelmäßig statt, damit sich die Kollegen ganz informell austauschen können. Sie werden auch über-

041nl foto: nh

greifend organisiert, damit verschiedene Netzwerke zum *netwerken* zusammenkommen, wie es auf Neu-Niederländisch heißt. Hier kommen Lösungen für Probleme zustande, entstehen neue Ideen oder wird etwas Neues präsentiert. Vereine, Nachbarschaftskomitees, Gemeindeabteilungen, Schulen – alle machen mit. Und natürlich gibt es den *borrel* auch privat, unter Freunden und Bekannten, zum Geburtstag, zum Abschied oder einfach nur so, weil das Wetter schön ist. Egal was der Anlass ist, in der Regel dauert dieser Umtrunk von 17 bis 19 Uhr, wobei jeder in dem Zeitrahmen kommt und geht, wie er möchte. Der Umtrunk findet im Allgemeinen in einem Café, einer Kneipe, bestimmten Räumlichkeiten in der Firma, im Garten, im Park, auf einem öffentlichen Platz oder im Haus statt. Die vielen Varianten haben neben dem üblichen Zeitrahmen gemeinsam, dass kein Abendessen als solches, sondern lediglich **borrelhapjes** (Häppchen) gereicht werden. Je nach Gastgeber sind das einfache Partysnacks wie Erdnüsse, Chips oder frittierte Snacks oder aufwendigere Häppchen von gefüllten Eiern, herzhaften *petit fours* über belegte kleine krokante Toastscheiben bis hin zu Sushi. Gerade im Arbeitsbereich wird der Umtrunk meistens als Stehparty organisiert, da es ja um den regen informellen Austausch unter Kollegen oder Geschäftspartnern geht, der bei einer sitzenden Runde einfach eingeschränkter wäre.

Die Verabredung auf einen Kaffee

Lernt man Niederländer kennen und ist man sich sympathisch, wird man schon mal salopp zu einer **Tasse Kaffee** eingeladen. Das ist dann nicht unbedingt wörtlich gemeint, denn je nach Tageszeit oder Person, trinken viele Niederländer mehr Tee als Kaffee. In den seltensten Fällen ist gemeint, dass man einfach so mal vorbeischauen soll, sondern eher, dass man sich ein anderes Mal dazu **verabreden** könnte. Eine solche Einladung ist also zunächst nicht so ernst zu nehmen und man sollte einfach abwarten, bis die betreffende Person ein zweites Mal fragt. Wenn man einfach spontan vorbeikäme, wäre es den meisten Niederländern nicht recht. Auf die Frage nach dem geeigneten Zeitpunkt für eine Verabredung zückt der (junge) Niederländer seinen Kalender und nennt ein Datum in relativ ferner Zukunft (gleiches gilt auch für jede andere Verabredung). In den Niederlanden hat so ziemlich jeder einen recht vollen Terminkalender, da die meisten Menschen ein aktives gesellschaftliches Leben führen. Hat man eine Zeit vereinbart, heißt es darauf meistens *„gezellig"*, was dann so viel bedeutet wie, „schön, ich freu mich".

Geht man zum **„Kaffeetrinken"** zu einem Niederländer nach Hause, bringt man lediglich ein kleines Geschenk in Form von Schokolade, Pralinen, Keksen oder Blumen mit. Ein persönliches, eingepacktes Geschenk gibt man nur an Geburtstagen oder wenn man Freunde in einer anderen Stadt besucht, die man länger nicht gesehen hat. Allerdings sollte auch dieses Mitbringsel nicht zu groß ausfallen, denn damit bringt man die Niederländer nicht nur in Verlegenheit, sondern es wirkt auch angeberisch. Hat man z. B. eine Packung Kleingebäck mitgebracht, sollte man nicht erwarten, dass die Gastgeberin diese auch gleich öffnet – unter Umständen hat sie schon genug offene Packungen und möchte keine weitere anbrechen.

Auch wenn man zum Kaffeetrinken eingeladen wurde, fragt der Niederländer, was man trinken möchte: Kaffee, Tee oder *fris?* Mit Letzterem ist alles von Wasser über Saft bis Limonade oder Eistee gemeint. Wenn man *„iets fris"* antwortet, wird der Gastgeber die genauen Wahlmöglichkeiten nennen. Entscheidet man sich für Wasser, bekommt man meistens Leitungswasser angeboten. Die Wasserqualität ist gemeinhin sehr gut und man spart sich das Schleppen von Wasserflaschen (Kisten gibt es ohnehin nicht, sondern höchstens Sechserpacks mit PET-Flaschen). In seltenen Fällen hat der niederländische Gastgeber auch Mineralwasser mit Kohlen-

◁ Anlässe, um gemütlich beim „borrel" zusammenzusitzen, finden sich immer …

säure im Angebot. Anschließend bekommt man das gewünschte Getränk vorgesetzt und es wird die berühmt-berüchtigte Kekstrommel oder ein Tellerchen Kekse auf den Tisch gestellt. Bei jüngeren Niederländern darf man davon durchaus zwei bis vier Stück nehmen, aber bei den älteren Generationen sollte man sich auf ein einziges Stück Gebäck beschränken. Alles andere gilt eher als unhöflich und lässt den Gast so richtig hungrig erscheinen.

Es ist Zeit, zu gehen

Verläuft der Nachmittag *gezellig,* merkt man unter Umständen nicht, wie schnell die Zeit verstreicht. Verkündet der Niederländer dann auf einmal: **„Wir essen gleich“,** gibt er damit das Signal zum Aufbruch. Man sollte dann so etwas murmeln wie: „Oh, schon so spät – ich muss jetzt auch schnell kochen gehen“ und sofort zum Verabschieden übergehen. Man bewegt sich bereits nahe der Grenze zur Unhöflichkeit. Besser man merkt sich, dass die meisten Holländer gegen 18 Uhr zu Abend essen und ihre Kaffee trinkenden Gäste vorzugsweise gegen 17 Uhr los sein möchten, damit sie Zeit haben, noch schnell eventuell fehlende Zutaten einzukaufen und sich dem Zubereiten oder Fertigstellen einer Mahlzeit zu widmen. Gleiches gilt im Übrigen auch, wenn man sich für einen Kaffee am Vormittag verabredet. Spätestens gegen 11.30 Uhr sollte man wieder gehen, damit der Niederländer in Ruhe sein Mittagessen um 12 Uhr einnehmen kann. Zum Abschied sagt man einander *„gezellig“* („Es war schön“) und dann noch etwas im Sinne von „Das müssen wir bald wieder machen“.

Gute Nachbarschaft

Berührungsängste haben Niederländer eher selten, sie sind das enge Zusammenleben gewohnt. Man schätzt seine **Nachbarn** und die Redensart: *„Beter een goede buur, dan een verre vriend* („Besser ein guter Nachbar als ein entfernter Bekannter“). Diese drückt pointiert aus, dass man in Zeiten der Not oder wenn man Hilfe braucht auf gute Nachbarn eher zählen kann als auf Freunde, die nicht um die Ecke wohnen. Man braucht sie zum Annehmen von Päckchen, Füttern von Haustieren oder Blumengießen etc., wenn man selbst nicht zu Hause ist. Das Private wird meistens nicht in die nachbarschaftliche Beziehung einbezogen, aber man grüßt sich, hilft einander aus, wenn man gebeten wird, und versucht, auf einander Rücksicht zu nehmen. Wenn man dann einmal zum Kaffee bei den Nachbarn eingeladen wird, ist das auch nur *gezellig,* aber Pflicht sind solche persönlichen Begegnungen nicht.

Das **buurthuis** (Begegnungsstätte im Stadtviertel) ist im Grunde eine Verlängerung des nachbarschaftlichen Gedankens und bringt die Bewohner eines Stadtteils zusammen. Hier werden *buurtborrels* (Nachbarschaftsumtrunke), Stadtviertelfeste, Sportveranstaltungen, Jugendarbeit, Strick-, Mal- und Nähkurse, Büchertauschbörsen, *Repair Cafés* u.v.m. organisiert, um Jung und Alt zusammenzubringen. Die ehrenamtlichen Mitglieder beugen sich auch über geplante Veränderungen der Straßenführung in ihrem Stadtviertel, neue Straßenlaternen, Veränderungen der Spielplätze oder der Flächennutzung (beispielsweise im Falle von nicht genutzten Gebäuden) oder halten den Kontakt zur Polizei, wenn es um die Meldung von Verkehrsvergehen oder Einbruchsdelikten geht. In vielen Stadtvierteln werden Kommunikationsplattformen online genutzt, um auf verdächtige Vorfälle in der Nachbarschaft aufmerksam zu machen. Entstanden sind die *buurthuizen* gegen Ende des 19. Jahrhunderts nach englischem Vorbild und dienten ursprünglich der kulturellen Bildung der Arbeiterbevölkerung in Form von positiven Freizeitangeboten. Im 21. Jahrhundert wurden zwar viele dieser Begegnungsstätten wegen fehlender finanzieller Mittel geschlossen, aber die besonders aktiven unter ihnen haben die finanzielle Krise überstanden und halten sich mithilfe von Gemeindesubventionen und privaten Spenden über Wasser. Sowohl die Gemeinde als auch die Stadtteilbewohner schätzen die vielen Aufgaben der Begegnungsstätten, die auch der Anonymisierung in der säkularisierten Gesellschaft entgegenwirken und das Wirgefühl stärken, das man früher vor allem in religiösen Gemeinschaften finden konnte.

Fahrradkultur auf zwei oder drei Rädern

Die Niederländer lieben technische Errungenschaften, bei denen sich alles dreht. Im frühen Mittelalter drehten sich die Windmühlen und heute drehen sich die Räder der Zwei- und Dreiräder. Mit seinen **18 Millionen Fahrrädern** ist es das einzige Land der Welt, in dem es mehr Fahrräder als Einwohner gibt! Man kann es in der Tat kaum übersehen: Vor allem in den Stadtzentren oder in Bahnhofsnähe staunt manch ein Besucher der Niederlande über die enorme Anzahl an Fahrrädern, die dort abgestellt wurden. Sie passen meistens nicht einmal mehr in die vorhandenen Ständer, oder waren die Eigentümer zu faul, nach einem freien Platz zu suchen?

Der erste Eindruck von einem solchen Fahrradhaufen ist auch alles andere als bunt. Die vorherrschende Farbe ist Schwarz, entweder ganz ohne Gangschaltung oder höchstens mit drei Gängen, Rücktritt- oder der guten, alten Trommelbremse ausgestattet. Damit ähneln die nieder-

043nl Foto: eg

ländischen Städte denen Chinas, wo es mit 450 Millionen Fahrrädern die meisten auf der Welt gibt. Während die hohe Zahl in China wohl eher auf das planwirtschaftliche Angebot zurückzuführen ist, wird das - auch als **Omafiets** bekannte - Zweirad in den Niederlanden durch eine Vielzahl von Herstellern marktwirtschaftlich produziert (und teilweise in China gefertigt). Der größte und bekannteste niederländische Hersteller ist wohl die Firma Gazelle, aber auch Batavus, Sparta und Union gehören zu den sogenannten A-Marken, die man steuervergünstigt kaufen kann (siehe rechts). Gazelle begann 1892 mit dem Import von Fahrrädern aus England und 1902 mit der eigenen Produktion. Heute stellt sie jährlich ca. 300.000 Fahrräder her.

Insbesondere am Bahnhof hat man das Gefühl, die Niederländer seien alle noch auf „Vorkriegsfahrrädern" unterwegs. Der Grund dafür ist einfach: Wer am Bahnhof oder abends in der Kneipengegend parken muss, nimmt am liebsten ein altes Rad. Wenn dieses gestohlen wird, ist es zumindest finanziell nicht so schmerzhaft. Stumme Zeugen für diese **Fahrraddiebstähle** kann man in jeder niederländischen Großstadt entdecken: ein einsam an den Laternenpfahl gekettetes Vorderrad oder der „nackte" Rahmen am Brückengeländer, ganz ohne Sattel oder Räder. Was nicht

An den zentralen Stellen in der Innenstadt gibt es nie genug Stellplätze

niet- und nagelfest und überdies leicht wegzutragen ist, wird mitgenommen. Viele der in Grachtenstädten gestohlenen Fahrräder landen nach einem „Ritt“ von A nach B in den Grachten. Dieser Metallschrott wird regelmäßig mit Baggerschiffen wieder herausgeschaufelt, um die nötige Fahrwassertiefe zu erhalten. Allein aus dem Fluss Amstel in Amsterdam werden jährlich rund 15.000 Fahrräder herausgefischt. Mindestens jeder zweite Niederländer hat irgendeine Geschichte zu einem Fahrraddiebstahl parat, schließlich werden durchschnittlich pro Tag 311 Fahrräder als gestohlen gemeldet (und längst nicht alle werden überhaupt zur Anzeige gebracht). Damit führen Fahrraddiebstähle die Diebstahlstatistiken in den Niederlanden an.

Besucht man Niederländer in ihren Stadtwohnungen, muss man sich oftmals gleich hinter der Haustür an Fahrrädern vorbei durch den Hausflur zwängen – wer nicht über einen eigenen Schuppen verfügt, bringt dort seinen wertvollen fahrbaren Untersatz in Sicherheit. Im **Schuppen** dagegen findet man meist mehr Fahrräder als es Personen im Haus gibt. Laut einem Bericht der Landelijk Fietsplatform von 2013 kommt man in den Niederlanden durchschnittlich auf eine Quote von 1,1 Fahrrädern pro Einwohner. Ein altes Fahrrad hat man für die oben beschriebenen Kurztrips zum Bahnhof oder zum Ausgehen am Abend. Geht man einkaufen, besucht Freunde oder macht einen Ausflug, kommt eher das luxuriöse „Stadtfahrrad“ mit Satteltaschen zum Einsatz, das zum Schutz gegen Diebstahl mit zwei bis drei Schlössern gesichert wird. Wochenend- und Ferienausflüge auf den über 30.000 beschilderten Fahrradrouten in den Niederlanden absolviert man schließlich nicht auf dem alten Stadtdrahtesel. Darüber hinaus besitzt manch einer zusätzlich ein Rennrad oder Mountainbike für den Radsport nach Feierabend oder am Wochenende.

Die hohe Anzahl privater Fahrräder hat auch mit dem **Nationaal Fietsplan** (Nationaler Fahrradplan) zu tun, der Arbeitnehmern seit 1995 ermöglicht, unter bestimmten Bedingungen alle drei Jahre ein neues „Dienstfahrrad“ einer der A-Marken unversteuert unter Abzug vom Bruttolohn anzuschaffen (Steuervorteil von bis zu 52 %). Die Anschaffung und Nutzung des Fahrrades werden staatlich gefördert, da damit einerseits das Stauaufkommen und die Straßenbaukosten reduziert werden (der Unterhalt von Fahrradwegen ist weitaus preiswerter als der von Straßen) und andererseits ein positiver Beitrag zur Volksgesundheit geleistet wird.

Im Jahre 1965 entstand in Amsterdam auch die Idee der **witte fietsen** (weiße Fahrräder), die zur kostenlosen Nutzung in der Stadt zur Verfügung gestellt werden sollten. Damit man sie deutlich von anderen Fahrrädern unterscheiden kann, sollten sie weiß sein. Das Projekt war zunächst nicht erfolgreich und trotz aller Versuche, die man viele Jahre später in

Extrainfo 14 (s. S. 6): Ein Streetfilms-Video zur Geschichte der Pro-Fahrrad-Bewegung am Beispiel von Amsterdam

Amsterdam durchführte, wurden immer noch zu viele Räder gestohlen. Erst 2006 erwies sich das System in angepasster Form und in Zusammenarbeit mit dem **OV-Fiets,** den Mietfahrrädern am Bahnhof, als praktikabel. Die ursprüngliche Idee der weißen Fahrräder wurde aber bereits 1974 im Nationalpark Hoge Veluwe umgesetzt, in dem mittlerweile rund 1800 Fahrräder zur kostenlosen Nutzung zur Verfügung stehen.

In den Niederlanden wird das Fahrradfahren **von Kindesbeinen an** gefördert. Viele der Kleinen fangen auf dem Laufrad an, zum *peuterspeelzaal* (Spielgruppen) zu fahren, dann radeln sie Seite an Seite mit den Eltern zum Kindergarten und schließlich zur Grundschule, jeweils mit einem altersgerechten Fahrrad. Einen Helm tragen die niederländischen Kinder oder Eltern dabei nur im Einzelfall, auch wenn die Transportformen manchmal geradezu akrobatisch sind: Da sieht man Kinder hinter den Eltern auf dem Gepäckträger stehen, in einer Plastikkiste eines sogenannten Bäckerfahrrades vor dem Lenker sitzen oder auch mal seitlich auf der Querstange zwischen Papa und Lenker. Die Niederländer führen in der EU die Statistik der Verkehrstoten infolge eines Fahrradunfalls an, aber in Relation zu der enorm hohen Zahl an Fahrrad fahrender Bevölkerung ist die tatsächliche Ziffer von 130–200 tödlich endenden Fahrradunfällen zwischen z. B. 2001 und 2012 trotzdem als gering einzuschätzen. In Nordrhein-Westfalen, dem Bundesland mit in etwa der gleichen Bevölkerungszahl wie in den gesamten Niederlanden, gab es zwischen 2010 und 2014 durchschnittlich 68 Verkehrstote als Folge von Fahrradunfällen pro Jahr, aber es wird in NRW auch bedeutend weniger Fahrrad gefahren. Gravierende Unfälle passieren in den Niederlanden im Verhältnis zur Zahl der Fahrradfahrer letztendlich selten, sodass Eltern den Kindern und sich selbst die oben beschriebenen Freiheiten beim Fahrradfahren einfach lassen.

So manch ein Kind hat bis zum Ende seiner Grundschulzeit schon sechs Fahrradgrößen durch, bevor es mit 26 oder 28 Zoll bei einer Größe für Erwachsene angekommen ist und das Rad länger fahren kann. In *groep 7*, was unserem 5. Schuljahr entspricht, absolvieren alle Kinder in den Niederlanden ein schriftliches Fahrradexamen in der Schule mit einem praktischen Teil in der Umgebung der Schule. Von da an dürfen sie ganz offiziell auch allein auf dem Fahrrad zur Schule kommen und nach Hause radeln. Eine gute Übung für den Besuch der weiterführenden Schule

[>] Stabil, vielseitig einsetzbar und besonders bei Eltern von kleinen Kindern äußerst populär: das „bakfiets"

008nl Foto: eg

ab *groep 9* (7. Schuljahr), die oftmals weiter von zu Hause entfernt liegt. Schulbusse gibt es in den Niederlanden gar nicht und auch Linienbusse werden wenig genutzt, da man meistens per Fahrrad schneller ist.

Für längere Distanzen werden Fahrräder mit **Elektrounterstützung** immer populärer, wodurch die Nutzer muskelschonend mit einem einzigen Fußtritt schwungvoll an einem vorbeisurren. Da die E-Bikes mitunter sehr teuer sind, findet man sie vor allem bei der älteren, gutsituierten Mittelschicht, die sie bevorzugt über den Nationaal Fietsplan anschaffen. Sie sind die luxuriöseren, umweltfreundlicheren Nachfolger des sogenannten *snorfiets* (Moped), mit dem man nicht schneller als 25 km/h fahren darf. Während man für das *snorfiets* u. a. einen Mofaführerschein und eine Zulassung benötigt, darf jeder ein E-Bike nutzen, solange dieses unter 25 km/h fährt. Allerdings gibt es mittlerweile auch schon *high speed* E-Bikes (elektrische Hochgeschwindigkeitsfahrräder), die bis zu 45 km/h fahren und für die man alle Bedingungen, die auch für das *bromfiets* (Mofa) gelten, einhalten muss. Auch das Tragen eines Helms gehört dazu.

Wie die Chinesen nutzen die Niederländer das Fahrrad auch gern als Transportmittel und haben zu diesem Zweck spezielle Varianten entwickelt. Das alte *bakkersfiets* (Bäckerfahrrad) mit der vor dem Lenkrad fest montierten rechteckigen Kiste erlebt gerade seine Renaissance. Da passen Handtasche, Rucksack oder Aktentasche und auch mal ein kleines Kind hinein, wenn eines spontan zusätzlich transportiert werden muss.

Auch das **bakfiets** (Kisten-Fahrrad), so benannt nach der Kiste auf den zwei Vorderrädern vor dem Lenkrad ist wieder populär – eine Variante, die in den 1930er-Jahren als Transportmittel von Gemüsehändlern, Bäckern, Metzgern, Milchmännern, Malermeistern etc. genutzt wurde, bis in den 1950er-Jahren das Transportauto bezahlbar wurde. Die alte dreirädrige Variante wird heute nur noch von einem Produzenten in den Niederlanden hergestellt, diente aber als Modell für die dänische Erfindung eines Kindertransportfahrrads, mit dem man problemlos vier bis sechs Kleinkinder transportieren kann. Verschiedene niederländische Hersteller zogen nach und entwickelten platzsparende Varianten auf zwei Rädern für den Transport von ein bis drei Kleinkindern. Hier befindet sich die Sitzfläche zwischen dem Lenkrad und dem Vorderrad. Die bekanntesten Marken sind heute die Amsterdamer Firmen Bakfiets.nl und Fietsfabriek, die damit den „SUV unter den Fahrrädern" erschufen, wie die niederländische Zeitung „De Volkskrant" sie in einem Artikel 2008 bezeichnete. Ähnlich wie bei den alten Transportfahrrädern befindet sich die Vorderachse mit den zwei Rädern unterhalb der Kiste mit den Sitzflächen. Die Erfolgsstory dieser **Transportfahrräder** sorgte für viele Nachahmer, auch Billigbaupakete aus China überschwemmen den niederländischen Markt – allen Patentstreitigkeiten zum Trotz. Der Markt wächst weiter und es gibt immer mehr Hersteller von immer auffälliger gestylten zwei- oder dreirädrigen *bakfietsen,* sowohl aus Dänemark als auch aus den Niederlanden.

Warum lieben die Niederländer das Fahrrad so sehr, dass sie es **täglich einsetzen** auf kürzeren Distanzen bis zu 7,5 km? Das hat sowohl praktische als auch finanzielle Gründe, wie man bei Schlechtwetter ablesen kann. Denn nicht einmal durch einen Regenschauer wird auf die Nutzung des Fahrrades verzichtet. Das bisschen Nass wiegt weniger schwer, als mit dem Auto im Berufsverkehr stecken zu bleiben, sich einen Parkplatz erkämpfen zu müssen, dann noch zu Fuß im Regen laufen zu müssen, weil in unmittelbarer Nähe zum Arbeitsplatz oder vor dem Geschäft kein Parkplatz zu ergattern ist. Zudem kostet das Abstellen des vierrädrigen Fahrzeugs in der City meist hohe Parkgebühren. Dieses Geld gibt man lieber für etwas anderes aus. Und wenn man abends ausgeht, muss man sich weitaus weniger Sorgen um die Promillegrenze machen, denn „Trunkenheit am Lenker" wird in der Regel nicht kontrolliert (obwohl de facto

Extrainfo 15 (s. S. 6): von BicycleDutch bereitgestelltes Video mit Straßenszenen zur typischen Nutzung des „bakfiets" in den Niederlanden

die gleiche Grenze von 0,5 Promille gilt wie beim Autofahren). Wer sich nicht in unansehnliche, teure Regenschutzkleidung zwängen will, schützt sich ganz klassisch, einhändig fahrend, mit einem Schirm vor heftigeren Regenschauern.

Einhändig wird im Übrigen viel gefahren, weil man so beim Radeln telefonieren, rauchen oder Einkaufstaschen festhalten kann oder, oder .... Über Sicherheit macht man sich wenig Sorgen. Auch **Verkehrsregeln** scheint man insbesondere in den größeren Städten wenig Beachtung zu schenken, denn es ist dort eher die Regel als die Ausnahme, dass Fahrradfahrer trotz roter Fahrradampel schnell über die Kreuzung sausen, wenn sie der Meinung sind, dass es noch passt. Viele Autofahrer verhalten sich je nach Region auch nicht besser. Vorsicht auf der Straße ist also stets geboten!

Drei Luftküsse und das „Du" – Umgangsformen

Begrüßung und Abschied

Aller guten Dinge sind drei: So scheint das Motto bei der Begrüßung und Verabschiedung von niederländischen Familienmitgliedern und Freunden zu lauten, die sich nicht tagtäglich sehen. Sie geben sich **drei Luftküsse auf die Wange,** wenn sie einander daheim besuchen, sich irgendwo verabredet haben, sich zufällig auf der Straße treffen oder einander länger nicht gesehen haben. Bei alltäglichen Begrüßungen, z. B. auf dem Schulhof beim Wegbringen der Kinder, wird nicht geküsst. Trifft man sich abends in einer Bar, werden zur Begrüßung sehr wohl Küsschen ausgetauscht. Auch bei Feierlichkeiten wie bei einer Hochzeit, an Weihnachten, zum Neujahrstag oder bei einer Geburtstagsfeier begrüßt man sich so. In der Regel ist die Kussreihenfolge links, rechts, links, wie beim Überqueren der Straße (von sich selbst aus betrachtet). Dabei wird normalerweise nicht richtig geküsst, aber die Wangen berühren sich leicht und man macht dabei ein deutlich zu vernehmendes Schmatzgeräusch. Im Übrigen küssen Männer einander insgesamt eher selten. Handelt es sich jedoch um männliche Familienmitglieder, wobei der eine dem anderen gratuliert, oder haben sich zwei Männer lange nicht mehr gesehen, dann wird auch unter Männern oft geküsst. Auch schwule Männer wählen immer häufiger die Drei-Luftküsse-Variante als Begrüßungs- und Verabschiedungsritual. Hat ein Arbeitskollege Geburtstag, mit dem man unmittelbar zusammenarbeitet, gibt es auch Luftküsschen (nur Männer untereinander nicht, sie geben dem Geburtstagskind die Hand).

Wird man im privaten oder geschäftlichen Kreis einer bislang unbekannten Person vorgestellt, gibt man sich **die rechte Hand zur Begrüßung.** Handelt es sich um große Gruppen, kann man die Begrüßung oder den Abschiedsgruß auch schon mal auf ein **Kopfnicken** beschränken, aber bei kleineren Gruppen, sollte man jeden per Handschlag begrüßen. Das Kopfnicken ist auch akzeptabel, wenn man z. B. eine Bekannte oder Freundin irgendwo trifft, es aber störend wäre, sie persönlich zu begrüßen, weil man selbst gerade mit einem Geschäftspartner beim Mittagessen ist.

Hat man sich beim ersten Treffen gut verstanden, wird **beim Abschied** der Handschlag zwischen Mann und Frau häufig schon gepaart mit den drei wechselseitigen Luftküssen auf die Wangen, während zwischen zwei Frauen meist gleich zu Luftküsschen ohne Handschlag übergegangen wird. Bei jeder weiteren Begegnung mit derselben Person in informeller, freundschaftlicher Atmosphäre geht man überhaupt ab der zweiten Begegnung zur Luftküsschen-Variante über. Im geschäftlichen Bereich jedoch bleibt es auch bei nachfolgenden Begegnungen in der Regel beim Händedruck. Wenn das Wiedersehen jedoch einen informelleren Charakter bekommt, wie z. B. auch bei Begegnungen der deutschen Kanzlerin *Angela Merkel* mit dem niederländischen Ministerpräsidenten *Mark Rutte,* kann es auch hier zur Luftküsschen-Variante kommen.

Wenn Männer sich besser kennen, begrüßen sie sich im Übrigen persönlicher, indem sie sich z. B. mit rechts die Hand geben, während sie ihre Linke auf die gegenüberliegende Schulter des anderen legen oder erst sanft auf dessen **Oberarm klopfen.** Kennt man sich noch besser und hat sich seit Längerem nicht gesehen, geht der Händedruck schnell über in eine Umarmung, wobei mit der rechten Hand ebenfalls auf den Oberarm oder Schulterbereich geklopft wird. Und natürlich gibt es vor allem unter jüngeren Männern oder Sportkameraden etc. den **„vertikalen Handschlag“** auf Schulterhöhe oder gar ein *high five* („Gib mir Fünf“). Als König *Willem-Alexander* den Surfer *Dorian van Rijsselberghe* zu seiner Goldmedaille bei den Olympischen Sommerspielen 2016 beglückwünschte, initiierte *Willem-Alexander* einen vertikalen Handschlag, klopfte *van Rijsselberghe* dann mit der linken Hand anerkennend auf den rechten Oberarm. *Van Rijsselberghe* setzte fast zum dreifachen Kuss-Ritual an, als der König in eine kräftige Umarmung umlenkte. Die Königin und die drei Prinzessinnen bekamen danach jeweils einen Handschlag und eine Umarmung. Mit steifer Förmlichkeit hat das Königshaus in solch ausgelassener Atmosphäre auf der königlichen Yacht, gekleidet in Shorts und orangefarbenem Olympia-T-Shirt und in Anbetracht des olympischen Siegs, nichts am Hut.

Trifft man einen Bekannten per Zufall und will nicht stören oder hat selbst keine Zeit für ein Gespräch, hat sich eine kurze Begrüßung mittels kurzem **Reiben des Oberarms** eingebürgert. Das kann halb im Vorbeigehen stattfinden mit einem kurzen Kommentar, dass man sich mal wieder treffen oder miteinander telefonieren sollte, ohne ein richtiges Gespräch beginnen zu müssen, weil die Situation es gerade nicht erlaubt.

Übrigens werden **Kinder** in den meisten Fällen ganz ohne Körpereinsatz gegrüßt, indem man z. B. nur *„Hallo/Hé Emma"* („Hallo Emma") sagt und dem Kind dabei nach Möglichkeit in die Augen schaut. In den Niederlanden verpflichten nur wenige Eltern ihre Kinder zum Hand oder Küsschen geben, wie es z. B. in Frankreich oder Deutschland der Fall ist. Wenn die Kinder und Jugendlichen von sich aus die Hand- oder die Luftküsschen-Variante ausführen, erwartet man von ihnen, dass sie dies stehend tun, damit sich der Erwachsene nicht so tief zu ihnen hinunterbeugen muss.

Ohne Berührung begrüßt werden meistens auch Menschen muslimischer Herkunft aus Respekt vor den im Islam üblichen Bräuchen, nach denen Mann und Frau einander keinen Handschlag geben. Man begrüßt sich dann mit entsprechenden Worten. Während die Integrationsministerin *Rita Verdonk* es Anfang des 21. Jahrhunderts noch als Affront wertete, dass ihr die Imame bei einem politischen Treffen nicht die Hand gaben, wurde diese Unterlassung des Händedrucks bei einer späteren Begegnung von Königin *Beatrix* mit einem Imam gleich im Protokoll festgelegt.

Ungewohnt für Deutsche ist der schnelle Wechsel von Händedruck zu Luftküsschen, die in Deutschland erst bei innigeren Freundschafts- oder Verwandtschaftsverhältnissen üblich sind. Welche der vorgestellten Begrüßungs- und Abschiedsvarianten gerade am angebrachtesten ist, muss man anhand der Situation und der eigenen Intuition entscheiden. Je nach Altersgruppe und Region sind die Vorlieben der Niederländer auch verschieden. Obendrein sind 21 % der niederländischen Einwohner ausländischer Herkunft und haben somit ihre ganz eigenen Sitten, Traditionen und Varianten bei der Begrüßung und dem Abschied. Aber die Art der Verabschiedung nach dem ersten Treffen legt im Prinzip die Form für die nächstfolgende Begegnung zwischen diesen beiden Menschen fest.

Im Übrigen ist man sich in den Niederlanden auch nicht ganz sicher, wo der **Brauch mit den drei Luftküssen** genau herkommt. Bis zu den 1980er-Jahren war diese Küsserei nämlich gar nicht flächendeckend verbreitet. Ursprünglich sei der Brauch des Küssens von ländlichen Gegenden in Frankreich über die katholischen Provinzen Wallonien und Flandern in Belgien nach Noord-Brabant übergeschwappt. Diese Form des sozialen Küssens nannte sich dementsprechend auch *brabantse drieklapper.* In der Nachkriegszeit erfreute sich die Begrüßung per Luftkuss unter betuchteren Damen z. B. im Tennisklub immer größerer Beliebtheit, wobei die Anzahl der Küsse sich im Lauf der Zeit auf die heute übliche Zahl drei steigerte. Die politischen Umwälzungen Ende der 1960er-Jahre brachten darüber hinaus ganz generell einen informelleren Umgangston in der Gesellschaft mit sich. Ab den 1980er-Jahren sollen sich die drei Küsse vor allem durch den Einfluss von beliebten Fernsehproduktionen in den gesamten Niederlanden verbreitet haben. Parallel reduzierte ironischerweise insbesondere die jüngere belgische Bevölkerung die Küsserei auf einen einzigen Kuss.

Duzen und Siezen

So weit zum körperlichen Teil des Begrüßens. Auch im verbalen Bereich gibt es einen bedeutenden Unterschied in den Niederlanden, denn die meisten Niederländer **duzen** sich in fast allen Lebenslagen. Man nennt es im Niederländischen *tutoyeren* nach dem französischen Begriff *tu* („du"). Entsprechend nennt sich das Siezen *vousoyer* oder auch *vouvoyer,* ausgehend von dem französischen *vous* („Sie"). Man *tutoyeert,* sprich duzt den Firmenchef, den Lehrer, die Studenten, die Dozentin, den Professor, die Arbeitskollegen und beim zweiten Zusammentreffen auch die meisten Geschäftspartner. Im Niederländischen gibt es zwar noch das förmliche *u,* das dem deutschen „Sie" entspricht, aber man **siezt** nur noch ganz wenige Personengruppen: die Königsfamilie, den Bürgermeister und andere Würdenträger, ältere Ärzte, Geistliche, Rechtsanwälte, Personen im Militär, Richter, Bankdirektoren u. Ä. Bestimmte Generationen, wie die vor den 1960er-Jahren Geborenen, nutzen das *u* noch gegenüber gleichaltrigen und älteren Personen, bis diese ihnen zu verstehen geben, dass sie das nicht für nötig halten. So manch einer dieser Generation redet zuweilen auch seine eigenen Eltern oder andere ältere Familienmitglieder mit diesem höchst respektvollen Pronomen an. Insgesamt verschwindet es als Mittel zur Respektbezeugung aber immer mehr aus der niederländischen Gesellschaft, in der Egalitarismus und flache Hierarchiestrukturen im Arbeitsleben als ideal gelten (siehe auch das Kapitel „Gesellschaftliche Kräfte: Glaube und Bürgermoral" ab Seite 61 und das Kapitel „Egalitäre Gesellschaft – Auffallen unerwünscht" ab Seite 96). Allgegenwärtig ist das *u* grundsätzlich in der **schriftlichen Amtssprache,** d. h. auf Verträgen, bei amtlichen Schreiben, Versicherungsinformationen etc. und auch bei telefonischem Kontakt mit Behörden, Dienstleistern und allen Firmen, bei denen am anderen Ende eine fremde Person antwortet.

Achtung: Bei persönlichem Kontakt siezen die Niederländer eine bis dahin fremde Person auch, wenn sie sich dadurch selbst mehr **respektvolle Distanz verschaffen wollen,** obwohl die Person nicht zur oben genannten Personengruppe der „Würdenträger" gehört. Dieses Siezens dient manchmal der Schmeichelei, um einen strategischen Vorteil in einer Sache zu erzielen, oder es wird aus dem Gespür heraus benutzt, dass sich der andere wohler fühlt, wenn die Distanz gewahrt wird. So kann es z.B. vorkommen, dass ein junger Mann seine potenziellen Schwiegereltern beim ersten Kennenlernen siezt, bis die Beziehung eine dauerhafte, ernstzunehmende Qualität bekommt. Wenn die Schwiegereltern ihm nicht ablehnend gegenüberstehen, werden sie in den meisten Fällen aber gleich darum bitten, mit dem Vornamen angeredet zu werden. Das förmliche Siezen wird aber unter Umständen auch aus einem Gefühl der Abneigung benutzt, weil man eine fremde Person zurechtweisen möchte oder auch, um lästige, fremde Menschen abzuwimmeln. Die Distanz wird in solchen Fällen ganz bewusst geschaffen.

Alles verwirrend? Das finden viele Niederländer auch, die *Beatrijs Ritsema,* der führenden Autorin zum Thema Etikette in den Niederlanden, auf deren Website situationsbedingte Fragen zu diesem Thema stellen. Es gibt allerdings keine allgemeingültige Etikette, da der **Umbruch vom „Sie" zum „Du"** in den Niederlanden noch nicht abgeschlossen ist und jeder im Grunde seine eigene Interpretation handhabt. Als Grundregel sollte man sich vor Augen führen, dass man in den Niederlanden nicht auf der Basis von Status siezt, sondern sich sozusagen aus Solidarität duzt, weil man gleichaltrig ist, weil man zusammen im Zug sitzt, weil man in der gleichen Firma arbeitet, weil man beim Supermarkt zusammen in der Schlange ansteht etc.

Als Tourist oder als Geschäftsreisender kann man am besten einfach die gleiche Anrede gebrauchen wie das niederländische Gegenüber. Muss man zuerst sprechen, sollte man ruhig *je* benutzen, wenn man nicht gerade mit einem der genannten „Würdenträger" spricht. Damit kann man dem Vorurteil der Niederländer Abhilfe schaffen, dass Deutsche, Österreicher und Schweizer so steif seien. Den meisten Deutschen gefällt schließlich die lockere Art der Niederländer, also ist das „Du" ein guter Anfang, es ihnen gleichzutun. Wenn der Niederländer Sie dann wiederum mit *u* anspricht, können Sie aufs Siezen umschalten. In jedem Fall sollte man sich bewusst sein, dass die Anrede mit dem Vornamen und *je* keinesfalls bedeutet, dass man automatisch befreundet ist oder man jetzt persönlich werden kann. Die **Privatsphäre** ist Niederländern heilig und wird von der Arbeit genauestens getrennt. Man muss das niederländische *je* als Äquivalent zum englischen *you* sehen, wo man keine Siezform mehr kennt.

Dann wäre da noch die Sache mit den **Höflichkeitsfloskeln.** In den Niederlanden wird das schriftsprachliche *a.u.b.* für *alstublieft* („bitte", Siezform) in amtssprachlichen Schreiben reichlich verwendet, aber mündlich wird man es kaum hören. Wenn jemand Sie bittet, ihm z.B. das Brot vom anderen Ende des Tisches herüberzureichen, wird dieser aller Voraussicht nach nicht etwa *alsjeblieft* („bitte", Duzform) sagen, sondern seine Bitte nur mit einem *mag ik ...?* („darf ich ... bekommen?"), *zou je/jij ...?* („würdest du?") oder *kunt u ...?* („können Sie") einleiten. Wenn die Person das Erbetene gereicht bekommt, wird er/sie sich selten dafür bedanken. Auch ein *dank u wel* („danke", Siezform) oder *dank je wel* („danke", Duzform) wird man in den Niederlanden auffällig selten hören. Sollten Sie sich im Übrigen über die ungewohnt klingende Floskel wundern, hilft ihnen mit Sicherheit die Aufschlüsselung seiner etymologischen Herkunft *als het u belieft* (wenn es Ihnen beliebt) als wortwörtliche Übersetzung des französischen *s'il vous plaît,* das im Laufe der Geschichte zu dem feststehenden Begriff *alstublieft* zusammengeschmolzen ist.

Etikette und Manieren

Der Begriff **„Etikette"** ist den modernen Niederländern oftmals ein Gräuel. Man versteht darunter ein ständisches, von oben aufgezwungenes Regelwerk, das der Unterdrückung der „Kleineren" dient. In diese Abkehr fließt sowohl die jahrtausendealte Abneigung gegen die burgundischen und habsburgischen Adligen und ihre Hofhaltung ein, als auch die Bedeutung des Sozialgedankens des 19. und 20. Jahrhunderts, der durch die gesellschaftlichen Umwälzungen in den 1960er-Jahren noch einmal deutlich verstärkt worden war. Die Ära der Hippies und der freien Erziehung in den 1970er-Jahren hat insbesondere in den niederländischen Großstädten eine Generation von sehr individualistischen Erwachsenen großwerden lassen, die sich selbst schon kaum mehr an die ungeschriebenen Regeln der Etikette gehalten, aber sie vor allem nicht an ihre eigenen Kinder weitergegeben haben. Das Ergebnis sind besonders *vrijgevochtene* Kinder, was so viel heißt wie „emanzipiert, liberal erzogen, freidenkerisch". Diese Generation an Kindern fällt durch ihre „altkluge", zuweilen sehr „brutale"Ausdrucksweise auf, sie sind nicht auf den Mund gefallen und scheinen den Begriff **„Manieren"** nicht zu kennen. Es gibt zwar auch in den Niederlanden genügend Personen, die sich an solch unmanierlichem Benehmen stoßen, aber im Großen und Ganzen zuckt man mit den Schultern und nimmt es hin.

Das Ergebnis ist unter anderem auch, dass Höflichkeiten allgemein weniger zum niederländischen Repertoire gehören als z. B. **Direktheit.** Wenn

☒ Selbst niederländische Vierbeiner werden kaum zur Ordnung gerufen, auch wenn das Schild sie schon bittet, angeleint zu sein

032nl Foto: pm

dem Niederländer etwas nicht gefällt oder er etwas ablehnt, wird er einem das aller Voraussicht nach unverblümt ins Gesicht sagen, ohne Umschweife oder höfliche Ausflüchte. Dies wird keinesfalls als Unhöflichkeit gewertet, im Gegenteil: Nicht geradeheraus zu sagen, was man denkt, gilt als Heuchelei. Und Heucheleien, Höflichkeitsgeplänkel und dergleichen erinnern an das ungeliebte aristokratische Verhalten der Habsburger, der Franzosen, der Preußen, das im Grunde ein Ausdruck von Standesdünkel ist – das genaue Gegenteil eben von den „emanzipierten", liberalen Niederländern, die sich nur ungern höfischen Ritualen unterordnen. Das war im Goldenen Zeitalter schon so und ist bis heute fest verankert.

In den Zeiten der „Versäulung" der Gesellschaft gab es zumindest die goldene Regel, dass man sich nicht in die Angelegenheiten anderer einmischen sollte, ganz nach dem Motto „leben und leben lassen". Seit Beginn der Säkularisierung ab den 1970er-Jahren trat jedoch ein Pochen auf das Recht der freien Meinungsäußerung anstelle des höflichen Stillschweigens. Und heute folgt ein Großteil der säkularisierten Bevölkerung nur zu gern dem Beispiel populistischer Politiker, die einfach sagen, was sie denken, ohne ein Blatt vor den Mund zu nehmen und ohne sich darum zu kümmern, wie der Adressat sich fühlen mag. Ebenso schert man sich meist wenig darum, was die Nachbarn daheim oder auf dem Campingplatz denken, wenn man sich in voller Lautstärke streitet oder eine Party feiert. Niederländer sind oftmals laute Zeitgenossen, Ausnahmen bestätigen wie immer die Regel. Auch andere Höflichkeiten der alten Schule, wie das Aufhalten der Tür oder im Bus für ältere Herrschaften oder schwangeren Frauen den eigenen Sitzplatz anzubieten, sind bedauerlicherweise aus dem niederländischen Repertoire der Umgangsformen weitgehend verschwunden.

Egalitäre Höflichkeit

Es gibt in den Niederlanden übrigens eine Form der **„egalitären Höflichkeit“,** wenn es um die Gleichstellung von Arbeitgebern und Arbeitnehmern am Arbeitsplatz geht. Benötigt ein Chef etwas von einem seiner Angestellten, wird er es als Frage formulieren und nicht als Anweisung. Den Kaffee wird er sich in aller Regel gleich selbst einschenken und dazu erst gar nicht seine Sekretärin oder Assistentin bemühen (siehe auch das Kapitel „Arbeitsleben: informeller Ton und endloses Beraten“ ab Seite 181). Zu dieser „egalitären Höflichkeit“ gehört auch, dass akademische Titel weder im Privaten noch im Beruflichen zur Anrede verwendet werden. Das gilt schlichtweg als unnötige Angeberei. Im Briefverkehr hingegen wird ein Doktortitel durchaus bei der Adressierung genutzt und auch auf Visitenkarten findet man *dr./Dr.* für „Doktor“ (zum Beispiel *Mr. dr. de Wit,* Herr Doktor de Wit). Grundsätzlich gilt auch, dass die egalitäre Höflichkeit sich von oben nach unten vollzieht, das heißt, der Boss geht betont höflich mit Angestellten um, während die Angestellten mit dem Boss auf Augenhöhe sprechen können und sich nicht bei ihm anbiedern müssen.

Diese Gleichstellung wird auch durch die **Kleidung am Arbeitsplatz** ausgedrückt, sodass man zumindest nicht aufgrund solcher Äußerlichkeit einschätzen kann, wer wohl in der Chefetage sitzt und wer nicht. Krawatten werden in den Niederlanden nur noch selten getragen, bei Männern sind Jeans und Hemd als Arbeitskleidung im Büro keine Seltenheit. Niederländer, die z. B. in Deutschland arbeiten, bekommen von der deutsch-niederländischen Handelskammer immer den Rat, mehr auf ihre Kleidung und vor allem auf ihre Schuhe zu achten, weil in Deutschland am Arbeitsplatz (wie auch in vielen anderen gesellschaftlichen Bereichen) noch immer ganz deutlich das Motto „Kleider machen Leute“ gilt.

Mal kleckern und dann wieder klotzen

Trinkgelder

Der niederländische Urlauber ist im Ausland als knauserig bekannt. Mit einem **Trinkgeld** sollte man bei niederländischen Kunden also eher nicht rechnen. Was vielleicht nicht bekannt ist: In den Niederlanden sind Trinkgelder eher unüblich. Es wird in den meisten Fällen der Betrag gezahlt, der auf der Quittung steht und damit hat es sich, zumal immer weniger Menschen bar bezahlen, sondern *pinnen,* d.h. den Rechnungsbetrag durch Eingabe des PIN-Codes mit der Bankkarte passend bezahlen. Zudem widerspricht es dem niederländischen Gleichheitsgedanken in der Gastronomie ein Trinkgeld zu geben, nicht aber dem Verkäufer in einem Geschäft. Die Löhne im Gastronomiegewerbe sind der Beschäftigung angemessen und es wird keine zusätzliche Zahlung erwartet. Auch im Taxi gibt man niemals Trinkgeld. Versucht man es trotzdem, wird der Fahrer eher davon ausgehen, dass man sich verzählt hat und einem das passende Wechselgeld herausgeben.

Wenn in den Niederlanden mal ein Trinkgeld gegeben werden sollte, handelt es sich meistens um unbewusste **Nachahmung von Verhaltensweisen** aus amerikanischen oder britischen Filmen und TV-Serien, die TV-Zuschauer spätestens seit den 1990er-Jahren berieseln. Dann wird in gehobenen Restaurants in seltenen Fällen ein Trinkgeld von fünf bis zehn Prozent für den ganz besonderen Service gegeben oder die ausländische Bedienung stellt in einem Café z.B. ein Sparschwein auf. Trinkgeldempfänger sind durchaus nicht beleidigt, wenn sie ein Trinkgeld erhalten, sondern freuen sich darüber.

Mangelnde Café-Kultur

Während in so ziemlich jedem anderen europäischen Land die Cafés auch tagsüber oft und gerne gefüllt sind, verirren sich die Niederländer, wenn es nicht gerade Studenten sind, nur selten bei Tage dorthin. Die Ausnahme bildet höchstens das Kaffeetrinken während eines Einkaufsbummels in der Innenstadt. Wenn man einmal von Amsterdam und einigen anderen Großstädten absieht, finden sich in den Stadtvierteln außerhalb der Einkaufszentren auch gar keine Cafés, wie wir sie kennen, aber durchaus mal eine Eckkneipe, die am Abend ihre Tore für einige wenige alteingesessene Seelen öffnet. Wozu soll man auch in einem Café einen (teuren) Kaffee trinken, wenn man sich in der Regel in Fahrradnähe von seinem eigenen Kaffeeautomaten befindet?

Überdies gibt es in so ziemlich jeder niederländischen **Supermarktfiliale** einen Automaten, an dem man sich auf Knopfdruck **gratis einen frisch gebrühten Pulverkaffee** (oder einen Tee) ziehen kann. Das dient dem Kundenservice und im Supermarkt ist man schließlich regelmäßig Kunde.

Preiswert einkaufen

Zur Kundenwerbung der Supermärkte gehört auch die ständige Frage an der Kasse, ob man die **Rabattmarken** für die Aktion XY haben möchte. Andere Werbegeschenke der Supermärkte wie z. B. Sammelkärtchen oder Tierchen für Kinder werden einem gar ganz ungefragt in die Hand gedrückt (man stelle sich die Müllberge vor, die durch diese Millionen von Werbegeschenken entstehen!). Im Einzelhandel locken ebenfalls immer und überall **Sparangebote** wie *„Twee halen, een betalen"* („Kauf zwei, zahl eins"). Die Niederländer lieben diese Aktionen: Alles, was es kostenlos gibt, erscheint ihnen erstrebenswert! Und wenn sie etwas secondhand kaufen, z. B. auf *Marktplaats* (dem in den Niederlanden erfolgreicheren Pendant zu eBay, bei dem keine Gebühren erhoben werden) oder auf den Flohmärkten am Königstag, sind die Niederländer wahre Meister darin, den Preis auf ein Minimum zu drücken. Als Käufer freut man sich natürlich über die absoluten Vorteile.

Auf Schnäppchenjagd gehen die Niederländer gern, sei es auf den Freimärkten am Königstag, auf Flohmärkten, in Secondhand- und Vintage-Läden und auch in sogenannten **kringloopwinkels.** Das erste dieser „Recycling-Geschäfte" wurde 1981 von der Gemeinde in Dieren eröffnet. Die grundsätzliche Idee dahinter war die Abkehr von der Wegwerfgesellschaft und eine Reduktion der Müllberge, denn vieles, was Menschen wegwerfen, ist für andere durchaus noch nützlich. Die bei den *kringloopwinkels* angebotenen Waren werden von Privatpersonen abgegeben oder z. B. bei Haushaltsauflösungen abgeholt, wo sie sortiert und zum Verkauf angeboten werden. Für die verschiedenen Tätigkeiten wurden in diesen Geschäften z. B. Langzeitarbeitslose beschäftigt, um ihnen eine Chance zum Wiedereinstieg in den Berufsalltag zu bieten. In Deutschland kennt man diese Art von Geschäften als „Sozialkaufhäuser". Während sich in Deutschland die meisten „Normalverdiener" davor hüten, dort als Kunden herumzustöbern, gibt es solche Bedenken in den egalitären Niederlanden schon lange nicht mehr. *Kringloopwinkels* sind so beliebt wie nie, immer mehr tauchen in den Städten auf. Viele von ihnen sind dabei längst kommerzielle Geschäfte, deren Gewinne in die Taschen der Betreiber fließen. Auch Antiquitätenliebhaber drehen regelmäßig ihre Runden in diesen Läden, auf der Jagd nach einem besonderen Fund.

Mittelalterliche Bürgermoral

Ausländische Journalisten und Blogger, die in den Niederlanden leben, haben mindestens eine Geschichte zum Thema Knauserigkeit der Niederländer parat und dabei wird immer wieder der Calvinismus als Hintergrund angeführt. Triebfeder hinter der typischen Bürgermoral der Niederländer (aus harter Arbeit, Sparsamkeit, Nüchternheit, Selbstständigkeit und nicht zuletzt Unabhängigkeit) war jedoch nicht unbedingt der gern zitierte Calvinismus, sondern vor allem Moralvorstellungen aus der flämisch-brabantischen Stadtkultur im Frühmittelalter, um damit „vor allem die **Gewinnsucht des dominanten Kaufmannsmilieus** zu rechtfertigen und zu stimulieren", so *Prof. Herman Pleij* von der Universität Amsterdam. Es ist ja allgemein bekannt, dass der Reiche nicht reich ist, weil er so freigiebig ist, sondern weil er eben jede Erbse zählt und immer den besten Deal zu seinem Vorteil herausschlägt. Kaufleute mussten schließlich ihr Geld mit riskanten Geschäften im Überseehandel verdienen, wohingegen den Aristokraten ihr Reichtum aufgrund ihrer erblichen Titel in den Schoß fiel. Die oben beschriebene Bürgermoral verhalf den Holländern im frühkapitalistischen Mittelalter zum sog. „Goldenen Zeitalter", in dem sie als erfolgreichste Handelsgroßmacht auf den Weltmeeren in die Geschichtsbücher eingingen. Den modernen Niederländern scheinen einige Tugenden aus der Zeit ins Blut übergegangen zu sein. Die mittelalterliche Bürgermoral bot bereits die Grundlage für den in den Niederlanden herrschenden Egalitarismus (siehe das Kapitel „Egalitäre Gesellschaft – Auffallen unerwünscht" ab Seite 96).

Die Liebe zum Camping

Die egalitäre Bürgermoral kommt auch beim Camping zum Tragen. Im Gegensatz zur deutschen, belgischen oder französischen Bevölkerung definieren die Niederländer das **Campen** nicht als Aktivität für weniger betuchte Gesellschaftsschichten, ganz im Gegenteil: Man sieht es **als eine der großen Nivellierungsaktivitäten,** bei denen es egal ist, ob man nun viel oder wenig Geld hat, hoch- oder weniger gebildet ist. Im Bademantel im Toiletten- und Duschblock sind alle gleich. Das Wirgefühl ist nicht unbedingt der Grund für die Scharen von Niederländern, die im Sommerurlaub die gleichen **Campingplätze** im europäischen Ausland aufsuchen und dann auch im Urlaub niederländische Nachbarn haben. Und es ist auch nicht etwa so, dass sie nicht neben anderen Nationalitäten stehen wollen. Sie fahren aber selten einfach drauf los, sondern haben z.B. den Campingführer des ANWB (dem niederländischen Pendant zum ADAC)

045nl Foto: eg

im Gepäck, der ihnen Campingplätze empfiehlt. Und so finden sich die Niederländer aus rein pragmatischen Gründen auf denselben empfohlenen Plätzen wieder. Abgesehen davon steht beim Campen natürlich die *gezelligheid* im Mittelpunkt und da ist es insbesondere bei Familien mit kleinen Kindern sehr praktisch, wenn die Kids sich untereinander gut verständigen können – und zwar nicht nur sprachlich, sondern auch kulturell.

So kommt es, dass Caravans kurz vor den Sommerferien ein paar Tage lang die Parkplätze in den Wohnvierteln der Städte blockieren (was in Grachtengegenden nicht einmal möglich ist, aber viele der Grachtenbewohner besitzen auch kein Auto, um den Caravan zu ziehen). Sie wurden aus ihren Garagen und z. B. von Bauernhöfen abgeholt, wo sie das ganze Jahr über preisgünstig auf einem Feld abgestellt werden konnten, und werden nun für die kommende Fahrt gesäubert und bestückt. Dass Campen in der Regel preiswerter ist als ein Hotel, ein Apartment oder ein Haus, ist weniger die vorrangige Motivation für diese Urlaubsform, obwohl der Niederländer grundsätzlich kein Freund von unnötigem Geldverschwenden ist und sich mit Sicherheit gerne auf Schnäppchensuche macht.

Und ja, beim Bestücken der Caravans werden gleich alle haltbaren Lebensmittel eingeladen, wobei es weder darum geht, dass der Niederländer zu knauserig wäre, vor Ort etwas einzukaufen, noch darum, dass er keine „fremden" Lebensmittel essen möchte. Die ohnehin ewig zu kurze Urlaubszeit möchte man schlicht nicht mit solch profanen Angelegenheiten wie der Suche nach Produkten im ausländischen Supermarkt verplempern. Außerdem ist ein Campingurlaub nicht der ideale Ort, um mit kreativem Kochen zu beginnen, also hält man sich an einfache Gerichte, für die man die bekannten Grundzutaten schon von daheim mitbringen kann. Somit ist also der **pure Pragmatismus** am Werk.

Silvesterknaller

Am Jahresende zeigen die Niederländer, dass Sparsamkeit ihnen nicht immer wichtig ist, denn an Silvester lassen sie es wörtlich und bildlich ordentlich knallen. Da werden seit Jahren zwischen 65 und 74 Millionen Euro für legale **Feuerwerkskörper** ausgegeben, was gemessen an der Bevölkerungszahl der Niederlande mehr als doppelt so viel ist, wie in Deutschland pro Einwohner privat in die Luft geschossen wird. Niederlander in der Nähe der westlichen und südlichen Landesgrenzen decken ihren Bedarf an Silvesterknallern zunehmend in Deutschland und Belgien, diese Ausgaben fließen also erst gar nicht in die Statistiken mit ein. Obendrein wird auch reichlich illegales Feuerwerk eingekauft, wovon nur ein Bruchteil durch die Zollbehörden sichergestellt werden kann, bevor es abgefackelt wird.

Das Verpulvern von Millionen Euro hinterlässt hässliche Spuren im ganzen Land. Trotz der 2014 eingeführten Regelung, dass man nur am 31. Dezember privat Feuerwerkskörper anzünden darf und auch dann nur zwischen 18 und 2 Uhr, hält sich die Bevölkerung in den meisten Städten nicht daran. Ungeniert fängt die Knallerei mit illegalem Feuerwerk oder aber mit Resten des Vorjahres schon gleich nach Weihnachten an – erst sporadisch mitten am Tag und je näher Silvester rückt, desto doller wird es. Am 30. Dezember glaubt man fast schon, man habe sich im Tag geirrt, und am eigentlichen Silvestertag geht es den ganzen Tag über „bumm, krach, bumm". Der kurze Gang zum Supermarkt um die Ecke mutet

◁ Neben „stacaravans" (dauerhaft abgestellter, mietbarer Wohnwagen) wird auch das Mieten von Safarizelten auf niederländischen Campingplätzen immer beliebter

manchmal wie ein Spießrutenlauf an, wenn einem alle zehn Meter der Schreck in die Glieder fährt, weil ein paar Halbstarke auf der gegenüberliegenden Straßenseite gerade wieder etwas haben knallen lassen, und damit ist bestimmt kein Kinderstreich mit Platzpatronen gemeint. Vielen niederländischen Städten ist die unbändige Knallerei längst ein Dorn im Auge. Alljährlich werden vor allem unerfahrene Jugendliche oder betrunkene Erwachsene durch **unsachgemäßen Feuerwerksgebrauch** ernsthaft verletzt, die Zahl der Sachbeschädigungen, ausgelöst durch Feuerwerk, geht in die Millionen, die Reinigungskosten sind auch enorm, da die Leute die abgefackelten Karton- und Plastikhaufen zusammen mit massenweise Glasscherben von zu Bruch gegangenen Champagnerflaschen und -gläsern einfach auf den Straßen und Fahrradwegen liegen lassen. Die Zeitungen ziehen am ersten Januar immer eine traurige Bilanz aus den Silvestervorfällen: 13 Millionen Euro Schäden in der Silvesternacht 2014/2015 und 11 Millionen in der Nacht von 2015 auf 2016. In vielen Großstädten hat man bereits feuerwerksfreie Zonen eingerichtet und versucht obendrein, die Bevölkerung für ein zentral organisiertes Feuerwerk zu begeistern. Doch die gibt nicht klein bei, denn dafür macht der pyrotechnische Spaß besonders der männlichen Bevölkerung einfach zu viel Freude. Diesen Freibrief, um mal so richtig die Sau rauszulassen, will man nicht aufgeben – trotz Feuerwerkskatastrophe in Enschede im Jahre 2000, als ein ganzes Stadtviertel wegen unsachgemäß gelagerter Feuerwerkskörper nach einem Brand in die Luft flog, und trotz der Diskussionen um die exorbitante Geldverschwendung.

Spenden für wohltätige Zwecke

Überhaupt passt das Klischee vom ach so knauserigen Niederländer so pauschal gar nicht zur Wirklichkeit. In puncto **Spenden in der Vorweihnachtszeit** scheinen sich die Niederländer alljährlich selbst übertreffen zu wollen. Das Volk besinnt sich dann ganz besonders auf den Gedanken der Nächstenliebe – oder auf sein schlechtes Gewissen – und erleichtert die Bankkonten um eine freigiebige Spende für ein oder zwei wohltätige Zwecke. Und das ganze Jahr über hält man das Portemonnaie für den Fall bereit, dass um die Abendmahlzeit an der Haustür geklingelt wird, weil gerade die Einsammelwoche einer der wohltätigen Organisationen ist, die mit ihrer **Sammelbüchse** von Tür zu Tür ziehen, immer in den durch das *Centraal Bureau Fondsverwerving* festgelegten Wochen, damit man vertrauensvoll die Tür öffnen kann. Dabei wird oftmals auch nur deswegen so bereitwillig ein großzügiger Betrag gegeben, weil es die Nachbarin oder eine Mutter aus der Klasse des eigenen Kindes ist, die mit der Sammelbüchse vor der Haustür steht. Bei allen öffentlich gesammelten Geldern durch den Einsatz von Sammelbüchsen oder auch durch Spendenaktionen in der Schule des Kindes ist das Element der sozialen Kontrolle besonders groß. Als knauserig verschrien werden will man schließlich nicht.

Trotz der säkularisierten Gesellschaft bleiben alte christliche Gedanken leitend wie: „Was du nicht willst, das man dir tu, das füg' auch keinem andern zu." Letztendlich ist solch eine Volksweisheit auf Passagen im Lukas- und Matthäusevangelium zurückzuführen. Diese sind wahrlich **älter als die reformierte Glaubenslehre** und sind seit zwei Jahrtausenden fest in den gesellschaftlichen Werten des Abendlandes verankert. Aus dieser uralten sozialen Tradition heraus fühlt sich der Niederländer in dem Moment, in dem er um eine Spende gebeten wird, moralisch verpflichtet, insbesondere wenn er wirtschaftlich gut gestellt ist. Und nicht etwa, weil es seine calvinistische Pflicht wäre, diese Form von Verzicht zu üben.

So kamen laut „Geben in den Niederlanden"-Report des Zentrums für Philanthropische Studien der Freien Universität Amsterdam in den Jahren 2007 bis 2011 jährlich 4,3 bis 4,7 Milliarden Euro an Spenden für wohltätige Zwecke zusammen. Aus der niederländischen Staatskasse wurden jährlich 0,7 bis 0,8 % des Bruttoinlandsprodukts dazugelegt. Ein Gesamtergebnis, das dem angeblichen Geiz der Niederländer so ganz und gar widerspricht. In Deutschland bezifferte sich die Spendenhöhe im Rekordjahr 2013 nämlich auch nur auf rund 4,7 Milliarden Euro, obwohl Deutschland fast fünfmal mehr Einwohner hat als die Niederlande! Auch ein Blick auf das Ranking der Niederländer beim World Giving Index der Charities Aid Foundation bestätigt dieses Bild: Die Niederlande **gehören zu den wohltätigsten Ländern der Welt.** 2014 lagen sie auf Platz zwölf und gemessen an einem Fünf-Jahres-Zeitraum sogar auf Platz sieben. Deutschland hingegen lag im gleichen Jahr auf Platz 28 und im Fünf-Jahres-Zeitraum auf Platz 19.

Tradition des Sozialgedankens

Nachdem man im Laufe des Achtzigjährigen Kriegs die Klöster und römisch-katholischen Bruderschaften im ganzen Land den Stadtverwaltungen unterstellt hatte, wurde Hilfe für die Armen bereits Ende des 16. und Anfang des 17. Jahrhunderts sozusagen zur „Staatssache". Dabei galt damals schon die Regel, dass demjenigen geholfen werden muss, der es offenkundig braucht: Kranke, Kinder und alte Menschen, die ihre Familien verloren hatten. Dies mag aus heutiger Sicht nicht besonders erscheinen, doch im Mittelalter gab es kein weiteres Königreich in Europa, in dem arme Menschen so gut versorgt wurden. Es gab aber auch kein anderes Königreich, das im gleichen Zeitraum ein so **starkes wirtschaftliches Wachstum** und somit genug Geld hatte, um dies zu ermöglichen. So galt es förmlich als **Statussymbol,** Armen zu helfen. Außerdem wäre es vermessen gewesen, den Reichtum für sich zu behalten. Wenn man offensichtlich zu den Erwählten gehörte, fühlte man sich in die Pflicht genommen, den eigenen Wohlstand mit Bedürftigen zu teilen. Somit ließen reiche Kaufleute der gutbetuchten Gilden, die meist eher dem reformierten Glauben anhingen, die sogenannten **hofjes** bauen. Das waren kleine Reihenhäuschen um einen begrünten Innenhof herum, die dann von verarmten, alleinstehenden Frauen bewohnt werden durften. Bei den Katholiken kannte man hingegen die *begijnhofjes. Begijnen* waren im Prinzip laienhafte, strenggläubige Menschen, die wie Nonnen oder Patres lebten. Eine Vielzahl dieser mittelalterlichen *hofjes* und *begijnenhofjes* kann man in den gut erhaltenen mittelalterlichen Städten in Belgien und den Niederlanden bewundern. In den Niederlanden sind z. B. die *hofjes* von Haarlem besonders bekannt.

Darüber hinaus gab es natürlich **Waisenhäuser und Hospize,** in denen die bedürftigen Alten lebten. Wie sehr die Gebäude als Statussymbole galten, kann man daran ablesen, wie imposant sie gestaltet wurden. So manch eines dieser ornamentalen Gebäude ist heute ein Museum. So wurde z. B. das „Schiedamse Gasthuis" bereits zwischen 1286 und 1272 durch die Schwester *Wilhelm III.* gegründet, dann 1787 auf Geheiß der Stadthalter durch das heutige neoklassizistische Gebäude ersetzt und in „Sint Jacobs Gasthuis" umbenannt, das bis 1934 als Altenheim fungierte und dann 1940 in das Städtische Museum umfunktioniert wurde. In Amsterdams ehemaligem Waisenhaus für Mädchen, dem „Maagdenhuis", befindet sich nun die Universitätsverwaltung. In den historischen Stadtkernen der niederländischen Städte findet man überall solche prunkvollen Gebäude für die Armen.

Als das Goldene Zeitalter zu Ende ging und England die Niederlande als Handelsnation par excellence überholt hatte, herrschte eine große Arbeitslosigkeit und Armut in den Niederlanden. Im Jahre 1780 gründete der Täuferpfarrer *Jan Nieuwenhuijzen* die „Maatschappij tot Nut van 't Algemeen" (Gesellschaft zum Nutzen der Allgemeinheit), die schon früh ein Netzwerk von Partnergesellschaften im ganzen Land aufbaute, die auch heute noch aktiv sind. Ziel der Gesellschaft war u. a. eine **allgemeine Schulbildung** als Ausgangspunkt für die Verbesserung der Lebensqualität des gesamten Volkes, die Schaffung von Arbeitsplätzen und die Verbesserung der hygienischen Zustände in den Stadtwohnungen etc. Landesweit wurden vor allem in den großen Städten der heutigen Randstad immer mehr solcher privater Organisationen gegründet.

Nach der Gründung des Königreichs der Niederlande 1815 fing man an, den Sozialgedanken für die unter *Napoleon* verarmte Landbevölkerung umzusetzen. Es entstanden z.B. die kommunenartig angelegten **Landarbeiterkolonien** in Drenthe und Overijssel unter der privaten Federführung der „Maatschappij van Weldadigheid" (Wohltätigkeitsgesellschaft), die man heute als Frederiksoord, Wilhelminaoord und Bosschoord kennt. Bauern bekamen dort eine kleine Wohnung und ein Stückchen Land zum Bestellen, während die Frauen und Kinder in den Webereien, Spinnereien, Korbmachereien, Strohflechtereien etc. arbeiteten. Weil man früh erkannte, dass Arbeit und Wohnung allein die Situation der Landarbeiter nicht verbesserten, investierte man auch in Krankenversorgung, Krankenversicherung und Bildung. 1884 wurde hier die erste Gartenbauschule der Niederlande eingerichtet, später kamen eine Forstwirtschaftsschule und eine Landwirtschaftsschule hinzu. Die Dörfer stehen heute unter Denkmalschutz und sind nur ein Beispiel für eine Vielzahl von **gemeinnützigen Einrichtungen zugunsten der Armen und Schwachen,** die zu Anfang des 19. Jahrhunderts den alten Wohltätigkeitsgedanken durch private Investoren weiterentwickelten.

Diese wohltätige Tradition der niederländischen Gesellschaft hat dafür gesorgt, dass es heute in den Niederlanden keine echte Armut gibt. Das soziale Netz ist engmaschig genug, dass keiner durchfallen muss. Selbst denjenigen, die ganz unten auf der Leiter stehen, wie Drogenabhängige, Prostituierte und Asylsuchende, wird geholfen (siehe auch den Exkurs „Die Niederlande: sozialpolitischer Vorreiter" ab Seite 100). Das niederländische **Steuersystem** ist so angelegt, dass es die Reichen und Gutverdienenden ehrlich besteuert und den Geringverdienern auf die Füße helfen will. Das Sozialsystem ist mit Sicherheit zuweilen so gut, dass es seine Ausbeutung förmlich provoziert, doch insgesamt führt es zu dem angenehmen Status quo, der in den Niederlanden „sozialer ist als im Sozialismus", wie rumänische und bulgarische Bekannte nach Jahren in den Niederlanden feststellten. Entsprechend sieht man in den Niederlanden im Vergleich zu beispielsweise Belgien oder Deutschland weder Bettler an Bahnhöfen oder Kirchen noch auf der Straße lebende Menschen, die sich in den Fußgängerzonen vor den Geschäften zum Schlafen zusammenkauern. Selbst in Leeuwaarden, der friesischen Stadt mit der für die Niederlande höchsten Anzahl Menschen an der Armutsgrenze, sitzen 650 von 3700 Einwohnern vor allem wegen hoher Arbeitslosigkeit in der Region schön auf dem Trockenen mit Hilfe der staatlichen Sozialhilfe bzw. des Arbeitslosengelds. Laut Sozialkompass Europa vom Dezember 2015 leben 2,3 % der Niederländer in erheblicher materieller Entbehrung, während es in Deutschland mit 4,9 % immerhin mehr als doppelt so viele sind.

Krank sein

Das **Gesundheitswesen** der Niederlande hält so manche Überraschung für ausländische Arbeitnehmer bereit. Die Niederländer gehen insgesamt viel seltener zum Arzt als die Deutschen. Das hat verschiedene Ursachen, die damit anfangen, dass für eine Krankmeldung bei der Arbeitsstelle kein Attest benötigt wird, ein einfaches Telefonat mit einer Abmeldung reicht in der Regel schon aus. Nur wenn der Arbeitgeber an der Krankmeldung zweifelt, wird man zum Betriebsarzt zur Überprüfung geschickt. Wenn man doch mal wegen einer heftigen Grippe oder eines Hustens zum Arzt geht, wird man ohnehin an die Drogerie verwiesen, wo man hilfreiche Medikamente für die Symptome ohne Rezept kaufen kann. Also spart man sich beim nächsten Mal den Gang zum Arzt.

Man muss sich in den Niederlanden auch nach jedem Wohnsitzwechsel neu bei einem Hausarzt in der Nähe einschreiben. Die Krankenkassen schreiben vor, dass der Wohnsitz eines Patienten in relativer Nähe des Hausarztes liegen muss, damit bei eventuell notwendigen Hausbesuchen keine unnötig hohen Anfahrtszeiten für den Hausarzt entstehen, der sonst einer Vielzahl an anderen Patienten in diesem Zeitraum helfen könnte. Auch wenn man den Hausarzt XY im südlichen Vorort der Stadt besonders mochte, ist man verpflichtet, sich bei Umzug in ein z. B. nördlich gelegenes Stadtviertel dort einen neuen Arzt zu suchen. Beim Gynäkologen oder anderen Fachärzten landet man nur bei einer entsprechenden Indikation und mit einer Überweisung des Hausarztes in der Hand.

Vorsorgeuntersuchungen für verschiedene Arten von Krebserkrankungen oder auch nur ganz allgemeine Gesundheitschecks kennt man in den Niederlanden nicht. Frauen werden ab dem 35. Lebensjahr alle fünf Jahre einmal zur sogenannten „Bevölkerungsuntersuchung" beim eigenen Hausarzt eingeladen, der lediglich einen Abstrich zur Früherkennung von Gebärmutterhalskrebs nimmt und diesen anschließend zur Untersuchung einschickt. Weitere Vorsorgeuntersuchungen finden nicht statt. Will man sich ganz allgemein mal durchchecken lassen, wird der niederländische Arzt sie mit Unverständnis ansehen, denn das ist in den Niederlanden nicht üblich und dafür gibt es auch keine Regelung zur Kostenübernahme mit den Krankenkassen.

☒ Bei vielen Unternehmen gibt es regelmäßig einen informellen Umtrunk im Café oder in der Kneipe, auch in der Weihnachtszeit wird das Jahr mit einem „kerstborrel" gesellig abgeschlossen

042nl Foto: sdw

Arbeitsleben: informeller Ton und endloses Beraten

Deutsche und Angehörige anderer Nationalitäten, die in den Niederlanden arbeiten, sind immer wieder erstaunt, wie andersartig die Kommunikation an niederländischen Arbeitsplätzen verläuft. Dass es so deutliche Unterschiede gibt, erwarten die meisten deutschen Arbeitnehmer nicht, wenn sie einen Job in den Niederlanden annehmen oder auch nur mit niederländischen Geschäftspartnern verhandeln.

Es ist zu beachten, dass viele der in diesem Kapitel beschriebenen Besonderheiten auf einen **Arbeitsplatz in Limburg,** in einer Limburger Firma, nur mit Einschränkungen zutreffen. Die Provinz Limburg gehört erst seit 1815 gänzlich zu den Niederlanden und unterlag über Jahrhunderte stärker dem Einflussbereich des Heiligen Römischen Reiches. In Limburg ist die Firmenstruktur weitaus hierarchischer als in den restlichen Niederlanden. Hier haben die katholischen Kirchen noch mehr Macht, Familien sind traditioneller orientiert und mit ihrer Heimatregion eng verbunden. Das gilt im Übrigen auch – in geringerem Maße – für die Provinz Noord-Brabant, die zu Zeiten der Vereinigten Republik der Sieben Provinzen im Mittelalter die Direktiven der Sieben Provinzen befolgen musste, da sie selbst als Generalitätslande keine Entscheidungsgewalt in der Republik hatte. Nicht selten leben und arbeiten Limburger daher auch lieber im deutschen Grenzland als z. B. in der niederländischen Randstad, weil die Mentalität in der Randstad für sie fremder ist als die im deutschen Rheinland, mit dem ihre Geschichte bis zur Zeit *Napoleons* eng verbunden war.

Informeller Ton im Arbeitsleben

Das **Arbeitsklima** ist ein anderes in den Niederlanden. Es gelten eine flache Hierarchie, ein informeller Ton und ein pragmatisches Mittel-zum-Zweck-Denken. Den informellen Ton am Arbeitsplatz ist man als Deutscher, Österreicher oder Schweizer einfach nicht gewohnt. Dass man sich im Regelfall duzt und mit dem Vornamen anspricht, wurde schon im Kapitel „Drei Luftküsse und das „Du" – die Umgangsformen" (ab Seite 163) erklärt. Dass aber sogar bei einem **Vorstellungsgespräch** oft die informellen, persönlichen Themen wichtiger sind als das Darlegen der eigenen Qualifikationen, liegt an dem egalitären Denken der Niederländer. Die beruflichen Qualifikationen, aufgrund derer man zum Vorstellungsgespräch eingeladen wurde, waren immerhin schon in der Bewerbung in der Form des Lebenslaufs enthalten. Im Bewerbungsgespräch geht es dann vorrangig darum, den zukünftigen Mitarbeiter als Menschen kennenzulernen, um ihn charakterlich ein wenig einschätzen zu können. Daher ist das informelle Gespräch über private Interessen und Hobbys überaus wichtig. Es gilt schließlich, zu klären, ob man zum Team passen würde und weniger, ob man fachlich kompetent ist. Das Vorstellungsgespräch dauert in den Niederlanden aus diesem Grund auch weitaus länger – zwei Stunden sind keine Seltenheit.

Für eine möglichst große Chancengleichheit gehört auf einen Lebenslauf auch **kein Bewerbungsfoto,** wie man es in Deutschland gewohnt ist. Eine Vorentscheidung, basierend auf Sympathie oder Antipathie mit Blick auf das Foto, ist somit von vornherein ausgeschlossen. Insofern werden die potenziell ausgrenzenden Kriterien bei niederländischen Bewerbungen reduziert. Noch besser ginge es nur, wenn statt eines Namens nur eine Nummer oder Anfangsbuchstaben auf der Bewerbung stünden, damit man z. B. nichts über den Migrationshintergrund eines Kandidaten oder dessen Geschlecht erfährt. Bei Behörden und im Schriftverkehr hat es sich auch längst eingebürgert, dass statt des Vornamens nur die Initialen genannt werden müssen, damit man daran kein Geschlecht ablesen kann. Auf an mich adressierten Briefen steht dann schlicht *Aan EHM Gilissen* und Mitarbeiter von Telemarketingagenturen fragen am Telefon danach, einen mit „Herr" oder „Frau XY" ansprechen zu dürfen.

Der informelle Ton gilt im Übrigen auch ganz allgemein für Geschäftstermine. Der niederländische Kollege möchte den anderen Geschäftspartner erst einmal gut kennenlernen, bevor er sich dem eigentlichen Geschäftsthema widmet. Geht es dann endlich zur Sache, werden zwischendurch immer mal wieder **Witze** gemacht. Das bedeutet keineswegs, dass die Beteiligten die Sache nicht ernst nehmen. Es trägt lediglich zur Auflockerung der Atmosphäre bei, denn eine bierernste, formelle Stimmung ist Niederländern ein Gräuel.

Der **Kaffeeautomat** am Arbeitsplatz, im Korridor oder wo auch immer er stehen mag, ist ein wichtiger Bestandteil des niederländischen Berufsalltags. Hier begegnet man sich, redet mit Kollegen, mit dem Vorgesetzten und auch mit dem Praktikanten. Nicht nur Arbeitsthemen, sondern auch Erzählungen aus dem Privatleben des Einzelnen werden zum Besten gegeben. Das gehört zum guten Ton, fördert das angenehme Arbeitsklima, Ideen. Der Automat steht allen Mitarbeitern permanent und kostenfrei zur Verfügung und man muss sich nicht rechtfertigen, egal wie oft man sich dort bedient. Der Kaffeeautomat ist fast wichtiger als das Büro selbst und vermutlich auch wichtiger als der Konferenzraum, denn dort kommen oftmals ganz informell die besten Ideen zustande.

Der informelle Ton wird auch bei **Betriebsausflügen** *(bedrijfsuitjes)* und dem **Umtrunk** *(borrel)* nachdrücklich gepflegt. Besonders beliebte Aktivitäten bei Betriebsausflügen sind z. B. Paintballschießen, Kart- oder Kanufahren, Fahrsicherheitstraining, Kochkurse, Hindernisläufe, Themenabende, aber auch der gemeinsame Besuch eines Vergnügungsparks oder Zoos, gerne auch sportliche oder lustige Wettkämpfe in Teams, wobei der Vorgesetzte ebenso irgendeinem Team zugeteilt wird wie jeder andere Mitarbeiter. Zusammen lachen, auch über sich selbst, gilt immerhin als äußerst gesund und sollte zur Stärkung des Teamgeistes gefördert werden.

Konsenskultur

Ebenso gewöhnungsbedürftig wie die Witzelei ist die niederländische **overleg cultuur** (Rücksprache-Kultur), die so manchem wenig ergebnisorientiert erscheint. Mit *overleg* bezeichnet man die Beratungsgespräche in Unternehmen, Vereinen, Behörden, Organisationen, Parteien, Schulen etc., wenn Ideen gesucht, eine Entscheidung getroffen werden muss oder alte Wege überprüft werden müssen. Ein Thema wird in den Niederlanden mit **quasi allen Beteiligten** so lange besprochen, bis man zu einem gemeinsamen Konsens oder Kompromiss findet. Dabei pochen die Niederländer oftmals gar nicht auf allen Details, denn die kann man später näher definieren, wenn es nötig sein sollte, und sie brauchen das Ganze auch nicht immer gleich schriftlich. Vorläufige Ergebnisse lassen immerhin noch etwas Spielraum für weitere Ideen.

Auf diese Weise werden auch gesellschaftliche oder innerbetriebliche Spannungen aus dem Weg geräumt. Dabei sucht man nicht den offenen Konflikt, sondern eben den Kompromiss. Daher gibt es in den Niederlanden **nur selten Streiks.** Das „NRC Handelsblad" titelte, dass es 2015 viele Streiks in den Niederlanden gegeben habe. Tatsächlich waren es 48.000 verlorene Arbeitstage verteilt auf 42.000 Streikende im Bereich Industrie, wovon das Gros der Bevölkerung auch indirekt nicht betroffen war. In Deutschland sprach man im gleichen Jahr schon im September von einem Rekordjahr in puncto Streiks, denn zu dem Zeitpunkt waren schon 350.000 Ausfalltage aufgelaufen durch Streikwellen im öffentlichen Dienst, in der Metall- und Elektroindustrie, bei der Post, in den Kitas und bei der Bahn – alles Bereiche, die die breite Öffentlichkeit sehr betreffen. Auch **Demonstrationen** gibt es eher selten in den Niederlanden. Die größte Demonstration der Geschichte fand 1983 in Den Haag mit rund 550.000 Demonstranten statt und richtete sich gegen Atomwaffen. Generell sind pazifistische Demonstrationen, Schweigemärsche, Solidaritätsmärsche oder abendliche Fackelzüge, die sich gegen Krieg, Abschiebung und sinnlose Gewalt richten oder der gemeinsamen Trauer über den Tod von Menschen dienen, heutzutage die häufigsten Demonstrationsformen in den Niederlanden.

Zum **Konsens** kommt man jedoch nur selten in einer einzigen Sitzung, sondern der Prozess zieht sich unter Umständen über mehrere Meetings hin, bis man endlich zu einer Entscheidung kommt. Es findet keine Beschlussfassung hierarchischer Art statt, wie man sie aus z. B. Deutschland kennt, wo die Richtung und mögliche Strategien im Grunde in der Chefetage beschlossen werden, und auch keine knallharten Verhandlungen zwischen zwei kleineren Gruppen. In den Niederlanden darf sich **jeder Mitarbeiter mit in den Prozess einbringen,** hat ein Mitspracherecht und darf Vorschläge machen, auch der Praktikant. Es gilt eine flache Hierarchie bzw. eine egalitäre, gleichgestellte Ordnung. Der Chef oder der Vorstandsvorsitzende wandert gerne durch die Büros der Mitarbeiter, nicht etwa um sie zu kontrollieren, sondern um das gerade aktuelle Thema mit jedem einmal zu besprechen.

Es gilt, alle Einwände und Wünsche ernst zu nehmen und miteinzubeziehen. Schließlich müssen alle Seiten etwas nachgeben, um auf einen gemeinsamen Nenner zu kommen. Nachteilig war und ist jedoch der **enorme Zeitaufwand,** der für diesen Kreislauf von Beratungsgesprächen und Lösungsvorschlägen bis zum endgültigen Kompromiss notwendig ist. Diesen Prozess empfinden gerade ausländische Arbeitnehmer als überaus zäh. Die Lösung wird am Ende aber in der Regel von allen getragen, denn alle konnten schließlich zu ihrer Entwicklung beitragen.

Frei nach den endlosen Beratungsgesprächen zwischen den Betroffenen eines zu entwässernden Landstrichs *(polder)* im Mittelalter nennt man diese Art der Verhandlungsführung wie bei den mittelalterlichen Wasserwirtschaftsverbänden seit dem späten 20. Jahrhundert *polderen.* Die in den 1980er-Jahren als **Poldermodell** berühmt gewordene Verhandlungsführung zwischen Arbeitgebern, Gewerkschaften und unabhängigen, von der Regierung ernannten Mitgliedern im Wirtschaftsrat gründet sich auf diese alte Tradition der Beratungs- und Konsensführung (siehe auch das Kapitel „Die kultivierte niederländische Landschaft“ ab Seite 45).

Übrigens beziehen z. B. manche ausländischen Arbeitgeber in den Niederlanden ihre Mitarbeiter erst gar nicht in Entscheidungen mit ein, haben sie damit zu rechnen, dass die Entscheidung dann auch nicht oder nur mit Widerwillen von den Arbeitnehmern getragen wird und das Projekt mit Sicherheit eine Bauchlandung erleben wird.

Stellenwert des Berufs oder der beruflichen Position

Ungewohnt ist auch die nachdrückliche Betonung des **Gleichgewichts zwischen Arbeit und Vergnügen,** auf das z. B. die Personalabteilung des niederländischen Global Players Philips gleich beim Einstellungsgespräch nachdrücklich hinweist. Man solle auf die „Work-Life-Balance“ achten! In einer egalitären Gesellschaft, in der Angeberei bezüglich beruflicher Leistung eine geringe Rolle spielt bzw. allgemein unerwünscht ist, muss man ja auch nicht auf Teufel komm raus Überstunden machen. Ihre Freizeit ist den Holländern heilig – Zeit für die Familie (man muss das Kind ja auch pünktlich bei der Kita abholen), zum Sporttreiben (äußerst populär in den Niederlanden), für einen *borrel* (Umtrunk mit Kollegen oder Freunden) oder sonstige Aktivitäten. Man versteht außerdem, dass ein kranker oder übermüdeter Mitarbeiter nicht gut arbeiten kann. Völlig problemlos und gänzlich unbürokratisch wird die telefonische Abmeldung eines Mitarbeiters akzeptiert. Ein Attest muss dafür keiner beibringen. Zum Arzt muss man deswegen auch nicht, der würde einen ohnehin nur nach Hause schicken mit der Empfehlung, sich auszuruhen (siehe auch den Abschnitt „Krank sein“, Seite 180).

Wird im Übrigen im Konferenzraum ein Meeting abgehalten oder sitzt man zum Vorstellungsgespräch zusammen, erlebt man auch, dass das **Verhältnis zwischen Chef und Sekretärin** ein ganz anderes ist als in Deutschland. Der Chef schenkt z. B. den Kaffee selbst ein bzw. macht ihn per Knopfdruck an einem der so beliebten Automaten. Selbst das kleins-

Süßer Brotbelag mit königlichem Segen

Das niederländische Königreich gibt es erst seit 1815, genauso lang gibt es das archaisch anmutende Prädikat „hofleverancier“ (Hoflieferant). Seit der Gründung seines Vorläufers, dem 1806 durch Napoleon gegründeten Koninkrijk Holland, gibt es auch das Prädikat „koninklijk“ (königlich), das man z. B. als Tourist auf der Verpackung der niederländischen Brotbelagfirma De Ruijter beim Frühstück entdecken kann. Wenn man schon ein neues Königreich gründet, dann auch mit allem Schnickschnack der angestammten europäischen Königshäuser: Protokoll, Wappen, Ritterorden mit ihren Ordensbändern, Flagge, königliche Monogramme, Ehrenmünzen, Medaillen und eben auch die beiden Auszeichnungen „koninklijk“ und „hofleverancier“.

Letzteres wurde durch König Wilhelm I. eingeführt und erlaubt dem entsprechenden Unternehmen, das königliche Wappen der Niederlande auf der Verpackung zu führen. Weil der damaligen Königsfamilie die Aniskügelchen und auch deren zerstampfte Variante vorzüglich mundeten, wurde die Konditorei De Ruijter 1883 durch König Wilhelm III. zum Hoflieferanten erklärt. Fortan zierte das Wappen des Königreichs die Metallbüchsen und Kartonverpackungen der Firma. Bemerkenswerterweise hatten sie damals noch nicht einmal die berühmten Schokostreusel im Sortiment, die kamen erst ab 1955 hinzu, sondern alle Ehre gebührte den verschiedenen Produkten mit Anis, die dem ursprünglich aus dem Mittelmeerraum stammenden Heilkraut Pimpinella anisum zu einer wahren Karriere in der niederländischen Küche verhalf.

Als die Geburt der Thronfolgerin von Königin Juliana bevorstand, hatte das Unternehmen die Idee, dem Königshaus zu diesem Anlass orangefarbene „muisjes“ darzubieten. Zur Geburt von Prinzessin Beatrix eilten die

te Unternehmen hat mindestens eine Senseo-Maschine zur Verfügung, nicht rein zufällig eine Erfindung des niederländischen Unternehmens Philips! Für diesen Knopfdruck bemüht der Chef seine Sekretärin bestimmt nicht und das notwenige saubere Geschirr, der Zucker und der Creamer werden täglich durch die Sekretärin oder die Putzhilfe bereitgestellt bzw. nachgefüllt. Der Umgangston zwischen Chef und Sekretärin ist definitiv respektvoll. Der Chef benimmt sich nicht als solcher, sondern fragt seine Assistentin ganz suggestiv, ob sie z. B. ein paar Mappen zusammenstellen kann und gibt ihr keine Anweisung dazu. Es hat dann aus deutscher Sicht eventuell den Anschein, als habe sie die Wahl, der Bitte einfach nicht

Brüder De Ruijter mit einer riesigen Büchse davon zur Gratulation in den königlichen Palast. Damit war eine neue Tradition geboren: Die Sonderedition wurde dem Königshaus fortan zu jeder königlichen Geburt gebracht. Als Werbecoup gab es anlässlich der Geburten im Königshaus im 21. Jahrhundert orangefarbene Kügelchen zeitlich begrenzt im Supermarkt zu kaufen. Zuletzt war dies 2007 bei der Geburt von Prinzessin Ariane, der jüngsten Tochter von König Willem-Alexander und Königin Máxima der Fall.

1987 wurden die Regeln für die Verleihung des Prädikats „Hoflieferant" neu gesetzt. Seither können es nur noch niederländische Firmen erhalten, die seit mindestens 100 Jahren in den Niederlanden ansässig sind. Darüber hinaus dürfen sie das Prädikat nur 25 Jahre lang führen, wobei eine Verlängerung um weitere 25 Jahre auf Antrag möglich ist. Es gibt derzeit 400 Betriebe in den Niederlanden, die das Recht haben, das Königliche Wappen mit dem Zusatz „Bij Koninklijke Beschikking Hofleverancier" (Hoflieferant auf königliches Geheiß) zu führen. Berühmte Beispiele sind z. B. die Amsterdamer Bierbrauerei Heineken oder der Limburger Apfelkrautproduzent Canisius. Das Prädikat tragen auch zahlreiche Firmen, mit denen man als Tourist eher selten in Kontakt kommt, u. a. diverse Metzgereien, Bäckereien, Fischhändler, Verlage, Druckereien, Malerbetriebe, Juweliere, Natursteinhändler und Transportunternehmen, ein Rollladenproduzent, ein Gartenbauer, eine Kaffeerösterei, ein Orgelpfeifenbauer, ein Windmühlenbauer, ein Schuhfabrikant, ein Saathandel, eine Drogerie, ein Optiker, Möbelbauer und viele mehr.

Die Firma De Ruijter mit ihren vielen Brotbelagkreationen gehört nicht länger dazu, ihr wurde immerhin anlässlich des 125-jährigen Firmenjubiläums im Jahre 1985 das Prädikat „königlich" zuteil, was sie seither im Firmennamen führen dürfen. Das Wappen verschwand von den Verpackungen, aber eine stilisierte Königskrone blieb.

nachzukommen. Die Ausführung der Aufgabe wird selbstverständlich von ihr erwartet, nur das müssen die Niederländer nicht gebieterisch vermitteln. Die Höflichkeit unter Gleichgestellten in der egalitären Gesellschaft lässt erwarten, dass man fragt und nicht anweist.

In den Niederlanden gibt es sehr viele **Uitzendbureaus** (Zeitarbeitsfirmen). Bei größeren Arbeitgebern arbeiten Festangestellte, Teilzeit- und Zeitarbeitskräfte gleichermaßen. Ganz wichtig ist: Dabei gibt es keine hierarchischen Unterschiede zwischen einzelnen „Gruppen"! Jeder ist einfach nur Teil des Teams, egal ob täglich anwesend, von zu Hause arbeitend oder zeitlich begrenzt von einer Zeitarbeitsfirma rekrutiert. Wenn man in einer niederländischen Firma arbeitet, sollte man darauf achten, dass man Zeitarbeitskräfte gleichwertig behandelt wie festangestellte Kollegen. Die Löhne für die Zeitarbeitskräfte sind übrigens genauso hoch wie die der Festangestellten in der Firma, es sei denn, es handelt sich um Langzeitarbeitslose, die über Zeitarbeitsverträge in den Arbeitsmarkt reintegriert werden (für diese muss der Arbeitgeber im ersten Jahr nur 85 % des üblichen Gehalts zahlen).

Fragt man einen Niederländer nach seinem Beruf, macht er oftmals eine Angabe zu seiner derzeitigen **Funktion und seinem Aufgabenbereich bei der Arbeitsstelle** und antwortet nicht einfach nur, dass er z. B. Jurist oder Banker sei. Ein Beruf als solcher wird selten genannt. Wenn jemand gerade seinen Job gekündigt hat, weil er etwas anderes machen möchte, antwortet er auf die Frage, was er nun machen möchte z. B.: „Irgendetwas mit Menschen". Welches Metier es genau sein soll, darauf legen viele sich gar nicht so fest (es sei denn, sie sind z. B. HNO-Arzt, der sich natürlich nicht auf einmal in der Baubranche bewirbt). Die Niederländer haben in der Regel recht genaue Vorstellungen, welche Art von Funktion sie an ihrem Arbeitsplatz ausfüllen wollen. Diese Gewichtung der beruflichen Qualifikationen sieht man auch in der Form von Bewerbungen, wo es weniger um die Auflistung der Diplome und Zeugnisse u. Ä. geht als mehr um eine konkrete inhaltliche Darstellung, welche beruflichen Erfahrungen man bisher gemacht hat. Ein aussagekräftiges Anschreiben ist also entscheidend für eine Bewerbung in den Niederlanden, auf die, wie bereits erwähnt, generell kein Foto gehört. Zeugnisse und andere Leistungsnachweise werden der Bewerbung nur beigelegt, wenn dies ausdrücklich in der Stellenausschreibung verlangt wird. Wer beabsichtigt, sich in den Niederlanden zu bewerben und dort zu arbeiten, sollte daher die Tipps der Deutsch-Niederländischen Handelskammer zum Thema beachten (siehe auch im Anhang „Informatives aus dem Internet", Seite 242).

Weil **Niederländer** im Allgemeinen **praktisch eingestellt** sind, bringen sie Menschen mit praktischen Berufen oftmals mehr Wertschätzung entgegen als vielleicht dem Wissenschaftler, der sich mit der Theorie der matriarchalen Gesellschaft befasst oder eine ausgestorbene Tierart untersucht. In den praktischen Dingen erkennt man unmittelbar den Nutzen, bei wissenschaftlicher Forschung hingegen läuft man leicht Gefahr, dass die egalitären Niederländer das Metier zu abgehoben finden.

[>] Fenster und Vörgärten bieten eine ideale Fläche zur Ankündigung wichtiger Ereignisse im Leben der Hausbewohner

Fenster: Aushängeschild für wichtige Ereignisse

Geburtsanzeige

Die niederländischen Fenster sind wirklich eine besondere Kuriosität. Es fängt damit an, dass sie in der Regel besonders großformatig sind und demnach eine ideale Fläche zur Ankündigung wichtiger Ereignisse im Haushalt darstellen.

Allen voran wird an einem straßenseitigen Fenster oder aber im Vorgarten des Hauses die **Geburt eines Kindes angezeigt.** Da prangt z. B. in großen blauen Lettern der Jungenname „Bram" am Fenster und ein jeder, der an diesem Haus vorbeikommt, ist somit darüber informiert, dass in diesem Haus gerade ein Söhnchen namens *Bram* geboren wurde. Die Varianten sind vielfältig: Manchmal steht im Vorgarten ein Holzstorch, in dessen Schnabel ein Tuch mit einer Babypuppe darin baumelt; eine Wäscheleine mit schmutzigen Windeln (es sieht natürlich nur so aus als ob) oder auch nur eine bunte Wimpelkette hängt im Vorgarten; auf dem Fenster ist ein aufblasbarer Storch montiert, der so aussieht, als sei er in das Wohnzimmerfenster gekracht, oder ein riesenhaftes aufblasbares Baby sitzt vor dem Haus. Die ganze Welt soll wissen, dass ein Kind geboren wurde und oftmals soll auch jeder gleich wissen, wie das neue Kind heißt. Die nie-

044nl Foto: eg

derländischen Eltern scheinen einander dabei an Originalität auf Teufel kommt raus übertreffen zu wollen und so sieht man viele geschmackvolle und weniger geschmackvolle Darstellungen.

Der Brauch der Ankündigung einer Kindsgeburt geht auf das 19. Jahrhundert zurück, als man die Türklinke mit einem Band, dem *kraamkloppertje,* oder einem Spitzentuch verzierte. Es diente eigentlich dem Zweck, den Gerichtsvollzieher von seinem Besuch abzuhalten, da ein Baby im Haus geboren wurde. Die Niederländer selbst kennen diesen Zusammenhang schon längst nicht mehr. Heute dient die Ankündigung vor allem dazu, jeden in der Gegend darüber zu informieren, dass ein Kind geboren wurde, weil man so **stolz auf seinen Nachwuchs** ist. Das hat noch immer den Vorteil, dass Paket- und Postboten, Nachbarn, Handwerker etc. dadurch besondere Rücksicht auf die Familie mit dem Neugeborenen nehmen. Sie nehmen es zum Anlass, nicht die Türklingel zu betätigen, sondern nur sanft am Fenster anzuklopfen. Die Geburtsanzeige am Fenster ist in jedem Fall keine Einladung, die Wöchnerin und das Baby einfach so zu besuchen. Wöchnerinnenbesuche sind dem engeren Familienkreis vorbehalten und selbst der bekommt in den Niederlanden üblicherweise eine schriftliche Geburtsanzeige per Post, in der genaue Instruktionen enthalten sind, wann ein Besuch am Wöchnerinnenbett erwünscht ist.

Die vielen Besucher aus der Familie oder dem Freundes- und Bekanntenkreis, die das neugeborene Baby binnen ca. einem halben Jahr zum ersten Mal besuchen, bekommen standardmäßig **beschuit met muisjes** angeboten. Das ist eine Scheibe runder Zwieback, bestrichen mit Butter oder Margarine und darauf mit Zuckerguss umhüllte Anissamen. Früher gab es die Aniskügelchen übrigens nur in der Farbkombination rosaweiß, 1994 produzierte man sie erstmals auch in blau-weiß. Seither werden die blau-weißen zur Geburt eines Sohnes und die rosa-weißen zur Geburt einer Tochter angeboten. Am ersten Arbeitstag nach der Geburt seines Kindes verteilt der Kindsvater sie traditionsgemäß auch an all seine Arbeitskollegen.

Der Brauch der *muisjes* (Mäuschen) geht zurück auf das 18. Jahrhundert. Damals wurden die mit Zucker umhüllten Anissamen jedoch der Wöchnerin angeboten, damit ihre Muttermilch gut einschösse, und nicht etwa ihren Besuchern. Die Anissamen nannte man *muisjes,* weil winzig kleine Samenstiele aus der Zuckerumhüllung herausragen, wodurch sie mit etwas Fantasie durchaus an Mäuschen erinnern. Sie wurden von Konditoreien hergestellt. Als Bäcker im 19. Jahrhundert den Eierzwieback erfanden, entstand der Brauch, Besuchern die *muisjes* auf der neuen Spezialität zur Verkostung anzubieten. In den Supermärkten findet man nur einen einzigen Hersteller dieser Aniskügelchen: De Ruijter. In seiner

Konditorei stellte er diese Spezialität ab 1860 her, wie er es als Konditorlehrling in Utrecht gelernt hatte (siehe auch den Exkurs „Süßer Brotbelag mit königlichem Segen“ ab Seite 186).

Flagge zeigen

Die Fassaden der niederländischen Häuser werden noch häufiger als Aushängeschilder für besondere Anlässe genutzt, wie man als Tourist insbesondere bei Spaziergängen in Wohngegenden beobachten kann. Am Königstag wird an vielen Häusern die **niederländische Flagge** mithilfe einer Flaggenstockhalterung an der Fassade angebracht. Auch zur Geburt der Königskinder, wie zuletzt bei Amalia (2003), Alexia (2005) und Ariane (2007) hingen die Flaggen an den Fassaden. Bei Sterbefällen in der Königsfamilie hängen auch Privatpersonen die niederländische Flagge auf halbmast, wie zuletzt beim Tod von Prinz *Claus,* dem Ehemann der ehemaligen Königin *Beatrix* oder beim Ableben von König *Willem-Alexanders* Bruder *Friso* (2013).

Als Ausdruck der **Solidarität und der Volkstrauer** werden auch anlässlich tragischer Unglücke – wie dem Absturz des Fluges MH17 der Malaysia Airlines im Jahr 2014, bei dem 193 niederländische Staatsbürger ums Leben kamen, oder anlässlich der 23 niederländischen Toten bei der Feuerwerkskatastrophe in Enschede im Jahr 2000 oder im Angedenken an die 36 niederländischen Tsunami-Opfer 2004 – **private** Flaggen einmalig auf halbmast gehisst. Die Größenordnung der Zahl der Toten ist dabei nicht maßgeblich, sondern vielmehr das Ausmaß der Trauer über einen bestimmten Vorfall.

Auch zur *Nationale Dodenherdenking* am vierten Mai, der **Nationalen Totenehrung** von im Krieg Gefallenen – ursprünglich nur für die Gefallenen des Zweiten Weltkriegs – hängen Flaggen an Privatgebäuden auf halbmast, während sie einen Tag später, am fünften Mai, anlässlich des *Bevrijdingsdag,* dem Befreiungstag, an dem das Ende der deutschen Besatzung und damit das Ende des Zweiten Weltkriegs gefeiert wird, in den gesamten Niederlanden wieder an der Spitze des Fahnenstocks wehen. Da viele Städte schon vor diesem Datum befreit wurden, gibt es dort jeweils einen weiteren Moment, in dem die Stadt ihre Befreiung feiert, in Eindhoven beispielsweise am 18. September.

Die Regeln für das Hissen der Flagge gelten nur für staatliche Gebäude bindend, Privatpersonen dürfen sie auch an anderen Tagen, als im **Flaggenprotokoll** vorgeschrieben, aushängen. Hinter dem öffentlichen Zeigen der Flagge steckt kein fanatischer Nationalismus, sondern es ist mehr ein ganz einfaches Ausdrucksmittel der Freude und der Trauer aus gegebenem Anlass. (Insbesondere in Deutschland galt diesbezüglich, aufgrund der Erfahrungen während des Naziregimes, zumindest bis zur Fußball-WM 2006, eine andere Auffassung.) So sieht man in den Niederlanden auch Flaggen hängen, wenn nicht gerade Königstag ist, es keinen besonderen Anlass im Königshaus gibt, kein Tag der Volkstrauer oder des Gedenkens ist und gerade auch keine internationale Fußballmeisterschaft stattfindet (siehe auch das Kapitel „Alles ‚oranje' – nicht nur am Nationalfeiertag" ab Seite 204).

Beispielsweise **gegen Ende des Schuljahres** hängen auf einmal wieder niederländische Fahnen an vielen Giebeln, zusätzlich oftmals ein Rucksack, ein zusammengeschnürter Stapel Schulbücher und/oder ein Paar ausgetretener Schuhe. Zunächst mag man sich fragen, ob einem Bewohner eventuell ein Streich gespielt wurde oder dieser vielleicht betrunken war, aber dem ist in der Regel nicht so. Der Brauch geht auf die niederländische Redensart *met vlag en wimpel geslaagd* („mit Flagge und Wimpel bestanden") zurück, mit der auf die niederländische Flagge und den orangefarbenen Wimpel des Königshauses angespielt und genau wie in der äquivalenten deutschen Redensart „mit fliegenden Fahnen" zum Ausdruck gebracht wird, dass jemand seine Sache gut gemacht hat. Und weil die Niederländer ganz offensichtlich eine Vorliebe für Bildsprache haben, kommt in den am Flaggenmast nebst der Flagge aufgehängten Accessoires vermutlich zusätzlich die Redensart etwas *an de wilgen hangen* („an die Weidenzweige hängen") zum Ausdruck. Im Deutschen würde man sagen: „an den Nagel hängen". Kombiniert man das Bilderrätsel, kommt man auf die Lösung: Ein Bewohner hat seine Abschlussprüfungen am Ende der weiterführenden Schule oder seines Studiums geschafft. Dieser Brauch ist im Übrigen vermutlich erst nach dem Zweiten Weltkrieg entstanden, indem zunächst einmal die Schulen selbst bei der **Zeugnisvergabe** die Flaggen an der Schule aufhängten. In den 1960er-Jahren steckten immer mehr Eltern die Flagge in die Halterung an ihrem eigenen Hausgiebel zum Zeichen für ihre erfolgreichen Sprösslinge. In den 1970er-Jahren wurde dies dann kontrovers diskutiert, da die niederländische Flagge eigentlich dem Königshaus bzw. der Regierung als Symbol vorbehalten sei, aber diese Bedenken wurden schnell zerstreut. Die Accessoires in der Form von Schuhen, Bücherstapeln etc. helfen somit auch, klarzustellen, dass es sich z. B. nicht um ein nationales Ereignis im Königshaus oder im Land handelt, sondern lediglich um ein einschneidendes Ereignis im Leben der Bewohner des betreffenden Hauses. Fest steht, dass der Brauch des Flaggehissens am Hausgiebel der Schulabsolventen in Zuid-Holland schon in den 1980er-Jahren recht populär war und sich seither in den gesamten Niederlanden verbreitet hat.

Jubiläum feiern

Bei einem Spaziergang in einer Wohngegend trifft man eventuell auf ulkig aufgemachte „Oma- oder Opapuppen", auf denen manchmal zur näheren Erläuterung die Zahl „50" oder aber die Namen **„Sara" oder „Abraham"** stehen. Oder aber es hängt vor dem Haus ein selbstgemachtes oder gedrucktes Transparent mit einem entsprechenden Spruch und einer Illustration (je nach Region gibt es diesen Brauch auch in Deutschland). Auch in den Niederlanden hält man den **fünfzigsten Geburtstag** eines Menschen für einen besonderen Anlass, den man ausgiebig feiern oder anerkennen sollte. Damit auch jeder weiß, dass ein fünfzigjähriges Geburtstagskind im Haus ist, verkünden Familienmitglieder oder Freunde dies mit der Puppe. Der Betreffende weiß indes oft nicht, dass man ihm die Puppe vor die Tür gesetzt hat. Auch am Arbeitsplatz lassen sich die eingeweihten Kollegen etwas einfallen, die kreativen Tipps dazu gibt es mittlerweile längst im Internet zu finden. Abgesehen davon, dass man dem besonderen Geburtstagkind an diesem Tag natürlich gratuliert, werden nur allzu gern ständig Witze auf Kosten der „Greise" gerissen, wie man es auch in Deutschland z. B. ab dem 40sten Geburtstag kennt.

Der Brauch der **Abraham-Puppe,** der in den 1950er-Jahren populär wurde, soll auf einer Stelle im Johannesevangelium beruhen, in der Jesus in einer Diskussion mit den Juden sagt: „Abraham, euer Vater, wurde froh, dass er meinen Tag sehen sollte, und er sah ihn und freute sich." (Johannes 8,56). Daraufhin entgegneten ihm die Juden mit großer Verwunderung: „Du bist noch nicht fünfzig Jahre alt und hast Abraham gesehen?" (Johannes 8,57), denn Abraham war schon vor Jesu Geburt gestorben. Aus diesem Grund sagt man im Umkehrschluss, dass jemand, der fünfzig Jahre alt wird, Abraham gesehen hat, womit ihm gleichzeitig seine Weisheit bescheinigt wird.

Der **Brauch der Sara-Puppen** als Pendant zu den Abraham-Puppen kam erst später auf, als man Frauen in der Gesellschaft den Männern gleichstellte. Dabei hat man die biblische Figur der Ehefrau Abrahams, Sara, wohl auch gewählt, weil sie im hohen Alter noch ein Kind bekam (Buch Genesis, Kapitel 18), was für Frauen als ultimativer Beweis ihrer Kraft und ihres Könnens gilt. Im Übrigen ist der Brauch der „karnevalsartigen Puppe" erst Ende des 20. Jahrhunderts entstanden. Traditionell gab man dem Jubilar ein gebackenes Abraham- oder Sara-Männchen. Da man diese aber nicht einfach so in der Bäckerei oder im Supermarkt bekommen kann, sondern sie extra vorbestellen müsste und zudem kaum noch Niederländer selbst backen, wird das Überreichen dieses Gebäcks immer seltener.

Bei solchen Feierlichkeiten wie einem runden Geburtstag, einem Umzug, einer Hochzeit, einem Abschied von der Arbeitsstelle und auch zu *Sinterklaas* (siehe das Kapitel „Sinterklaas ist anders als Sankt Nikolaus" ab Seite 195) **dichten die Niederländer** oft etwas zum Anlass oder machen ein Liedchen daraus, wie man es z.B. in Deutschland auch gern macht. Wer diesen Brauch nicht kennt, mag sich darüber wundern. In jedem Fall dient er der Auflockerung der Atmosphäre bei Feierlichkeiten, damit es im Falle eines Abschieds beispielsweise nicht allzu schwermütig wird und damit man trotz einer sehr unterschiedlichen Gruppe an Gästen einen gemeinsamen Nenner findet. Lachen sorgt für Stimmung, auch wenn man sich untereinander nicht gut kennt.

034nl Foto: eg

Sinterklaas ist anders als Sankt Nikolaus

Man nennt ihn *Sankt Nikolaus* in Deutschland, Österreich und der Schweiz, *Santa Claus* in vielen englischsprachigen Ländern und *Sinterklaas* in den Niederlanden. Und er gilt im Grunde in allen Ländern Europas von Mittel- bis Osteuropa, in Skandinavien und Südeuropa bis Griechenland noch immer als Heiliger und als Schutzpatron der Seefahrer. Welchen Namen er in den verschiedenen Ländern auch tragen mag, sie beziehen sich alle auf den heiligen Bischof *Nikolaus von Myra* in der heutigen Türkei aus dem 4. Jahrhundert. Aber sowohl die Ikonografie seiner Figur, als auch die Traditionen um seine Person herum sind in allen Ländern, in denen man ihn ehrt, ein wenig unterschiedlich. Insbesondere in den Niederlanden haben die Traditionen rund um die Figur des *Sinterklaas* einen ganz eigenen Charakter angenommen. Der Stellenwert, den dessen Namenstag am 6. Dezember und in den Tagen und Wochen zuvor einnimmt, ist einfach unübertroffen! Es ist die bekannteste Tradition in den Niederlanden, an der im Grunde jedes Grundschulkind, aber auch viele Jugendliche und Erwachsene teilhaben. *Sinterklaas* ist längst zu einem wahren **Volksfest** mutiert, das die gesamte spätherbstliche Periode dominiert. Die Figur des *Sinterklaas* steht für die Geschichte von einem guten heiligen Mann, der alljährlich mit seinem mit Geschenken vollbeladenen Dampfschiff von Spanien zu den Niederlanden fährt. Begleitet wird *Sinterklaas* von vielen Helfern, den **Zwarte Pieten** („Schwarze Peter", die in etwa mehreren Knechten Ruprecht entsprechen) und seinem Schimmel *Amerigo*. Es würde hier zu weit gehen, die einzelnen Elemente zu analysieren. Zumindest was das Schiff betrifft, lässt sich erklären, dass die sterblichen Überreste des Heiligen im Jahre 1087 per Schiff in Bari ankamen. In der italienischen Hafenstadt wird dieses Ereignis seit Jahrzehnten nachgespielt. Wer sich in die reiche Geschichte des niederländischen *Sinterklaas* gerne vertiefen möchte, sollte sich das Buch „Het Sinterklaasboek" (siehe Quellen im Anhang, Seite 235) besorgen, in dem die vielen Geschichten um seine Figur reich bebildert und ansprechend auf rund 350 kleinformatigen Seiten zusammengefasst wurden.

Dass das niederländische Sinterklaasfest so besondere Elemente wie das Dampfschiff aus Spanien, *Zwarte Piet* mit Sack und Rute sowie den Schimmel kennt, die in vielen anderen europäischen Ländern nicht Teil

◁ Heiß ersehnter Einzug von Sinterklaas und seinen Pietjes im kleinen Maashafen der mittelalterlichen Festungsstadt Heusden

der Sankt-Nikolaus-Geschichte sind, liegt an dem ehemaligen Amsterdamer Lehrer *Jan Schenkman.* Er schrieb 1850 das reich illustrierte Kinderbuch „Sint Nicolaas en zijn knecht" („Sankt Nikolaus und sein Knecht") und aus seiner Feder stammt auch eines der bekanntesten Sinterklaaslieder: „Zie ginds komt de stoomboot uit Spanje weer aan" („Schau hinten kommt wieder das Dampfschiff aus Spanien an"). Auf der Grundlage seines Buches wurde in Amsterdam 1934 zum ersten Mal der Einzug von *Sinterklaas* per Dampfschiff nachgespielt. Die **Inszenierung** war so populär, dass heute viele niederländische Gemeinden die Ankunft des Schiffes auf einer örtlichen Gracht, einem Kanal oder Fluss mit einem Rahmenprogram veranstalten. Ungefähr zwei Stunden vor Ankunft spielt ein lokales Orchester dann die vielen bekannten Sinterklaaslieder, die alljährlich durch neue Hits angereichert werden (ähnlich wie im Karneval). Ein Moderator hält die Zuschauermenge während der Wartezeit mit Banalitäten bei Laune. Kinder kommen oft als *Piet* oder *Sint* verkleidet. *Zwarte Pieten* verteilen *pepernoten* (Pfeffernüsse) an die Kinder und turnen typischerweise auf Einrädern oder Stelzen akrobatisch in der Menge herum. Bei Ankunft wird *Sinterklaas* durch den Bürgermeister und ein kleines Empfangskomitee begrüßt, die den *Sint,* wie er auch genannt wird, dann oftmals zu Fuß ins Stadtzentrum begleiten. Er selbst reitet auf seinem Schimmel *Amerigo* und winkt der Zuschauermenge entlang des Weges zu. Teil der Parade sind wieder die *Pietjes* und meistens sorgt eine Blaskapelle für die musikalische Untermalung des Events. Viele der *Pietjes* werden von Jugendlichen gespielt, die sich etwas Geld dazuverdienen und meist einen Riesenspaß an dem Vermummungsspiel zugunsten der jüngeren Kinder haben. Ganz kleine Kinder wissen natürlich nicht, dass *Sinterklaas* in mehreren Städten gleichzeitig ankommt. Wer sich doch über die vielen Nikoläuse wundert, dem wird erzählt, dass der echte *Sint* in jeder Stadt Hilfs-Nikoläuse rekrutiert, die ihm helfen, die Kinder im ganzen Land zu besuchen.

Es wird alles dafür getan, den Mythos *Sinterklaas* für die Kinder so lange wie möglich aufrechtzuerhalten. Es ist im Grunde wohl ein **Fest der Erzählkunst,** denn zu keiner anderen Zeit erfinden Eltern so viele Geschichten wie in der Sinterklaaszeit. Wie populär das Volksfest heute nach wie vor ist, lässt sich auch am Erfolg des preisgekrönten Kinderbuchs von *Charlotte Dematons* ablesen, die in ihrem 2007 erstmals erschienenen Bilderbuch ohne Text den Mythos und die vielen Rituale rund um das Sinterklaasfest illustrierte. Irgendwann kommt der Moment, in dem die Eltern dem Kind erklären müssen, dass der *Sint* nicht wirklich existiert, nachdem sie jahrelang die Inszenierung perfektioniert haben. So manches Kind ist dann bitter enttäuscht.

Sobald *Sinterklaas* einmal im Land ist, finden die weiteren Feierlichkeiten bei den Familien zu Hause statt, denn die katholische Figur des *Sinterklaas* geriet schon im 17. und 18. Jahrhundert in die Kritik. Als die Reformierten in der Republik der Sieben Vereinigten Provinzen die Oberhand hatten, wollte man dieses Fest zu Ehren des heiliggesprochenen Bischofs *Nikolaus von Myra* nur zu gerne ausmerzen. Man duldete andere Glaubensrichtungen immerhin nur dann, wenn sie im Privaten und nicht in der Öffentlichkeit ausgelebt wurden. Weil das Fest allerdings schon damals auch unter Reformierten durchaus populär war und bereits Volksfestcharakter angenommen hatte, ließ das Volk es sich nicht gänzlich nehmen. Es verlagerte sich nur von einem bis dahin innerhalb der Kirche gefeierten Fest, bei dem einst die Armen ihre Schuhe aufstellten, die mit Opfergaben gefüllt wurden, in die Behausungen der Familien. Dadurch wurden entgegen der Tradition nicht mehr die armen Kinder bedacht, sondern die eigenen.

Die Figur des *Sinterklaas* war für alle Eltern – katholisch oder protestantisch – zum **Mittel der Kindererziehung** geworden. Er brachte den unartigen Kindern traditionell eine Rute und belohnte die artigen Kinder mit etwas Süßem, denn auch im 17. Jahrhundert galt schon: *Wie zoet is krijgt lekkers, wie stout is de roe* (Wer artig ist, bekommt Leckeres, wer unartig ist, die Rute). Bis Mitte der 1960er-Jahre blieb die Rolle des *Zwarte Piet* eine belehrende, die in die autoritäre Erziehung der Zeit hineinpasste. Im Laufe der jährlichen Fernsehübertragungen von der Ankunft des Dampfschiffes seit 1952 veränderten sich die *Pietjes* zu lustigen Helfern des Kinderfreundes *Sinterklaas*. Die Rute gibt es heute nur noch in traditionellen Liedtexten, aber das Element der Belohnung lieber Kinder ist geblieben.

Die Kinder stellen ab der offiziellen Ankunft des Dampfschiffes Mitte November bis zum **pakjesavond** („Geschenkeabend“) am 5. Dezember allabendlich einen Schuh beim Kamin, der Vorder- oder Hintertür oder auch beim Fenster auf. Dort hinein legen sie oftmals eine Zeichnung für den *Sint*, eine Möhre für das Pferd, Kekse für die *Pietjes* etc. Die Varianten sind endlos. Eltern spielen das Spiel mit und entscheiden individuell, ob sie die Sachen über Nacht verschwinden lassen und schon vor dem 5. Dezember ein kleines Geschenk in den Schuh legen oder eben erst dann. Zudem wird auch süßes Naschwerk in die Schuhe gegeben wie z.B. *pepernoten* (Pfeffernüsse), typische Süßigkeiten wie *suikergoed* (weiße, hellgelbe, hellgrüne oder rosa Zuckerbonbons in der Form der Nikolausmitra, eines Geschenks etc.), *taaitaai* (zähe Spekulatiusmännchen), *banketletters* (gebackene Buchstaben mit Marzipan), *marsepein* (Marzipan) oder *chocoladeletters* (Buchstaben aus Schololade).

Am Abend des 5. Dezember oder eben einem anderen Abend, an dem alle Zeit haben, **feiert die ganze Familie das Sinterklaasfest.** Es wird ein besonders unvergesslicher Abend. Wenn alle beisammen sind, klopft es bei Familien mit kleinen Kindern an der Tür oder am straßenseitigen Fenster und es rollen auf einmal Pfeffernüsse und Zuckerbonbons in das Wohnzimmer. Bei so manch einer Familie kommt der *Sint* in Begleitung seiner Helfer sogar höchstpersönlich vorbei. Es findet sich immer ein Nachbar, Onkel oder eine eigens dafür angeheuerte Person, die den Part übernimmt. Oder „er reitet nachts ungesehen auf seinem Schimmel über die Stadtdächer", „*Pietjes* klettern durch die Schornsteine in die Häuser" oder wissen, sich auf andere Art Zugang zu verschaffen. Eltern denken sich die tollsten Geschichten aus, wenn Kinder die Befürchtung äußern, dass die *Pietjes* doch gar nicht in ihr Haus eindringen könnten, weil die Türen und Fenster verschlossen seien und sie keinen Schornstein haben.

An diesem Abend durchleben die Kinder die kaum auszuhaltende Neugier darauf, welche Geschenke sie wohl am Morgen des 6. Dezember in ihren Schuhen vorfinden werden (wenn sie diese nicht schon im Rahmen der Familienfeier am 5. Dezember erhalten haben). So manches Kind kann kaum einschlafen vor Aufregung. Entsprechend hört man Kinder in den Niederlanden vor lauter Vorfreude auf das Fest von nichts anderem mehr reden als ihrer Wunschliste für *Sinterklaas,* sobald im Herbst die Blätter von den Bäumen fallen und die Tage deutlich kürzer werden. Die meisten Eltern animieren ihre Kinder dazu, denn sie wollen ja herausfinden, was sie ihnen in diesem Jahr in *Sinterklaas* Namen schenken sollen.

Die Grundschulen bitten die Eltern, ein vorgegebenes Geschenk zu kaufen oder zu basteln, das die Kinder beim Besuch von *Sinterklaas* in der Schule bekommen sollen. Während seines Besuches liest der *Sint* – in der Schule und oft auch daheim – aus seinem großen roten Buch vor. Darin steht, ob die Kinder artig oder unartig gewesen sind und wer artig war, bekommt ein Geschenk. Dabei gilt allerdings schon lange, dass alle Kinder artig sind. *Sinterklaas* ist heute vor allem das **Fest der Geschenke für kleine Kinder,** die sie nicht direkt von den Eltern bekommen wie an Weihnachten, sondern eben vom *Sint* und seinen Helfern.

Seit 1964 wird der Einzug des Schiffes von *Sinterklaas* **live im Fernsehen ausgestrahlt** und seit 2001 wird das „Sinterklaasfieber" durch das im November täglich ausgestrahlte *Sinterklaasjournaal* im Fernsehen medienmäßig so richtig ausgeschlachtet. Heutzutage geht es schon fast vier Wochen vor dem 6. Dezember los! Die spannendsten Geschichten rund um die Reise des heiligen Mannes werden erzählt: Mal ist eine Brücke zu niedrig für das einlaufende Schiff und es müssen Lösungen gefunden werden, dann wird das Schiff entführt, ein Sturm hat die Päckchen über Bord gespült etc. Jedes Jahr erfindet man im Fernsehen ein neues spannendes Drehbuch, in dem alle Mittel der modernen Dramaturgie eingesetzt werden. Wegen dieses Medienspektakels wird das Sinterklaasfest auch von vielen langjährig in den Niederlanden lebenden eingewanderten Familien gefeiert. Man konnte sich diesem jährlich wiederkehrenden Hype, der mindestens einen Monat lang omnipräsent ist, einfach nicht mehr entziehen, ohne die eigenen Kinder in deren Schulalltag zu Außenseitern zu machen.

Übrigens, auch **Jugendliche bzw. Erwachsene ohne kleine Kinder** feiern *Sinterklaas* – zu Hause, in der Schule und am Arbeitsplatz. Sie feiern es allerdings mit *surprises* (Überraschungspäckchen, sprich „ssör-prie-ses" ähnlich wie im Französischen), die sie in der Regel für denjenigen basteln müssen, dessen Namen sie per Los gezogen haben. Diese Überraschungen werden oft aus Pappmaché kreiert und stellen etwas dar, was der Beschenkte beispielsweise als Hobby hat. Auch diesen Brauch kannte man schon im 17. Jahrhundert. Auf einem Sinterklaas-Gemälde von *Jan Steen* im Rijksmuseum zu Amsterdam sieht man einen perfekt geviertelten Apfel, der mit einer Überraschung in seiner Mitte wieder zusammengesetzt wurde. Und in dem Roman „Klaasje Zevenster" von *Jacob van Lennep* (Ende 19. Jahrhundert) wird deutlich eine *surprise* mit wunderlichem Inhalt beschrieben. Auch die *surprises* werden um den 5. Dezember herum ausgepackt, begleitet von einem dazu passend ausgedachten Reim, der nicht etwa poetisch ist, sondern den Adressaten auf humorvolle, persönliche Art und Weise auf die Schippe nehmen soll. Diese Tradition ist vergleichbar mit den bissigen Kommentaren in der deutschen und niederländischen Karnevalstradition, mit denen man von alters her politische Gegner auf satirische Weise zu verschaukeln weiß. Im 18. Jahrhundert wurden *surprises* daher zuweilen von wahren Schimpfgedichten begleitet.

Die **Kontroverse um die Zwarte Pieten** bzw. um deren Aussehen wurde im Prinzip ab 2012 verschärft diskutiert, als die Niederlande die UNESCO-Konvention zur Erhaltung des immateriellen Kulturerbes unterzeichneten und die Tradition um das Sinterklaasfest 2015 in die niederländische Inventarliste aufgenommen wurde. Mit Unterzeichnung der Konvention verdichtete sich die Diskussion darum, was denn eigentlich typisch niederländische Traditionen seien, woher sie kommen und wofür sie stehen. Man beschäftigte sich also erstmals auf nationaler Ebene und in allen Medien mit dem Aussehen des *Zwarte Piet* und dessen Ursprung in der nicht immer ruhmreichen Kolonialgeschichte des Landes. Entsprechend beinhaltet das Aussehen der Figur *Zwarte Piet* viele Elemente, die heute **als rassistisch gewertet** werden müssen: die pechschwarz dargestellte Gesichtsfarbe; der Status als Knecht von *Sinterklaas;* seine pagenhafte Kleidung, wie man sie im 17. Jahrhundert kannte; die weißen Handschuhe, die schwarze Pagen in den Kolonialtagen trugen; die großen goldenen

Vielfalt an Volksfesten und Bräuchen

In den Niederlanden, die flächenmäßig etwa Nordrhein-Westfalen entsprechen, gibt es erstaunlich viele regionale Volksfeste und Bräuche, die nur selten überregional bekannt sind. Der Grund für die vielen weitgehend voneinander isolierten Eigenheiten liegt in der Selbstständigkeit der einzelnen Provinzen im Mittelalter, der Duldung unterschiedlicher Religionen in der mittelalterlichen Republik der Sieben Vereinigten Provinzen bis in die Gegenwart. Von den vielen katholischen Bräuchen hat sich nur „Sinterklaas" als das mehr oder weniger alle vereinende Volksfest im ganzen Land durchsetzen können, während andere katholische Feiertage wie Driekoningen (Heilige Drei Könige), Mariä Lichtmess, Palmsonntag, Pfingsten, Sint Jansfeest (Mittsommerfest zum Johannistag) und Sint Maarten (Sankt Martin) regional unterschiedlich oder gar nicht gefeiert werden. Osterfeuer kennt man nur in den nordöstlichen Provinzen in Gelderland, Overijssel, Drenthe und Groningen. Karneval bzw. Fastnacht nur in Limburg, Noord-Brabant und in einigen Enklaven in Overijssel, Gelderland, Drenthe und Zeeland. Dass die vielen katholischen Feierlichkeiten mit ihrer integrierten heidnischen Symbolik überhaupt überlebt haben, obwohl deren Ausübung in der Republik der Sieben Vereinigten Provinzen aus der Öffentlichkeit verbannt worden war, liegt vor allem daran, dass die Reformierten dem Volk keine neuen Feierlichkeiten als Alternative bieten konnten. Somit wurden die alten katholischen Feste auch durch viele protestantisch orientierte Familien im kleinen Kreis weiterhin gefeiert, wodurch die unterschiedlichen Auslegungen und die Regionalität der Feierlichkeiten zu erklären sind.

Es gibt viele weitere regional unterschiedliche Festlichkeiten, von denen manche auf Geschichten und Bräuchen der vorchristlichen Zeit beruhen und denen im Laufe des 20. Jahrhunderts neues Leben eingehaucht wurde, wie z.B. die Prozession des Riesen Gigantius in Maastricht, die an keltische Bräuche der Riesenverehrung anknüpft oder das Carbidschießen zum Neujahr, das seit dem Zweiten Weltkrieg in Drenthe, Overijssel und Brabant praktiziert wird und auf dem Julefest der Germanen basiert. In Holland wird zwischen Delft und Den Helder traditionell „luilak" gefeiert, ein Brauch aus dem 17. Jahrhundert, nach dem derjenige, der am Samstag vor Pfingsten als Letzter bei der Arbeit erscheint, jedem einen ausgeben soll. Das nahm immer größere Ausmaße an und wurde Ende des 20. Jahrhun-

☐ 1989 fand das erste Drachenbootrennen in den Niederlanden statt, mittlerweile gibt es 10 offizielle niederländische Wettkampfmannschaften

035nl Foto: mvl

derts in organisierte Festivals verwandelt. Anfang Dezember kennen die Inselbewohner im niederländischen Wattenmeer die etwas andere Tradition des „Sunderklaas", wobei sich die Einwohner bis zur Unkenntlichkeit verkleiden und recht beängstigend aussehen. Die jeweiligen alteingesessenen Familien identifizieren sich oftmals in ausgeprägtem Maße mit „ihren" regionalen Volksbräuchen.

Volksbräuche werden auch weiterhin fest zur niederländischen Gesellschaft gehören, damit sich die Menschen mit anderen außerhalb des eigenen Familien- oder Freundeskreises verbinden können, was offenbar ein Grundbedürfnis des Menschen als soziales Wesen darstellt. So entstehen auch in einer solch individualisierten Gesellschaft wie den Niederlanden immer wieder neue Volksfeste und Bräuche wie z. B. der „Wednesday Night Skate", der seit 1999 jeden Sommer in Rotterdam veranstaltet wird, wo je nach Wetterlage und Ferienterminen 40.000 bis 50.000 Teilnehmer fünf Abende auf Rollschuhen oder Inlineskates gemeinsam ihre Runden drehen. Es gibt immer mehr regional zelebrierte Marathonläufe und vor allem für die jüngeren Generationen natürlich auch Musikfestivals wie u. a. das berühmte Pinkpop-Festival, dass seit den 1970er-Jahren stattfindet und am Pfingstwochenende täglich rund 70.000 Besucher zählt. Volksfeste mit multikulturellem Hintergrund gibt es in den Niederlanden seit dem 20. Jahrhundert auch immer mehr, wie das „Pasar Malam", die indonesischen Nachtmärkte, oder die chinesischen Neujahrsfeierlichkeiten, die vor allem in Den Haag beliebt sind, wo es jeweils große Bevölkerungsgruppen aus Indonesien und China gibt. Nicht zu vergessen ist auch der Zomercarnaval

(Sommerkarneval) in Rotterdam, der seit 1984 nach dem Vorbild des lateinamerikanischen Karnevals gefeiert wird.

Ebenso hat auch die LGBT-Community ihre eigenen Feste, von denen die „Amsterdam Gay Pride" seit 1996 jährlich durch Schwule, Lesben, Bi- und Transsexuelle etc. nach dem New Yorker Vorbild gefeiert wird. Heutzutage kommen Hunderttausende von Besuchern aus dem In- und Ausland nach Amsterdam und machen die Parade damit zu einem der größten Volksfeste in den Niederlanden nach dem Königstag. Diese Entwicklung lässt sich natürlich auch in vielen Ländern weltweit beobachten. Durch zunehmende Globalisierung und das Zusammenwachsen der europäischen Länder werden die Unterschiede zwischen den Volksfesten in den verschiedenen Ländern immer kleiner und erfolgreiche Konzepte werden gerne übernommen.

⌃ Mit Karneval hat man in Amsterdam nichts am Hut, doch die seit 1996 jährlich veranstalteten karnevalesken Gay-Pride-Paraden sind sehr beliebt

Kreolen im Ohr, welche einst typische Darstellungsornamente für sog. „Mohren" waren etc. Kein Wunder also, dass niederländische Mitbürger aus den ehemaligen Kolonien Suriname, Aruba, den Antillen etc. über diese Merkmale nicht erbaut sind. Gleichzeitig wird auch immer mal wieder diskutiert, ob nicht auch das Kreuz von der rot-weiß-gold stilisierten Mitra verschwinden sollte. Schließlich hat man es im Laufe der Geschichte ja schon einmal geändert: Der Bischofshut war ursprünglich purpurfarben. Das Entfernen der christlichen Symbolik würde es den nicht-christlichen Einwohnern der Niederlande immerhin einfacher machen, an diesem Volksfest teilzuhaben. Es hat sich schon längst so weit von seinen religiösen Wurzeln entfernt, dass man lange suchen muss, bevor man überhaupt jemanden findet, der die Geschichte des katholischen Bischofs *Nikolaus von Myra* aus dem 4. Jahrhundert noch kennt.

Das Volksfest hat sich vor langer Zeit verselbstständigt, hat nun andere Erklärungen für das Aussehen der *Pietjes* parat, nämlich dass ihre Gesichter schwarz sind, weil sie durch den Schornstein in die Häuser eindringen, dass die braun-schwarze Schminke, die Handschuhe und die farbenfrohe Kleidung heute nur noch der **Vermummung** dienen, ebenso wie der übergroße weiße Bart und das weiße Haar des *Sinterklaas.* Wie sonst könnte man die Darsteller in diesem landesweit aufgeführten traditionellen „Theaterstück" bis zur Unkenntlichkeit maskieren? Im Laufe der hitzigen Diskussion um das Aussehen des *Zwarte Piet,* tauchten dann auf einmal *Pietjes* mit blauer, grüner, roter oder goldener Gesichtsfarbe auf. Insgesamt hat man sich seit Beginn der Ausstrahlung des Sinterklaasjournals 2001 schon lange von dem alten Bild eines schwarzen Knechts mit Rute distanziert. Das Fernsehen transformierte den *Zwarte Piet* zu einer lustigen Figur mit vielen Varianten: Haupt-Piet, Haus-Piet, Doch-Piet, Genauigkeits-Piet, Panik-Piet, Reim-Piet, Jammer-Piet, Entschuldigungs-Piet, Pfeffernuss-Piet und viele mehr. Damit wurde die Figur bei Kindern verständlicherweise nur populärer, denn man musste seine Rute nicht länger fürchten. Wie sich der *Zwarte Piet* im Laufe der nächsten Jahre angesichts der zunehmenden Kritik und der medialen Aufbereitung verändern wird, bleibt abzuwarten.

Aller Kritik am *Zwarte Piet* zum Trotz ist *Sinterklaas* DIE „niederländischste" aller volkstümlichen Traditionen. Wenn man im November oder Anfang Dezember in die Niederlande fährt, sind im Grunde alle Geschäfte dekoriert mit Pseudo-Geschenken, verpackt in buntes Geschenkpapier mit den typischen Illustrationen rund um das Thema *Sinterklaas.* Kauft man in diesem Zeitraum etwas, wird selbstverständlich gefragt, ob es als Geschenk für *Sinterklaas* oder Weihnachten verpackt werden soll. **Weihnachten** spielt in den Niederlanden trotz Popularisierung der Figur des amerikanischen Weihnachtsmannes *Santa Claus* seit der Nachkriegszeit eine weitaus geringere Rolle und es gibt zu Weihnachten auch bedeutend weniger Geschenke. Einem ungeschriebenes Gesetz zufolge kommt im niederländischen Einzelhandel der Weihnachtsschmuck nicht zum Einsatz, bis *Sinterklaas* am 6. Dezember mit seinem Schiff wieder nach Spanien abgereist ist. Viele Niederländer kaufen in der Woche nach Abreise des *Sinterklaas* auch ihren Weihnachtsbaum oder aber verzieren die Wohnung weihnachtlich, um so die vorweihnachtliche Stimmung zu genießen.

Alles „oranje" – nicht nur am Nationalfeiertag

Dass die Farbe *oranje,* zu Deutsch „Orange", die Farbe der Niederländer schlechthin ist, mag dem einen oder anderen bereits bei internationalen Fußballwettkämpfen aufgefallen sein, wenn die Fantribüne im Stadion an der niederländischen Seite in flächendeckendes Orange gehüllt ist. Bei den Olympischen Spielen ist die Trikotfarbe der Niederländer selbstverständlich auch Orange und selbst die Königsfamilie trägt dann legere orangefarbene Trikots und untermalt so ihre Unterstützung der olympischen Sportler, die im Namen des Königreichs an den Start gehen. Findet ein wichtiges **internationales Fußballspiel** statt, kommen die Niederländer auch im Ausland in orangefarbener Kleidung mit schrill anmutenden Accessoires zusammen. Ist man während solch wichtiger internationaler Fußballspiele in den Niederlanden, trifft man auf ganze Straßenzüge überspannt mit orangefarbenen Wimpeln (zumindest wenn die Holländer nicht schon im Vorfeld ausgeschieden sind). Die Fußballfans bekennen auf diese Weise wortwörtlich Farbe.

Obwohl die Farben der niederländischen Flagge heutzutage Rot-Weiß-Blau sind, ist die Wahl der Farbe Orange als Nationalfarbe historisch leicht zu erklären. Die niederländische Königsfamilie stammt vom **Geschlecht Oranje-Nassau** (dt.: Oranien-Nassau) ab, den Nachfahren des in Deutschland geborenen *Wilhelm von Nassau,* der von seinem Neffen *Renatus* 1544 das südfranzösische Fürstentum Orange erbte. Als *Wilhelm I.* der katholischen Kirche seine Treue versprach, durfte er sich fortan als *Prins van Oranje* (Fürst von Oranien) bezeichnen. Angehörige seines Geschlechts nannte man von da an entsprechend „Oranier". In der niederländischen (und französischen) Sprache wird der Name des Geschlechts genauso geschrieben wie die Farbe: *oranje.* In historischen Porträts der Fürsten von Oranien zieren orangefarbene Accessoires auch die Kleidung der Fürsten.

Als der Statthalter *Wilhelm I.* von Oranien im Achtzigjährigen Krieg eine Flagge für die Republik der Sieben Vereinigten Provinzen während der kämpferischen Auseinandersetzungen gegen die spanischen Truppen

037nl Foto: sa

brauchte, verwendete er 1572 erstmals die sogenannte **„prinsenvlag"** (Prinzenflagge), eine waagerechte Trikolore mit den Farben Orange, Weiß und Blau, wobei Orange der oberste Querbalken war. So erklärt sich der doppeldeutige Fußballschlachtruf *„oranje boven"* – „orange oben", was aus einem Lied stammt, das im 19. Jahrhundert zur Zeit der Regentin *Emma* gedichtet wurde. Die Farben Weiß und Blau wurden abgeleitet von den Livreefarben am Hof des Fürstentums Orange. Am 1. April 1572 stürmten die sogenannten *watergeuzen* (Wassergeusen, Besatzung der Kaperschiffe von geflüchteten Edelleuten und Kaufleuten) die Stadtmauern der Stadt Den Briel bzw. Brielle in der heutigen Provinz Zuid-Holland und befreiten die Stadt von den spanischen Besatzern. Dabei kam die Prinzenflagge zum Einsatz. Dieses historische Ereignis wird alljährlich am ersten April nachgespielt, wobei die gesamte Innenstadt von Den Briel mit Stroh bedeckt wird, Fischnetze und Wäsche in den Straßen zum Trocknen aufgehängt werden, viele Einwohner in der Tracht des 16. Jahrhunderts gekleidet sind und als Statisten an dem historischen Freiluftspektakel teilnehmen.

⌃ Zum Spiel der niederländischen Nationalmannschaft gehen Fußballfans mit reichlich orangefarbenen Accessoires ausgestattet ins Stadion

Warum der orangefarbene Balken sich ab ca. 1630 in Rot verwandelte, ist nicht ganz geklärt, aber so konnte die Farbe Orange des Fürsten von Oranien zur wahren Nationalfarbe aufsteigen, die bei freudigen Ereignissen im Königshaus in der Form eines **zusätzlichen orangefarbenen Wimpels** an der Spitze der Fahnenstange wieder ihren alten Platz einnehmen. Auch der Bevölkerung ist es gestattet, einen orangefarbenen Wimpel oberhalb der niederländischen Flagge hinzuzufügen, als Zeichen des Respekts für das niederländische Königshaus.

Wen wundert es dann noch, dass die Farbe Orange in jeglicher Form das **Dekor am niederländischen Nationaltag,** dem sogenannten *Koningsdag* (Königstag, bis 2013 *Koniginnendag,* Königinnentag), beherrscht – als Farbe von Trikots, anderen Kleidungsstücken oder Accessoire, Haaren oder Perücken, Wimpel in der Straße, Ballons, Schminke auf den Wangen, selbst von Puddings oder Yoghurts, Brotbelag oder Mayonnaise. Selbst das Wasser in öffentlichen Brunnen und Fontänen wird oftmals orange gefärbt. Man spricht auch vom *oranjekoorts* (Oranje-Fieber) oder *oranjegekte* (Oranje-Verrücktheit), an der der Einzelhandel mit seinen zig Millionen Partyartikeln „made-in-China" kräftig mitverdient. Das ist natürlich auch der Grund dafür, dass die Orangefärbung der Straßenzüge und Menschen insbesondere am Nationalfeiertag seit den 1990er-Jahren geradezu absurde Ausmaße annimmt. An keinem anderen Tag wird das gesamte Land und sogar populäre Kneipen der Niederländer in Übersee komplett in die Farbe Orange getaucht wie am Ehrentag des niederländischen Staatsoberhaupts. Die Mehrheit der Bürger bringt damit weder ihre Liebe zur Königsfamilie noch ihren Nationalstolz zum Ausdruck, sondern schlicht **ihre Liebe zum Feiern.** An diesem Tag sind einfach alle gleich, jeder kann mitmachen, feiern und Spaß haben: Jung, Alt, alteingesessen, zugewandert, ruhig, laut ... es ist für jeden etwas dabei.

Während in den meisten Ländern dem Nationalfeiertag des jeweiligen Landes das Datum eines wichtigen militärischen oder politischen Ereignisses zugrunde liegt, ist es in den Niederlanden seit Amtsantritt von Königin *Wilhelmina* in der Regel der Geburtstag des derzeitigen Monarchen. Hinter der Idee, den Geburtstag des Staatsoberhaupts als Nationalfeiertag zu feiern, stand die wichtige **Symbolwirkung** der königlichen Familie **für die nationale Einheit** der Niederlande. Katholiken, Protestanten und Andersgläubige lebten zu Beginn des 19. Jahrhunderts friedlich nebeneinander im Zustand der „Versäulung" (s. S. 116). Liberale und Sozialisten stritten um das allgemeine Wahlrecht, um Bildungsfragen, um die Position der Arbeiter und um andere Sozialfragen. Es galt, alle an einem nationalen Feiertag miteinander zu vereinen. Die politische Macht des Staatsoberhauptes war durch die Grundgesetzänderung 1848 vermindert und die

Symbolfunktion des Monarchen gestärkt worden. Somit stand die damalige Königin *Wilhelmina* über den politischen Parteien, sie war sozusagen neutral und damit ideale Symbolfigur für das Volk.

Vorläufer für die Form der heutigen Feierlichkeiten war der Prinzessinentag zu Ehren des Geburtstages von Prinzessin *Wilhelmina* am 3. August 1885. Er wurde in einem Utrechter Stadtviertel ausgerichtet. Die Arbeiter dess Viertels durften damals feiern, Waisenkinder bekamen Rosinenbrot zu essen und Milch, ein Rennradrennen wurde veranstaltet und es gab eine Blumenausstellung im Oranjepark. Es sollte ganz bewusst ein Fest sein, welches das breite Volk begeistern würde. Die Rechnung ging auf. Prompt wurden im ganzen Land **Oranje-Kommitees und -Vereine** gegründet, die seither alljährlich die Feierlichkeiten in ihrer Stadt koordinieren. So entstand eine ganz eigene, ur-niederländische Spielekultur, die oftmals kindlich anmutet. Da gibt es Spiele wie *koekhappen* (Gewürzkuchen-Schnappen) oder eine der diversen Varianten, *tobbetje steken* (einen Wassereimer mit einer Lanze umstoßen), Sackhüpfen, Tauziehen, Open-Air-Balltänze, Vorführungen der Gymnastikvereine, Paraden mit verzierten Bollerwagen und später verzierten Fahrrädern und Musikkapellen, die für Stimmung sorgen.

Wenn man einmal dabei war und sieht, mit welcher Ungeniertheit und mit welchem Spaß die Niederländer daran teilnehmen, weiß man auch gleich, warum **Spiele** bei Betriebsausflügen so beliebt sind (siehe auch Seite 183).

Obwohl Spiele bis ins 18. Jahrhundert von Erwachsenen wie Kindern gespielt wurden (man denke nur an Blindekuh, Verstecken etc., das die Adligen zum Zeitvertreib in ihren großen Gartenanlagen und Labyrinthen spielten), verschwanden sie mit zunehmender Industrialisierung aus dem Erwachsenenleben und wurden im 20. Jahrhundert zu einer Domäne der Kinder, deren Wertschätzung enorm zunahm. Vielleicht haben sich Erwachsene in den Niederlanden im Vergleich zu anderen europäischen Ländern auch **eine größere Verspieltheit bewahrt,** weil das Spielen schon in der Republik der Sieben Vereinigten Provinzen keine reine Domäne der Adligen war, wie man unschwer an Darstellungen von Alltagsszenen aus der Zeit erkennen kann. Spiele fanden nicht nur im Schlosspark statt, sondern die breite Masse hatte Zeit (und Geld) für den Luxus des spielerischen Zeitvertreibs.

Königin *Wilhelmina* und ihre Familie waren im Übrigen fast nie anwesend bei den Feierlichkeiten zu ihren Ehren, das sollte sich erst mit Königin *Juliana* ändern. Ab 1949 fand der Königinnentag an Königin *Julianas* Geburtstag, dem 30. April, inklusive einem Defilee entlang des Palastes Soestdijk statt. Am Ende des festlichen Morgens lagen die Treppen des

Extrainfo 16 (s. S. 6): wenn Niederländer aus der Reihe tanzen dürfen – „Oranjegekte verklaard", Video von Radio Nederland Wereldomroep (Niederl.)

Palastes voller Blumen, regionalem Rosinenbrot oder selbstgemachten Geschenken für die Königin. Noch populärer wurde der Nationalfeiertag durch die **Liveübertragungen im Fernsehen** ab Mitte der 1950er-Jahre. Und noch etwas änderte sich im Laufe der 1950er-Jahre: Nebst den kleinen Märkten, wo Händler seit den 1930er-Jahren Süßigkeiten, Eis, Obst oder auch festliche Hütchen und Tröten verkauften, kamen in einigen Stadtvierteln von Amsterdam die ersten Flohmärkte von Anwohnern dazu. Während man normalerweise eine Genehmigung benötigte, um auf der Straße Waren zu verkaufen, brauchte man diese nicht für die Freimärkte am Nationalfeiertag, sofern nichts Verbotenes oder Anstößiges verkauft wurde.

In der Ära von Königin *Beatrix* ab 1980 bemühte man sich, den Nationalfeiertag weiter zu popularisieren. Durch die Hochzeit von *Beatrix* mit einem Deutschen in einer Zeit gesellschaftspolitischer Umwälzungen in den Niederlanden hatte die Monarchie in den frühen 1980er-Jahren zunächst einen schweren Stand. Ein deutscher Prinzgemahl war in den Augen vieler Niederländer zu jener Zeit einfach inakzeptabel. Um den **ausgelassenen Volksfestcharakter** zu erhalten, entschied Königin *Beatrix* nach dem Abdanken ihrer Mutter 1980, den Königinnentag weiterhin am 30. April zu feiern, weil es an ihrem eigenen Geburtstag, dem 31. Januar, viel zu kalt sei. Königin *Beatrix* beschloss überdies, den nationalen Feierlichkeiten jedes Jahr in zwei verschiedenen Städten der Niederlande beizuwohnen, um breitere Reklame für die Monarchie zu machen, zumal dies durch Millionen von Zuschauern im Fernsehen mitverfolgt werden würde.

1988 stattete *Beatrix* dem **Amsterdamer Freimarkt,** der sich zu einem der beliebtesten Veranstaltungen am Nationalfeiertag entwickelt hatte, einen unangekündigten Besuch ab. Sie lief ohne erkennbare Leibwächter durch das beliebte Stadtviertel Jordaan, wurde dort von einem Bürger erkannt und per Kuss begrüßt, was zufällig (oder auch nicht) von einem Journalisten fotografiert wurde. In der landesweiten Zeitung „De Telegraaf" zierte die Schlagzeile am nächsten Tag die Titelseite und läutete die Wiederherstellung der Beliebtheit des Königshauses ein. Schätzungen zufolge zählt der Freimarkt in Amsterdam seit Ende der 1990er-Jahre alljährlich mehr als eine halbe Million Besucher aus dem In- und Ausland. Er ist damit der meist besuchte Freimarkt am Königstag, den es heute in allen großen niederländischen Städten gibt. Es finden Konzerte statt, bestimmte Parks sind Freimärkten der Kinder mit ihren Familien vorbehalten, wo sie ihre alten Spielsachen verkaufen oder ihr Können auf Instrumenten zum Besten geben können. Auf vielfältige Weise werden so die Sparstrümpfe der Kinder aufgebessert.

Warten auf Frost – eine Nation im „Eisfieber"

Einen ausgesprochen nationalen Charakter hat auch das alljährliche „Eisfieber" in den Niederlanden. Sobald in den Wintermonaten eine Zeit lang frostige Temperaturen herrschen, beginnt das „Elfstedenkoorts" („Elf-Städte-Fieber"). Damit sind das Hoffen auf und Bangen um eine dicke Eisschicht auf den gesamten beinahe 200 Kilometern miteinander verbundenen Kanälen und Grachten zwischen den elf Städten in der Provinz Friesland gemeint, die man dann an einem Stück per Schlittschuhen ablaufen kann. Start- und Endpunkt dieser sogenannten „Elfstedentocht" (Elf-Städte-Tour) ist immer die Stadt Leeuwaarden. Die Städte dazwischen sind: Sneek, IJlst, Sloten, Stavoren, Hindeloopen, Workum, Bolsward, Harlingen, Franeker und Dokkum, die man in dieser Reihenfolge auf Natureis abläuft. Diese Tour ist wahrlich kein Pappenstiel. Es stellt eine besondere sportliche Leistung dar, sie zu absolvieren. So manch ein Sportfanatiker träumt schon länger von der Möglichkeit, einmal dabei sein zu können. Die Medien greifen das Thema nur allzu gerne auf. So kommt es, dass man jeden Winter in den gesamten Niederlanden mitfiebert, ob es in dem Jahr wohl genug Frost für dieses Event geben wird. Es ist im Grunde so etwas wie „der Mount Everest der Niederlande", nur eben auf ganz flachem Terrain. Ein positiver Nebeneffekt ist wohl, dass man mit dieser Vorfreude, auch den extremen winterlichen Temperaturen etwas abgewinnen kann. Glatteis auf Straßen und Fahrradwegen mag zwar lästig sein, aber nach der Arbeit oder am Wochenende auf Natureis Schlittschuh laufen zu können, war schon im Mittelalter ein beliebter Zeitvertreib, wie man den Gemälden aus dieser Zeit im Amsterdamer Rijksmuseum unschwer entnehmen kann. Seit der ersten Elfstedentocht im Jahre 1902 war das Eis auf der gesamten Strecke bislang nur fünfzehn Mal auch tatsächlich dick genug, um die Teilnehmermassen darauf zu lassen (zuletzt im Jahre 1997).

Fest verankert mit der Elfstedentocht sind auch weitere Traditionen wie „koek en zopie". Damit gemeint sind die Kekse und Getränke, die die Teilnehmer entlang der Strecke zur Stärkung angeboten bekommen. „Zopie" ist zumeist ein heißer Kakao oder auch eine Erbsensuppe des Dosensuppenherstellers UNOX. Aber eigentlich wurde das Wort von „zuipie" („Saufie") abgeleitet, denn früher bekamen die Teilnehmer ein warmes Bier zu trinken und später einen ordentlichen Schuss Genever in ihre heiße Schokolade. Hat man einige Stunden im kalten Nord-Ost-Wind auf dem Eis verbracht, ist dieser wärmende alkoholische Zusatz nur allzu willkommen. Dass das Eis nur noch selten dick genug ist für das Eislaufevent, lässt natürlich auch jedes Jahr im Winter die Diskussion um die Folgen des Klimawandels hochkochen.

Weil es sich um einen Nationalfeiertag handelt, haben die meisten Angestellten und Arbeiter an diesem Tag frei. Somit bürgerte es sich im Laufe der Zeit auch ein, dass am Abend zuvor Partys veranstaltet werden. In den meisten großen niederländischen Städten ist diese **Partynacht** als Königinnennacht bekannt geworden. Sie wurde 2013 natürlich in „Königsnacht" umgetauft und um drei Tage vorverlegt, da König *Willem-Alexander* am 27. April geboren ist. In dieser Nacht gelten andere Schließungszeiten für Kneipen mit Ausschanklizenz und sie dürfen im Prinzip so lange offenbleiben, wie es ihnen beliebt. Im Mittelpunkt steht für die meisten das Volksfest als solches, der eigentliche Anlass ist den meisten Feiernden längst egal. Selbst Monarchiegegner feiern ausgelassen mit. Die Farbe der Stunde am Königstag und in der Königsnacht ist und bleibt Orange: orangefarbene Kuchenglasur auf der typischen niederländischen *tompoucen,* orangener *vla* (niederländischer Nachtischpudding im Tetrapak), aufblasbare orangefarbene Plastikkronen, orange lackierte Fingernägel sowie reichlich orangefarbene Dekoration. Die wahren Monarchieliebhaber erkennt man jedoch daran, dass sie die niederländische Flagge an ihrer Fassade hissen, mit dem orangefarbenen Wimpel obenauf.

Eine neuere Tradition, an der auch immer massenweise orangefarbene Wollmützen mit rot-weiß-blauen Krempen und dem Logo des bekannten Herstellers von Fertigsuppen auftauchen, ist der **Nieuwjaarsduik** (Neujahrsschwimmen, wörtl: „Neujahrstauch"). Es findet, wie der Name schon vermuten lässt, am Neujahrstag statt. Im Jahre 2016 sprangen dabei rund 51.000 Niederländer in Badekleidung für ein paar Momente in die Nordsee oder in andere Gewässer im ganzen Land. Wann der erste *Nieuwjaarsduik* in den Niederlanden stattgefunden hat und warum, weiß man nicht so genau. Fest steht, dass es diese Form der Begrüßung des neuen Jahres auch in anderen Ländern gibt. Im kanadischen Vancouver z.B. wird ein solches Neujahrsbad seit 1920 vom Polar Bear Swim Club organisiert.

Es gibt heute verschiedene Orte in den Niederlanden wo man es den Kanadiern gleichtut, allen voran in Zandvoort, wo eine Gruppe von Schwimmern aus Haarlem unter der Leitung von *Ok van Batenburg* 1960 mit dieser Tradition im kalten Wasser begann. In Scheveningen nahm es aufgrund einer Initiative des Kanalschwimmers *Jan van Schijndel* vom Schwimmklub Residentie seinen Anfang. Beim ersten Mal machten hier nur sieben Mann mit. Heutezutage sind es allein in Scheveningen maximal 10.000 Teilnehmer. Die Zahl ist begrenzt, denn es ist längst zu einem durchorganisierten Event geworden, dessen Erlös jedes Jahr für einen guten Zweck gespendet wird. Mit Entrichtung der Teilnahmegebühr von 3 Euro (2016) bekommt man auch die klassische orangefarbene Pudelmütze, eine Dose Erbsensuppe und eine Erinnerungsflagge vom

Extrainfo 17 (s. S. 6): Zusammengehörigkeitsgefühl beim Neujahrsbad in der Nordsee – Eventsponsor UNOX dokumentiert das Ereignis jedes Jahr in einem „Aftermovie"

niederländischen Fertigsuppenhersteller UNOX, der als Sponsor auftritt. Die verrückte Aktion einiger Exzentriker wuchs im Laufe der Jahre zu einer wahren Feuertaufe oder Mutprobe der Massen heran, an dem auch immer mehr Touristen teilnehmen, die eigens zu diesem Event anreisen. Jung und Alt sind dabei und wagen den Sprung in die eiskalte Nordsee. Dabei sein ist alles, denn die Stimmung bei diesem jungen Traditionsevent ist ganz besonders *gezellig*.

Die orangefarbene UNOX-Pudelmütze mit Krempe und Bommel in Rot-Weiß-Blau taucht auch beim unregelmäßig stattfindenden nationalen Rennen *Elfstedentocht* auf (siehe auch den Exkurs „Warten auf Frost – eine Nation im ‚Eisfieber'", Seite 209).

„Gesetze gibt es viele, aber ..." – ein pragmatisches Rechtsverständnis

In den Niederlanden gibt es im Prinzip genauso viele Regeln und Gesetze wie in Deutschland, Österreich oder der Schweiz. Eine kurze Autofahrt durch eine x-beliebige niederländische Stadt lehrt einen jedoch sofort, dass die Niederländer es mit deren Einhaltung oftmals nicht allzu genau nehmen. Eine rote Ampel scheint vor allem niederländische Fahrradfahrer nicht besonders zu beeindrucken. Vielerorts **werten sie Verkehrsregeln als Empfehlung** und fahren weiter, wenn sie der Meinung sind, dass sie die andere Straßenseite mit heiler Haut erreichen können. Einfach nur aus Prinzip an einer roten Ampel anzuhalten, liegt dem Holländer völlig fern, schließlich hat er ja einen eigenen Kopf zum Denken. Zum eigenständigen Denken werden auch alle Niederländer von klein auf erzogen. Mischt sich jemand in Erziehungsangelegenheiten ein, ist das nicht gern gesehen. Auch wenn viele Ausländer die niederländischen Kinder zuweilen ganz schön ungehobelt finden, denken viele niederländische Eltern positiv darüber, wenn ein Kind seine Meinung ehrlich zum Ausdruck bringt.

Mündigkeit wird in den Niederlanden sehr geschätzt und das betrifft auch die Einhaltung der Regeln im Straßenverkehr, die bei hohem Verkehrsaufkommen sicherlich Sinn machen, aber nicht unbedingt, wenn man gerade ganz alleine auf der Straße ist oder nur wenig Verkehr herrscht.

Werden Kinder nach der Schule von den Eltern des Geburtstagskindes zu dessen Geburtstagsparty mitgenommen, wird die Kinderschar auf dem Rücksitz oder gar im Kofferraum flugs ohne die gesetzlich vorgeschriebenen Sicherheitsgurte oder Kindersitze befördert. Und ich rede hier nicht von den 1980er-Jahren, sondern vom Jahr 2016! Für die Holländer gilt die

Devise *moet kunnen* („passt schon“) und so setzen sie sich ganz pauschal über die Gesetze des Landes hinweg.

In den Wochen vor Silvester hört man immer wieder reichlich Feuerwerkskörper knallen. Woher die Ware kommt? Vermutlich illegal beschafft oder noch vom Vorjahr aufgehoben. Zu kaufen gibt es die Knaller und Raketen nämlich in der Regel nur an den drei letzten Tagen des Jahres und sie dürfen dann auch laut *Rijksoverheid* (Staatsregierung) nur zwischen 18 Uhr am 31. Dezember und 2 Uhr am 1. Januar des Folgejahres abgefeuert werden. Zwar heißt es offiziell auch, dass man für das Abschießen außerhalb dieser Zeiten ein Bußgeld verordnet bekommen kann, aber das stört die Polizei offenbar ebenso wenig wie viele Niederländer. Wochenlang wird gezündelt und abgeschossen, ohne dass die Polizei im Entferntesten eingreift.

Solche Gesetzesverstöße fallen für die Polizei in die Kategorie „Peanuts“ und ihnen wird keine weitere Beachtung geschenkt. Für diese Art der Nichtverfolgung von Gesetzesverstößen gibt es sogar einen besonderen Begriff im Niederländischen: *gedoogbeleid* (Duldungspolitik).

Das wohl berühmteste Beispiel für eine ganz **offizielle Duldungspolitik** ist der Umgang mit sogenannten *softdrugs* (weichen Drogen), siehe den Exkurs „Coffeeshops sind keine Cafés!“ (Seite 214). Die Duldungspolitik für die weichen Drogen ist im Übrigen auch für viele Niederländer verwirrend. So manch einer fragt sich, warum Steuerhinterziehung, Geschwindigkeitsüberschreitungen und beim Fahren ohne Freisprechanlage mit dem Handy zu telefonieren sehr wohl mit saftigen Geldstrafen geahndet, aber der Verkauf und Besitz von weichen Drogen strafrechtlich nicht verfolgt werden. Egal ob Duldungspolitik bei weichen Drogen, fehlende Maßnahmen bei Mitnahme von Kindern im Auto ohne Sicherheitsgurte oder fehlende Verfolgung eines Radfahrers, der über Rot radelt – für diese Toleranz der Ordnungswidrigkeiten gibt es natürlich praktische Beweggründe. Sollte jeder Fahrradsünder, jedes fahrlässige Elternteil und jeder Cannabiskonsument belangt werden, wäre die **Justiz schnell überlastet.** Man widmet sich vorrangig den schwerwiegenderen Delikten.

In Deutschland, Österreich und der Schweiz ist die Justiz durch die Ahndung geringfügiger Gesetzesverstöße nicht so überlastet, weil die abschreckende Wirkung durch Geldstrafen gerade bei dieser Kategorie von Gesetzesverstößen größer ist als in den Niederlanden. In Deutschland, Österreich und der Schweiz hält man sich allgemein mehr an die Gesetze und Regeln, als das in den Niederlanden der Fall ist. Die deutschen Behörden sind z. B. verpflichtet, jeder gemeldeten Straftat nachzugehen, während die niederländische Staatsanwaltschaft das nicht muss, sondern mit einer Prioritätenliste arbeitet, bei der das Hauptaugenmerk auf größeren Delikten liegt. Dies geht auf einen ganz wesentlichen historisch begründeten Unterschied zwischen z. B. Deutschland und den Niederlanden zurück. Während in Deutschland Feudalismus, Adel und Militär die Geschichte bis ins 20. Jahrhundert bestimmten, war in den Niederlanden das **Bürgertum die treibende Kraft** hinter der Entstehung des Staates. Das niederländische Staatsgebiet und seine Provinzen nahmen schon im Mittelalter ihre heutige Form an und auch das im Vergleich dazu verhältnismäßig junge heutige Königreich besteht schon seit 1830. Gerade die Bundesrepublik Deutschland ist im Vergleich dazu ein extrem junger Staat mit seinen beiden Geburtsstunden im Jahr 1949 und nach der Wiedervereinigung mit der ehemaligen Deutschen Demokratischen Republik im Jahr 1990.

Die Machtposition des Bürgertums kann im Grunde eine **Kontinuität vom 16. Jahrhundert bis in die heutige Zeit** aufweisen. Das Bürgertum hat somit einen hohen Stellenwert und sieht sich nicht in der Pflicht, dem Staat blind gehorsam zu leisten. Innenpolitisch hat das niederländische Volk schließlich eine über 400 Jahre alte Tradition der Kompromissbildung, die auch den Generalstaaten in außenpolitischen Konflikten den Weg aufgezeigt hat, sich nicht einfach einer Direktive von oben zu beugen. Die daraus resultierende innenpolitisch relative Friedlichkeit, wenn man einmal von den Lynchmorden an Ratspensionär *Johann de Witt* und seinem Bruder *Cornelius* 1672 absieht, beweist auch, dass das niederländische Volk mit einer freieren Staatsführung wunderbar funktioniert. In der frühkapitalistischen Republik der Sieben Vereinigten Provinzen des Spätmittelalters hatte jede der Mitgliedsprovinzen im sogenannten *Staten-Generaal* (Generalstaaten) nur eine Stimme, wobei ihre Repräsentanten nicht allein handlungsbefugt waren, sondern wiederholt Rücksprache halten mussten und immer nur auf Weisung ihrer jeweiligen Provinz entscheiden durften (allerdings war die Provinz Holland am reichsten und zahlte das meiste Geld für die außenpolitische Sicherheit und konnte die anderen Provinzen entsprechend in ihrem Sinne beeinflussen). So bedeutete schon historisch gesehen die Zughörigkeit zu einer kleineren Gemeinschaft in der Stadt oder der Provinz mehr, als die Zugehörigkeit zu einer größeren Gemeinschaft, die man später als „Republik" bezeichnen sollte.

Im Falle der Glaubensgemeinschaften (oder auch der späteren Migrationsgruppierungen) waren diese bei der Gründung des Königreichs der Niederlande 1815 wichtiger als der staatliche Überbau als solcher. Das **Königreich galt als notwendiger Beschützer** und weil es die Umverteilung der Steuergelder vornahm und für die außenpolitische Sicherheit sorgte, war es auch Garant für den Fortbestand der Gemeinschaften.

Gleiches galt auch für die Republik der Sieben Vereinigten Provinzen, die eben ein Zusammenschluss von sieben Provinzen war, wobei es ja

Coffeeshops sind keine Cafés!

„Coffeeshops" nennen sich die Lokale zum Verkauf und Genuss von weichen Drogen, in denen kein Alkohol ausgeschenkt wird, aber sehr wohl Kaffee, Tee und andere nichtalkoholische Getränke. Es gibt sie fast überall in den Niederlanden, wobei mehr als ein Drittel der rund 600 zugelassenen Coffeeshops allein in Amsterdam ansässig sind. Und um es gleich ganz deutlich vorweg zu sagen: Nach dem Opiumgesetz sind der Besitz und Verkauf sämtlicher Drogen illegal. Das gilt zu 100 % für harte, aber auch für weiche Drogen wie z. B. Cannabis (Marihuana/Gras oder Haschisch).

Wie funktioniert das also, dass weiche Drogen eigentlich per Gesetz verboten sind, aber Coffeeshopbetreiber und -besucher nicht strafrechtlich belangt werden? Dafür gibt es von der Staatsanwaltschaft verbindlich definierte Spielregeln, auf deren Einhaltung genauestens geachtet wird. Für Betreiber von Coffeeshops gilt: 1. Sie dürfen keine Werbung für Drogen machen. 2. Sie dürfen absolut keine harten Drogen verkaufen. 3. Sie dürfen kein Cannabis an Minderjährige verkaufen. 4. Sie dürfen pro Transaktion maximal fünf Gramm an Erwachsene verkaufen. 5. Sie dürfen nicht mehr als fünfhundert Gramm an Handelsvorrat haben. Mit anderen Worten: Man darf als erwachsene Privatperson in einem Coffeeshop gemäß der Duldungspolitik maximal fünf Gramm für den eigenen Gebrauch pro Besuch kaufen, ohne von der Polizei behelligt zu werden. Und ein Erwachsener sollte zu keiner Zeit mehr besitzen als fünf Gramm Cannabis. Das Ganze ist dann noch immer nicht legal, wird aber laut Duldungspolitik nicht strafrechtlich verfolgt. Die Coffeeshop-Betreiber zahlen brav Steuern auf ihre Einnahmen - und nicht gerade wenig.

Diese stark reglementierte Duldungspolitik geht auf die Drogenpolitik der späten 1970er-Jahre zurück. Um zu vermeiden, dass sich Menschen

keine zentrale Macht gab, sondern die Machthaber der einzelnen Provinzen nur gemeinschaftlich befugt waren. Ohne alle sieben gab es die Niederlande als ganzes nicht. Die Republik der Sieben Vereinigten Provinzen nannte sich selbst nicht einmal so, sondern war eine Art Föderation, basierend auf dem Defensivbündnis der beteiligten Provinzen gegen *Philipp II.* in der Union von Utrecht.

Aus dieser historisch gesehen außerordentlichen Konstruktion resultiert eine **typisch niederländische Haltung,** die der niederländische Historiker *Hermann von der Dunk* folgendermaßen umschrieb: „Ohne den Staat geht es nicht – aber er darf nicht zu anmaßend werden, er soll sich

für den Cannabiskonsum in die Illegalität begeben müssen und auf diesem Wege leicht mit harten Drogen in Kontakt kommen, entschied sich die niederländische Regierung 1976 dafür, den Besitz von Cannabis nicht länger strafrechtlich zu verfolgen. Dies ging natürlich einher mit einer guten Aufklärungsarbeit. Darüber hinaus fand man damals wie heute, dass der Konsum von harten Drogen weitaus problematischer für die Gesellschaft als Ganzes gewertet werden muss. Man hält eine gänzlich drogenfreie Gesellschaft für utopisch und findet, dass die Coffeeshops eben auch einen wichtigen Beitrag für den Gesundheitsschutz leisten. Die Duldung von kleinen Mengen an weichen Drogen sei immerhin besser als das Abgleiten der Konsumenten in das illegale Milieu rund um die harten Drogen, das ja ebenfalls wohl etabliert ist in den Niederlanden. Die Rechnung ging auf, die Zahl der gefährdeten Drogenkonsumenten in den Niederlanden bleibt vergleichsweise niedrig.

Spätestens seit den 1990er-Jahren gab es analog zur allgemein zunehmenden Mobilität der Menschen auch eine Zunahme an Drogentourismus aus den Nachbarländern, allen voran aus Deutschland und Belgien, aber auch aus Frankreich, Großbritannien und Irland. Dieser nahm so enorme Ausmaße an, dass er vor allem von den Anwohnern in den grenznahen niederländischen Städten zunehmend als Belästigung empfunden wurde. Die Bürgermeister von Roosendaal und Bergen op Zoom im Süden der Niederlande hatten genug davon und schlossen 2009 die acht Coffeeshops in ihren beiden Gemeinden. Damit erleichterten sie sich um den wöchentlichen Andrang von rund 25.000 Drogentouristen aus Belgien und Frankreich.

Die niederländische Regierung erkannte, dass die Duldungspolitik der Coffeeshops vielfach nicht länger ihrem eigentlichen Ziel, dem Schutz der eigenen Einwohner, gerecht wurde und reagierte. 2012 wurde in den grenznahen Provinzen Zeeland, Noord-Brabant und Limburg der sogenannte

nicht einbilden, von Gottes Gnaden zu sein!“ Als die Niederländer sich gegen die Machtausbreitung von *Philipp II.* wehrten und für die Unabhängigkeit der Sieben Provinzen kämpften, taten sie das vor allem, weil sie die von *Philipp II.* erhöhten Zölle nicht zahlen wollten, der mit diesen Geldern einen Krieg gegen das Ottomanische Reich finanzierte. Sie wehrten sich auch, weil sie sich nicht vorschreiben lassen wollten, was sie zu denken hatten, denn *Philipp II.* wollte sein Herrschaftsgebiet mithilfe der spanischen Inquisition in einen totalitären, katholischen Superstaat verwandeln. Die Rebellion gegen das totalitäre Machtgefüge der Spanier führte schließlich zur Unabhängigkeit der nördlichen Niederlande. Diese

„Wietpas" (Gras-Pass) eingeführt, mit dem nur Erwachsene mit Wohnsitz in den Niederlanden einen Coffeeshop betreten konnten. Da man sich dafür aber registrieren lassen musste, wurde der Wietpas binnen weniger Monate zum Flop erklärt. Die Konsumenten wollten sich natürlich nicht registrieren lassen und lehnten den Wietpas ab mit der Folge, dass der illegale Handel mit Cannabis von fragwürdiger Qualität durch zwielichtige Gestalten auf der Straße wieder aufblühte. Etwas, was man vierzig Jahre lang erfolgreich vermieden hatte.

Der Wietpas wurde kaum vier Monate später nach den Parlamentswahlen wieder abgeschafft, dennoch sollte nur noch Personen mit Wohnsitz in den Niederlanden Zutritt zu Coffeeshops gewährt werden. Die Verantwortung für die Kontrolle eines Wohnsitznachweises liegt bei den Betreibern und je nach Gemeinde wird die Einhaltung mehr oder weniger streng kontrolliert. Die Folge waren Schließungen einiger Coffeshops, Rechtsstreitigkeiten, Wiedereröffnungen, Durchsuchungen, Geldbußen, Beschlagnahmungen und erneute Gerichtsverfahren.

Übrigens, seit 2015 sind die Gesetze für den Anbau von Cannabis zum eigenen Gebrauch verschärft worden. Die Aufzucht von Cannabispflanzen ist verboten. Bei Besitz von maximal fünf Pflanzen werden diese lediglich von der Polizei beschlagnahmt (wenn man erwischt wird), bei mehr Pflanzen droht strafrechtliche Verfolgung mit bis zu drei Jahren Haft. Auch Growshops, Vermieter oder Erbauer von Aufzuchträumlichkeiten sowie Elektriker, die die Leitungen legen, werden seit 2015 strafrechtlich verfolgt. Man will die illegale Produktion im Land unterbinden. Darüber hinaus ist auch der Verkauf von getrockneten halluzinogenen Pilzen, „paddo's" genannt, seit 2008 verboten. Aber in deren Verkaufslokalen, den sog. „smartshops", werden nunmehr andere Bestandteile dieser halluzinogenen Organismen verkauft. Es handelt sich dabei um eine gesetzliche Grauzone.

Die politischen Parteien in den Niederlanden haben unterschiedliche Ideen zum Thema Volksgesundheit und unterschiedliche Strategien zur Unterbindung der Drogenkriminalität. Vorläufig ist man sich nicht einig über eine dauerhaft funktionierende Herangehensweise. Alle Parteien halten jedoch die Duldungspolitik als solche für gescheitert, weil sie die illegale Produktion und den Handel nicht unterbunden und somit die Drogenkriminalität nicht reduziert hat. Im Süden der Niederlande, auf der Achse von Rotterdam Richtung Deutschland, ist die organisierte Drogenkriminalität am größten. Lediglich in Bezug auf den Schutz der Cannabiskonsumenten hat die Duldungspolitik Erfolge zu verzeichnen. Dank dieser Vorgehensweise müssen sich die Konsumenten nicht in die Illegalität begeben und sind bis zu einem gewissen Grad davor geschützt, mit harten Drogen in Kontakt zu kommen.

Ablehnung von absoluter Macht ist den Niederländern in Fleisch und Blut übergegangen. Die neuzeitliche Erfahrung während der deutschen Besatzungszeit im Zweiten Weltkrieg hat dies nur erneut bestätigt, wobei die Verfolgung von Minderheiten durch die Nazis auch durchaus an die Praktiken der spanischen Inquisition erinnerte, sofern diese dem Volk noch kollektiv im Gedächtnis geblieben war.

Die starke Position des Bürgertums in der niederländischen Gesellschaft bewirkt auch, dass der **niederländische Polizist** sich weitaus deutlicher als tatsächlicher „Freund und Helfer" versteht. Er tritt im Regelfall sehr offen auf und ist ansprechbar. Auch wenn die Polizei natürlich eine klare Aufgabenstellung als Gesetzeshüter hat, versteht sie sich nicht vorrangig als der verlängerte Arm der Macht an der Spitze. Denn „die Macht an der Spitze" gibt es ja im Verständnis der egalitären Gesellschaft mit ihren flachen Hierarchien nicht.

In den Niederlanden lässt man sich oftmals von einem **gesunden Pragmatismus** leiten, wenn es darum geht, die Gesetzesvorgaben zu befolgen oder nicht. Allerdings kann man in sehr seltsame Situationen geraten, wenn dann auch noch die berühmte niederländische Direktheit ins Spiel kommt. So beispielsweise wenn der Radfahrer, der einem in falscher Fahrtrichtung entgegenkommt, dann auch noch schimpft, man solle doch mal an die Seite gehen. Oder man erlebt Szenen wie folgende: Eine Mutter, die täglich mit ihren Kindern auf dem Bürgersteig zu schnell mit dem Fahrrad fährt, schreit ein zu Fuß gehendes Kind an, dem sie über den Fuß gefahren ist, weil es im Spiel plötzlich einen Schritt zur Seite machte. Solche Vorfälle sind keine Seltenheit.

An diesem **wenig sozialen Verhalten** zeigt sich ein hoher Grad der Individualisierung in der Gesellschaft. Das Denken wird da oftmals von der „Ich-Perspektive" bestimmt und das Wirgefühl kommt abhanden, wenn einzelne sich in gefährdender Weise über die Gesetze zum Schutze aller hinwegsetzen. Diese „Verrohung der Gesellschaft" ist auch vielen Niederländern ein Dorn im Auge, weil sie über die gesunden Grenzen der Selbstbestimmung hinauszielt. Die meisten bevorzugen nämlich eine *gezellige* und friedliche Stimmung und Sicherheit für alle.

Im Übrigen sind die regionalen Unterschiede auch sehr groß, je nachdem wie viel von dem Wirgefühl in der jeweiligen Gemeinde noch übrig ist, aber auch abhängig von den Maßnahmen der Polizei, die je nach Gemeinde andere Schwerpunktprobleme bewältigen muss. In einer Großstadt, in der es einen Drogenring zu sprengen und den Menschenhandel zurückzudrängen gilt, wird man die kleinen Verkehrsverstöße kaum ahnden, aber in einem Dorf in Zeeland hat man vielleicht durchaus Zeit, sich auch mit kleineren Vergehen zu beschäftigen.

„Echt lekker!" – kulinarische Besonderheiten

Jedes Land hat seine kulinarischen Besonderheiten, so auch die Niederlande, auch wenn Belgier, Franzosen und Italiener den Begriff „kulinarisch" im Zusammenhang mit typisch niederländischen Spezialitäten meist für völlig verfehlt halten. Ein Buch zur niederländischen Kochkunst sucht man im Ausland meist vergebens, was unter anderem auch daran liegen mag, dass man im Land immer seltener mit Rohzutaten kocht. **Fertigprodukte und Halbfertigprodukte** sind in den Niederlanden überaus beliebt und wurden im Zuge der Emanzipationsbewegung der Frauen mit Freude angenommen.

Die Lebensmittelindustrie erfreut sich an den Niederländern, die selbst zum Backen von Pfannkuchen vorwiegend einen *pannenkoekenmix,* eine vorgefertigte Milch-Eipulver-Mehl-Salz-Mischung in der Plastikflasche, bevorzugen, der sie dann nur noch eine vorgeschriebene Menge Wasser zuführen müssen. Sie haben längst verlernt, dass Pfannkuchen mit den vier Grundzutaten genauso schnell, preiswerter und mit weniger Plastikmüll zu backen sind. Man sollte sich also beim Einkaufen nicht wundern, dass man viele Grundzutaten, die es in Deutschland und anderen europäischen Nachbarländern problemlos zu kaufen gibt, in den üblichen niederländischen Supermarktketten nicht finden kann (allen voran Backzutaten) oder aber nicht die gewohnte reichhaltige Auswahl an frischen Lebensmitteln. Der Konsument ist der Einkaufspolitik der großen Supermarktketten ausgeliefert, von denen „Albert Heijn" die bekannteste und am weitesten verbreitete ist, während die niederländischen Konkurrenten im Laufe des 20. und 21. Jahrhunderts immer wieder die Namen änderten oder verdächtigt wurden, ungesetzliche Kartellabsprachen gegen die Übermacht von Albert Heijn einzugehen.

Ein weiteres Zeugnis der Liebe zum fertig zubereiteten Essen ist die Dichte der *snackbars* (Pommesbuden) und der Afhaal-Restaurants (allen voran *Chinees* oder *Indisch* – Chinesisch oder Indonesisch), in denen vorwiegend Gerichte zum Mitnehmen gekocht werden. Hier herrscht ein reges Kommen und Gehen derer, die ihre telefonisch vorbestellten Gerichte abholen *(afhalen)* kommen. Interessanterweise haben die verschiedenen Migrantengruppen seit den 1970er-Jahren mehr zur **Fastfood-Kultur** der Niederlande beigetragen, als die einschlägigen amerikanischen Ketten es vermochten, genau wie in Deutschland. Allerdings gibt es die italienische Pizza zum Mitnehmen in den Niederlanden vergleichsweise selten und wenn, werden sie oft in türkischen Läden gebacken, denn italienische Einwanderer gab es in den Niederlanden bedeutend weniger als in Deutschland. Auch griechische Einwanderer gab es kaum. Während in

Extrainfo 18 (s. S. 6): „Die Ratsch-Zisch-Methode": WDR Servicezeit vergleicht das Angebot an Fertiggerichten in Deutschland und den Niederlanden

den 1980er-Jahren Gyros zum Fastfoodrenner der Deutschen wurde, kennen die Holländer seitdem vor allem *shoarma,* welches im Prinzip durch libanesische Einwanderer Anfang der 1980er-Jahre eingeführt wurde. Je nach Region oder Stadtviertel gibt es jetzt häufiger *doner* (meist ohne Pünktchen auf dem o) und *kebab,* weil letztendlich weitaus mehr türkische Einwanderer kamen, die ihre Variante dieses Gerichtes anbieten (die verschiedenen Begriffe sagen nichts darüber aus, ob man Lammfleisch, Hühnerfleisch oder Schweinefleisch im Fladenbrot bekommt, das ist je nach Anbieter unterschiedlich).

Das Auffälligste sind wohl die **frittierten Snacks,** die man nicht nur in einer *snackbar* selbst kaufen kann, sondern eben auch aus speziellen beheizten Snackautomaten ziehen kann, wenn man nur das passende Kleingeld einwirft. Diese Snackautomaten, *automatiek* genannt, findet man an fast jedem niederländischen Bahnhof und in allen größeren Städten in der Kneipengegend (auch *de muur* oder nach der Kette *FEBO* benannt). Nach nächtlichen Saufgelagen stehen insbesondere die jungen Leute dort Schlange, um die mehrheitlich fleischhaltigen Produkte als Grundlage für den übermäßigen Alkoholkonsum aus dem Automaten zu ziehen.

Die Automaten selbst sind allerdings keine niederländische Erfindung, sie kamen ursprünglich aus dem Fastfood-Land USA, aber nur in den Niederlanden trifft man sie heute in solcher Vielzahl an, dass man meinen könnte, sie seien dort erfunden worden. Noch in den 1980er-Jahren gehörte die Fritteuse in den meisten niederländischen Haushalten zur Standardausstattung (wobei sie wegen des Fettgeruchs oftmals im Schuppen oder gar draußen betrieben wurde), aber mittlerweile verzichten immer mehr junge Familien auf so ein Gerät im Haus und holen die frittierten Snacks lieber einfach bei der Snackbar ab.

Das Frühstück ist auch so ein Ding. Wer ein deutsches **Frühstück** gewohnt ist, fühlt sich in den Niederlanden zumeist unfreiwillig auf eine merkwürdige Diät gesetzt, denn was man in Deutschland z. B. im Café oder Hotel ganz normal als Frühstück vorgesetzt bekommt, gilt in den Niederlanden schon als Luxus. Das normale Frühstück fällt hingegen vergleichsweise karg aus. Es fängt mit dem wenig gehaltvollen Brot an, das einfach nicht sattzumachen scheint. Wenn man Pech hat, gibt es nur Butter bzw. Margarine und eine gemischte Palette der verschiedenen Schoko-, Zucker- und Anisstreuselsorten dazu. Wenn Marmelade und ein Schokoaufstrich dazukommen, hat man schon die gehobenere Variante vor sich.

Zum Mittagessen um rund zwölf Uhr gibt es in der Regel nur belegte Butterbrote u. Ä., die man sich von daheim mit auf die Arbeit nimmt oder beim Bäcker oder Café kauft. Am Abend findet man die Familie gegen 18

Typisch niederländische Leckerbissen

- ***appelflap*** *- mit Apfelmus gefülltes Blätterteigdreieck*
- ***bami goreng*** *- aus Indonesien stammendes Wokgericht mit gewürzten breiten Nudeln (gehört zu den Standardgerichten chinesischer Restaurants)*
- ***bamischijf*** *- frittierte, panierte Scheibe gefüllt mit indonesisch gewürzten breiten Nudeln*
- ***beschuit*** *- runder Zwieback*
- ***bitterballen*** *- frittierte, runde, stark gewürzte Fleischkroketten; wird mit Senf gegessen; typischer Kneipensnack zum Bier oder zum Genever*
- ***bittergarnituur*** *- Mischung frittierter Snacks wie „bitterballen", „vlammetjes", Mini-Variationen von „nasiballen", aber auch Käsewürfel; mit Senf und/oder Chilisoße serviert; typischer Kneipensnack zum Bier oder zum Genever*
- ***borrelplank*** *- siehe Stichwort „bittergarnituur"*
- ***bitterkoekjes*** *- leicht bitteres, kleines Mandelgebäck, das häufig zum Kaffee gereicht wird.*
- ***bokkenpootjes*** *- ein Gebäck mit einer Creme zwischen zwei Hälften, deren Enden in Schokolade gedippt wurden, mit Mandeln bestreut*
- ***broodje gezond*** *- wörtlich „gesundes Brötchen"; Brötchen belegt mit Käse, Schinken, gekochtem Ei, Salat, Gurke, Tomate, Zwiebel, etwas Mayonnaise und Butter*
- ***drop*** *- Lakritz*
- ***frikandel*** *- frittierte Wurst aus kräftig gewürzter und stark pürierter Fleischmischung ohne Wurstpelle*
- ***frietsaus*** *- sieht aus wie Mayonnaise, hat mit nur 25 % einen bedeutend geringeren Fettanteil als diese (75 bis 80 %), enthält viel Zucker (oder andere Süßstoffe) und diverse Geschmacksverstärker etc.*
- ***hagelslag*** *- Schokostreusel, die man mit einer Lage Butter auf Brot isst, insbesondere zum Frühstück aber auch zum Mittagessen. Es gibt u. a. die Geschmacksrichtungen Zartbitter („puur"), Milchschokolade („melk"), weiße Schokolade („witte chocolade") und Kaffee („koffie"). Sind es breitere Stücke, nennt man sie „vlokken" (Flocken), bestehen sie nur aus Zucker, nennt man sie „vruchtenhagel" (Früchte-Hagel); siehe auch das Stichwort „muisjes" und Seite 190 im Kapitel „Fenster - Aushängeschild für wichtige Ereignisse".*
- ***hete bliksem*** *- Kartoffeln und Äpfel mit gebratener Blutwurst*
- ***Hollandse nieuwe*** *- Heringshappen, oftmals mit klein geschnippelten, rohen Zwiebelstückchen serviert (die traditionell zum Übertünchen des Geschmacks von weniger frischen Fischen verwendet wurden)*

- ***joppiesaus*** *– im Jahr 2002 erfundene Curry-Zwiebel-Mayonnaise für Pommes frites*
- ***kaassoufflee*** *– frittiertes, paniertes Stück Käse*
- ***kapsalon*** *– wörtlich „Friseursalon"; Anspielung auf das Anrichten eines Tellers mit „vom Spieß gekapptem" Dönerfleisch; im Jahr 2003 in Rotterdam erfundenes Gericht aus Pommes frites, bedeckt mit Dönerfleisch, kurz mit Käse überbacken, dann mit Salat, Knoblauch- und Chilisoße serviert.*
- ***kibbeling*** *– in Bierteig ausgebackener Kabeljau*
- ***kokosbrood*** *– flach gepresste Scheiben aus Kokosraspeln und Zucker, mit denen man ein Butterbrot zum Frühstück belegt*
- ***kroket*** *– Fleischkrokette*
- ***lekkerbekje*** *– in Bierteig ausgebackener Kabeljau*
- ***loempia*** *– Frühlingsrolle*
- ***maaltijdsalade*** *– gemischter Salat als Mahlzeit*
- ***mosselen*** *– Miesmuscheln*
- ***muisjes*** *– Anissamen, umhüllt mit gemischtem Zuckerguss in Blau -Weiß oder Rosa-Weiß. Sie werden traditionell anlässlich der Geburt eines Kindes auf „beschuit" (runder Zwieback) mit einer Lage Butter darunter serviert. Es gibt aber auch „gestampte muisjes", die aussehen wie weißer „vruchtenhagel" (siehe das Stichwort „hagelslag") und zum Frühstück gegessen werden, siehe auch Seite 190 im Kapitel „Fenster – Aushängeschild für wichtige Ereignisse".*
- ***nasi goreng*** *– aus Indonesien stammendes Wokgericht mit gewürztem Reis (gehört zu den Standardgerichten chinesischer Restaurants)*
- ***oliebollen*** *– frittierte Ölteig-Krapfen mit eingebackenen Apfel- oder Rosinenstückchen oder einfach pur, schön bestäubt mit Puderzucker, gehören zum Neujahrsbrauch. Den Rest des Jahres werden Oliebollen weder beim Bäcker noch daheim gebacken. Nur kommerzielle Oliebollenwagen findet man vor allem in den Wintermonaten bei Eisbahnen oder Weihnachtsmärkten oder auch schon mal auf der Kirmes.*
- ***ontbijtkoek*** *– süßes Gewürzbrot auf der Basis von Roggenmehl, das man zum Frühstück nur mit Butter bestrichen isst; auch beliebt zum „koekhappen" an Kindergeburtstagen oder am Königstag.*
- ***oorlog*** *– wörtl. „Krieg". Wenn man seine Pommes mit diesem Zusatz bestellt, bekommt man in der Regel Erdnusssoße, Mayonnaise und eventuell rohe, klein geschnippelte Zwiebeln (je nach Region auch noch Ketchup und/oder Currysoße dazu).*
- ***patat*** *– im Großteil des Landes Bezeichnung für Pommes frites*
- ***peperkoek*** *– siehe das Stichwort „ontbijtkoek"*
- ***pindakaas*** *– Erdnussbutter fürs Brot*

- ***poffertjes*** *– Minipfannkuchen (ca. 4 cm Durchmesser) aus einer Buchweizenmehlmischung; werden mit geschmolzener Butter und Puderzucker gegessen.*
- ***salade*** *– damit ist selten ein Salat gemeint, sondern meistens diverse Brotaufstriche, die nebst der Hauptkomponente aus Fleisch, Fisch oder Gemüse viel Mayonnaise enthalten.*
- ***sambal*** *– aus Indonesien stammende scharfe Chilisoße*
- ***satésaus*** *– aus Indonesien stammende gewürzte Erdnusssoße; wird zu Hähnchenspießen oder als Soße auf Pommes frites gegessen.*
- ***saucijzenbrood*** *– in Blätterteig gebackene Wurst aus kräftig gewürztem Hackfleisch*
- ***shoarma*** *– Döner*
- ***stamppot*** *– im Winter beliebtes Eintopfgericht aus Kartoffelbrei gemischt mit zerstampftem Gemüse (Grünkohl, Endivie, Spinat, Rüben, Sauerkraut, Möhren oder diverse Kohlsorten); wird oft mit Brat- oder Räucherwurst oder Speck gereicht.*
- ***stroop*** *– Sirup, entweder aus Zuckerrüben, Äpfeln oder Birnen; flüssig, wird z. B. mit Pfannkuchen oder als Brotaufstrich serviert.*
- ***stroopwafel*** *– zwei runde Kekswaffeln mit einer karamellisierten Butter-Sirup-Mischung dazwischen*
- ***toetje*** *– irgendein Nachtisch, meist Joghurt oder Pudding*
- ***tompoes/tompouce*** *– Vanillepuddingkuchen mit Blätterteigboden und rosa Zuckerglasur, der zum Königstag oder bei Spielen der niederländischen Nationalmannschaft orange eingefärbt wird.*
- ***tosti*** *– Toastdreiecke mit geschmolzenem Käse und Schinken dazwischen („Croque Monsieur")*
- ***vla*** *– Pudding, in der Regel im Tetrapack, flüssiger als Pudding in Deutschland, beliebter alltäglicher Nachtisch*
- ***vlaai*** *– flacher Gitterkuchen mit Kirsch- oder Aprikosenfüllung oder als Krümelkuchen (zusätzliche Variante: mit Vanillepudding)*
- ***vlammetjes*** *– frittierte Teigtaschen mit scharf gewürztem Fleisch und einem knusprigen Teigmantel, serviert mit Chilisoße; typischer Kneipensnack zum Bier*
- ***vruchtenhagel*** *– bunt gefärbte Zuckerstreusel als Brotbelag, vor allem zum Frühstück*
- ***worstenbrood*** *– in leicht süßlichem Weizenteig gebackene Wurst aus gut gewürztem Hackfleisch*
- ***zuivel*** *– sämtliche Milchprodukte. Ein Glas Milch oder „karnemelk" (Buttermilch) gehört, besonders bei erwachsenen Männern, noch immer gern zum Lunch. Der beliebteste Nachtisch zum Abendessen daheim bleiben Joghurt und „vla".*

Uhr um den Esstisch zur warmen Mahlzeit des Tages versammelt (siehe auch das Kapitel „Gleichstellung, Beruf und Familie“ ab Seite 90), denn dann ist schließlich jeder wieder von der Arbeit, der Schule, dem Sportverein etc. zurück und hat Zeit für das gemeinsame Mahl.

Insbesondere in den kälteren Monaten zelebrieren die Niederländer bei der Abendmahlzeit ihre verschiedenen **Stamppot-Varianten,** eine Art Eintopf mit zerstampften Kartoffeln und anderen Wintergemüsearten mit einem Stück Rauchwurst oder Speck dazu. Es sind traditionelle Bauerngerichte, die von den Lebensmitteln Gebrauch machen, die sich im Winter lange hielten und die satt machen. Man muss sich vor Augen halten, dass man in den Niederlanden z. B. im Vergleich zu Frankreich oder auch Deutschland von alters her weitaus weniger Auswahl an Obst- und Gemüsesorten hatte, da das Land sehr klein ist und sich die klimatischen und ökologischen Bedingungen der verschiedenen Regionen nur wenig unterscheiden.

Darüber hinaus gab es in den Niederlanden schon immer vergleichsweise **wenig nutzbare Landwirtschaftsflächen** für den Obst- und Gemüseanbau, da die Sandböden oder sumpfartig nassen Böden alles andere als ideal dafür sind. Zwar hat man die Bodenqualität im 19. Jahrhundert durch Abgrabung von Sand, Zuführung von Torf und Lössboden aus dem Osten des Landes verbessert und dann nach und nach ab Mitte des 20. Jahrhunderts ganze Gewächshauslandschaften darauf hochgezogen, aber darin wurden und werden jedoch vorwiegend „südländische“ Gewächse wie u. a. Tomaten, Paprika und Blumen gezüchtet. Diese werden dann zu ca. 80 % exportiert in nahe gelegene Länder, wo sie durch die kürzeren Exportwege mit Produkten aus dem Süden Europas konkurrieren können. Wer kennt die preiswerte Hollandtomate nicht? Im Gegenzug konnte man insbesondere nach Öffnung der EU-Binnenmärkte relativ günstig bislang eher unbekannte Gemüse-, Obst- und Getreidesorten importieren und mit zunehmendem Flugverkehr auch exotische Produkte von außerhalb der Europäischen Union. Da hatte aber schon längst die Lebensmittelindustrie haltbare „Ersatzprodukte“ erfunden, die gut in den Alltag der berufstätigen Niederländer passten und als bequeme, moderne Errungenschaft wahrgenommen werden.

Dass mehr Kreativität beim Kochen mit frischen Grundzutaten, der Trend zu mehr biologischen Produkten und das Entstehen einer diverseren Restaurantszene sich in den Niederlanden erst **seit Beginn des 21. Jahrhunderts** langsam zeigen, hat etwas mit dem Egalitarismus der Niederländer zu tun und keineswegs mit calvinistischen Anschauungen nach der Art „du darfst nicht genießen“, wie es manchmal behauptet wird. *Doe normaal* (etwa: „auf dem Teppich bleiben“) war auch hier das

Losungswort, denn einen größeren Aufwand beim Kochen zu betreiben, nicht einfach das zu essen, was jeder isst und ohne besonderen Anlass zum Essen auszugehen, war etwas für Angeber. In der Zeit gegen Ende des 20. Jahrhunderts, als der normale niederländische Bürger im Sommerurlaub vor allem mit dem Auto nach Südeuropa zum Campen fuhr und zwar vollgepackt mit Lebensmitteln aus den Niederlanden, oder die Betuchteren bevorzugt per All-inclusive-Paket exotischere Ziele in der Karibik, Asien oder Nordafrika anflogen, veränderte sich noch nicht viel in der kulinarischen Szene der Niederlande. Der eine oder andere Niederländer ließ sich für einen befristeten Zeitraum vor allem in einem anderen EU-Land zum Arbeiten oder Studieren nieder und schwärmte hier und da schon mal von der Esskultur seines Gastlandes.

Erst als mehr oder weniger das gesamte Bürgertum sich ab Mitte der 1990er-Jahre eine Flugreise mit Billigairlines wie RyanAir, easyJet etc. leisten konnte, kostete die breite Masse der Niederländer in ihren Ferien von **ausländischen Spezialitäten.** Junge Niederländer, die seit Beginn des 21. Jahrhunderts im Rahmen von Working-Holiday-Programmen u. Ä. in den kulturellen Schmelztiegeln Australien, Neuseeland, und Kanada leben und arbeiten gingen, oder aber als Backpacker in z. B. Asien, Indien oder Lateinamerika unterwegs waren, bringen neue Ideen mit nach Hause. Dies kann man heute ebenso an den Menüs der Restaurants und Cafés ablesen wie auch an den Kochrezepten in den Magazinen der niederländischen Supermarktketten. Gerade junge Niederländer starten hippe neue Restaurants und Cafés, in die man nicht nur zu besonderen Anlässen geht. Wusste man um das Jahr 2000 herum auch in Amsterdam noch immer nicht, was ein Latte macchiato oder was für ein Gemüse der Romanesco ist, hat der Wertewandel bei den jungen Niederländern eingesetzt, den man ihnen auch an der Kleidung ansieht (siehe auch das Kapitel „Egalitäre Gesellschaft – Auffallen unerwünscht" ab Seite 96). Langsam und vorsichtig entsteht somit eine genießerische Esskultur, die man sonst in den Provinzen Limburg und Noord-Brabant beobachten konnte, wo man einen sogenannten „burgundischen Lebensstil" kennt, was heißen soll, dass man den Genuss von üppigeren Mahlzeiten zu schätzen weiß. Dennoch bleiben für die Niederländer die drei Mahlzeiten des Tages vor allem eine schlichte Notwendigkeit und sind nicht so sehr mit einem Streben nach Genuss verbunden.

☒ Es gibt keinen Markt ohne Käsestand, wie hier in der 2014 eröffneten Markthal Rotterdam, die architektonisch zu den progressivsten des Landes gehört

Extrainfo 19 (s. S. 6): Die Deutsche Welle zeigt die Wiederbelebung der Innenstadt durch moderne Architektur auf: die Rotterdamer Markthalle und andere futuristische Bauten

040nl Foto: mvl

Käse, Käse und noch einmal Käse

Mit ca. 300 bis 400 Herstellern sind die Niederlande definitiv ein Käseland. Die **bekanntesten Sorten** sind wohl Beemster, Rotterdamsche Oude, Frico, Hooidammer, Maaslander, Milner, Old Amsterdam, Old Rotterdam und Stolwijker, die die berühmten Schnittkäsesorten wie Edamer, Geitenkaas (Ziegenkäse), Goudse/Gouda, Kernhem, Leerdammer, Maasdammer, Schapenkaas (Schafskäse) oder Zaanlander sowie „smeerkaas" (Streichkäse), „rookkaas" (Rauchkäse) und Blauschimmelkäsesorten produzieren. Es gibt aber auch „boerenkaas" (Bauernkäse), eine Goudaart aus nicht pasteurisierter Milch oder „graskaas" (Graskäse), der aus der ersten Milch der Kühe hergestellt wird, wenn sie im Mai nach dem Winter wieder auf die Weide dürfen. Letztere erkennt man an der gelblicheren Farbe. Gerade bei den in kleinen Käsereien hergestellten Bauernkäsearten gibt es eine breite Palette an Schnittkäsesorten mit Bockshornklee, Brennnesseln, Senfkörnern, Nelken, Petersilie, Schnittlauch, Paprika, Pfeffer, Kreuzkümmel (Leidse kaas) und vielen anderen Kräutern oder Zutatenmischungen.

Mit Abstand die meistproduzierte und -gegessene Käsesorte ist jedenfalls der **Gouda,** von dem z. B. 447 Millionen Kilogramm im Jahr 2010 hergestellt wurden. In der ganzen Welt gibt es jungen Gouda zu kaufen, aber

Was wollen Sie trinken?

Geht man in ein niederländisches Café, kommt mit etwas Glück relativ schnell ein Kellner oder eine Kellnerin und fragt, was man trinken möchte. Der Einheimische bestellt zielsicher eines der in den Niederlanden üblichen Standardgetränke: „Spa rood" (Mineralwasser mit Kohlensäure), „Spa blauw" (Mineralwasser ohne Kohlensäure) – ursprünglich nach der Etikettierung der belgischen Mineralwassermarke Spa mit rotem bzw. blauem Label aus der gleichnamigen belgischen Quellwasserstadt benannt. Die Begriffe gelten aber nunmehr als feststehend für die Mineralwasserarten „mit" bzw. „ohne Kohlensäure", wenngleich jede andere Wassermarke damit gemeint sein kann (das ist wie die Verwendung von „Tempo" für Papiertaschentuch ...). Oder man bestellt ein „pilsje", „pintje", „biertje", „vaasje" (Pils), ein „glaasje rode/witte wijn" (Glas Rot-/Weißwein) oder „glaasje rosé" (Glas Rosé), „genever" (Gin), die üblichen Erfrischungsgetränke, „appelsap" (Apfelsaft), „sinaasappelsap/jus d'orange" (Orangensaft) oder „tomatensap" (Tomatensaft), „melk" (Milch), „karnemelk" (Buttermilch), „Fristi" (ein Joghurtgetränk mit Erdbeergeschmack), „Chocomel" (fertiges Kakaogetränk), Kaffee in den üblichen Varianten „koffie", „capuccino", „latte macchiato", „espresso" oder ein „kopje thee" (Glas Tee).

Liebhaber von belgischen Bieren erkundigen sich gleich auf Verdacht nach bestimmten belgischen Biermarken, ansonsten wird eher selten etwas anderes als die oben genannten Standards bestellt, daher braucht der Niederländer kaum eine Getränkekarte. Als ausländischer Gast fragt man also erst einmal nach der Getränkekarte und muss sich dann wundern, dass es meistens ewig dauert, bis die Bedienung einen wieder beachtet. Über dieses Phänomen ärgert man sich nur zu gern, aber nehmen Sie es mit Gelassenheit, denn die vermeintliche mangelnde Servicebereitschaft hat auch damit zu tun, dass sich das Personal nicht anbiedern möchte. In der egalitären niederländischen Gesellschaft soll nicht der Eindruck entstehen, dass man als Bedienung zu untertänig ist und auch dem Gast wäre es nicht angenehm, sich in die Rolle des Höhergestellten bringen zu müssen. Ein joviales Verhältnis, von kleinen Scherzen am Rande begleitet, ist hingegen eine ideale Voraussetzung für das schnelle Zurückkehren der Bedienung oder aber man holt sich die Getränkekarte gleich selbst und bestellt mit fröhlichem Lächeln und ganz ungeduldig selbst am Tresen.

Ein weiterer Grund für den langsamen Service ist auch, dass in den Supermärkten und Ladenketten oftmals junge, ungelernte Mitarbeiter teilbeschäftigt werden, die sich nicht besonders mit dem Café oder Laden verbunden fühlen, sich nicht hochmotiviert für die Gewinnmaximierung einsetzen und auch kein Interesse an einem schnelleren Service mitbringen.

in den Niederlanden gibt es bei allen Schnittkäsesorten viel mehr Reifegrade und Geschmacksrichtungen zwischen jung und würzig alt wie „jong", „jong belegen", „belegen", „oud", „oud snijdbaar", „oud brokkelig" etc. Darüber hinaus gibt es verschiedene Fett- und Salzgehalte.

So erklärt sich, warum man beim niederländischen Käsehändler stapelweise typisch gelbe und rote Käseräder mit unterschiedlichen Labels vorfindet. Das kleine Land ist heute der **weltweit viertgrößte Käseproduzent** nach Frankreich, Deutschland und Italien (wobei in den Niederlanden weniger als halb so viel Käse hergestellt wird wie in Frankreich oder Deutschland, schließlich gibt es hier ja auch bedeutend weniger Einwohner). Im Durchschnitt isst der Niederländer ca. 17 Kilo Käse pro Kopf und Jahr, in Deutschland sind es sogar 24 Kilo. Dennoch hält man die Niederlande für das Käseland schlechthin und das ist zum größten Teil der Werbung und der Tourismusbranche zu verdanken.

Im Zusammenhang mit Käse und Bauernhöfen erscheint schnell das Bild von „klompen", den typisch niederländischen **Holzschuhen,** die Touristen gerne in jeglicher Ausführung als Souvenir angeboten werden. Tatsächlich werden sie durchaus auch heute noch von einigen niederländischen Bauern getragen (dann jedoch ganz schlicht ohne bunte Bemalung). Und das macht auch Sinn, denn in so einem Holzschuh ist das Fußklima bedeutend besser als in einem schwitzigen Gummistiefel, zumal man Holzschuhe ebenso gut von Schmutz befreien kann wie die Gummistiefel.

Der deutschen Käsewerbung verdanken wir das Bild von dem weißen **Spitzenhäubchen einer „Frau Antje",** welches zwar durchaus bei traditionellen Trachten der niederländischen Frauen vorkam, aber längst nicht landesweit und schon gar nicht bei einer „Antje", denn das ist ein typisch deutscher Name, der nur mehr oder weniger zufällig die typische niederländische Verniedlichungsendung „-tje" aufweist.

Pro Englisch, anti Französisch und ach, die Belgier!

Die Niederländer reagieren zuweilen mit Unverständnis auf den nach außen getragenen Nationalstolz anderer Nationen, werden bei „Patriotismus" misstrauisch und können den Begriff der „Vaterlandsliebe" gleich gar nicht so richtig nachvollziehen. Ebenso wenig wie sie die besondere Leistung einer Person herausstellen, wollen sie ihr Land über ein anderes erheben. Die Maxime ist, zufrieden zu sein, ohne großen Wirbel darum zu machen. Man soll sich „normal" verhalten. Dennoch scheinen auch die

Niederländer nicht vor **Nationalstolz** gefeit, wenn es um internationale Sportveranstaltungen geht. In den Niederlanden wird zu bestimmten Anlässen gerne die Nationalflagge aufgehängt und je nach Wohngegend hat jedes zweite Haus einen Flaggenhalter am Hausgiebel. Aber das hat für die meisten nichts mit einer Identifizierung als Zugehörige zum niederländischen Staat zu tun, sondern mit „Oranjegefühl" (siehe auch das Kapitel „Alles ‚oranje' – nicht nur am Nationalfeiertag" ab Seite 204)! Am Nationalfeiertag oder in der Zeit der internationalen Fußballwettkämpfe fühlen sich die Niederländer über alle Gegensätze hinweg vereint. Es geht also mehr um das Erlebnis der Zusammengehörigkeit, der *gezelligheid,* um das gemeinsame Feiern oder auch Trauern. Es geht weniger darum, sich gegenüber anderen Nationen als höherwertig zu feiern, die Niederländer nehmen sich selbst im Grunde kaum als eine Nation wahr. Sie sehen sich als Limburger, Friesen, Amsterdamer, Rotterdamer etc. Die Bindung an ihre Region, Provinz oder Stadt ist weitaus stärker als die an das Land als solches, was stark durch die geografischen, politischen und wirtschaftlichen Unterschiede der einzelnen Regionen bestimmt wird (siehe auch das Kapitel „Das Selbstbild der Provinzbewohner"). Selbst bei den niederländischen Rechtspopulisten, die sich seit Gründung der Partij voor de Vrijheid (PVV) 2006 unter der Leitung von *Geert Wilders* zusammenscharen, wird eher in den Niederlanden polarisiert als eine nationale Identität zu thematisieren.

Die Zweckgemeinschaft der sieben föderativen Provinzen und der Generalitätslande im Mittelalter mag man heute zwar als „Republik der Sieben Vereinigten Provinzen" bezeichnen, es handelte sich jedoch nie um eine Republik im modernen Sinne und es gab auch keine Verfassung. Man kann gar nicht oft genug betonen, dass die Niederlande seit gerade einmal **knapp über 200 Jahren ein Königreich** bilden, ganz im Gegensatz zu z.B. Dänemark, dem ältesten Königreich Europas, das bereits seit dem 10. Jahrhundert existiert. Damit gibt es in den Niederlanden auch erst seit knapp über 200 Jahren die Idee eines Nationalstaats. Seit der Gründung des Königreichs waren die Niederlande nur einmal in einen Krieg auf eigenem Boden verwickelt. Im Ersten und Zweiten Weltkrieg positionierten sie sich neutral, mussten aber ihre Neutralität während des Zweiten Weltkriegs als Folge des deutschen Angriffs und der Besetzung durch die Deutschen notgedrungen aufgeben. Die Niederlande sind seit der Entstehung des heutigen Königreichs auf dem Weltparkett nicht mehr als Aggressoren gegenüber einer dritten Nation aufgetreten und haben seit 1830 gleichzeitig nach und nach fast alle Kolonialgebiete verloren: Indonesien erlangte gegen den Willen der Niederländer seine Unabhängigkeit im Jahr 1949, Suriname im Jahr 1975, Aruba wurde zwar nicht ganz unabhängig, erlangte 1986 aber den Status als autonomer Landesteil innerhalb des Königreichs, Curaçao und Sint Maarten erhielten ihren autonomen Status jeweils im Jahr 2010, während Bonaire, Saba und Sint Eustatius im gleichen Jahr den Status als besondere Gemeinden innerhalb des Königreichs bekamen. Während z. B. in vielen anderen europäischen Staaten das jeweilige **Nationalbewusstsein** auf der Grundlage eines **Königreichs im Mittelalter** und durch die aktive Beteiligung am Ersten und Zweiten Weltkrieg geschürt wurde, war und ist die Situation in den Niederlanden ganz anders.

Hier liegt aber auch das **unterschwellige Überlegenheitsgefühl** der Niederländer begründet, welches gegenüber den Belgiern sogar ganz offen ausgedrückt wird. Auch wenn das Königreich der Niederlande heute von seiner geografischen Größe und seinem weltpolitischen Einfluss her als schwaches Licht gilt, so sind sich die Niederländer bewusst, dass sie im Mittelalter eine koloniale Großmacht waren, die es trotz ihrer kleinen Größe durch wirtschaftlichen Erfolg mit so starken Gegnern wie den Burgundern (Franzosen), den Habsburgern (Spanier), den Engländern und den Preußen aufnehmen konnten.

Dabei waren die **Engländer oftmals Verbündete** der Niederländer, um vor allem die beiden anderen Seemächte – erst die Burgunder und dann die Habsburger – auf Distanz zu halten. Gepaart mit der Tatsache, dass man mit den Engländern auch in religiöser Hinsicht mehr Gemeinsamkeiten hatte, bildete dies die Basis der **pro-englischen Einstellung.** Diese spiegelt sich auch in der niederländischen Sprache wider, deren Sprachraum nicht nur geografisch zwischen Deutschland und Großbritannien angesiedelt ist, sondern die auch etymologisch viele Gemeinsamkeiten mit und Anleihen aus dem Englischen aufweist. Seit dem Zweiten Weltkrieg verwendet man Englisch in vielen Situationen immer häufiger als Verkehrssprache. Weil **in der Regel nur Kinderprogramme synchronisiert** werden, laufen im niederländischen Fernsehen seit der Einführung des ersten kommerziellen Fernsehsenders RTL Véronique 1989 fast ausschließlich englischsprachige Serien und Filme. Mit der zunehmenden Anzahl kommerzieller Sender, die seit 1992 in den Niederlanden zugelassen und über Satelliten-, Kabel- und nunmehr Digitalfernsehen weit verbreitet sind, gibt es im Grunde nur noch im absoluten Ausnahmefall Produktionen in z. B. romanischen oder asiatischen Sprachen. So wurden auch die kulturellen Darstellungen im niederländischen Fernsehen auf britische, amerikanische, australische, kanadische und andere anglistische Kulturen konzentriert. Das Ergebnis ist, dass die breite Bevölkerung ungeachtet des Bildungsstands in den Niederlanden gut Englisch spricht. Es ist daher auch nicht verwunderlich, dass es in der niederländischen Sprache wie selbstverständlich eine **Vielzahl an Anglizismen** gibt, die dann typisch niederländisch ausgesprochen werden wie z. B. *appen, appje, business plan, chillen, human resources, involved, liken, loungen, not done, outfit, overview, scoren, shoppen, tackelen, taggen* etc.

Englisch ist zudem die offizielle Amtssprache der besonderen niederländischen Gemeinden Saba, Bonaire und Sint Eustatius in der Karibik. Und seit Jahren wird darüber diskutiert, **Englisch zur zweiten offiziellen Sprache Amsterdams** zu erheben. Immerhin sei jeder achte Amsterdamer englischsprachig. Schon in niederländischen Grundschulen wird Englisch immer früher im Unterricht eingesetzt und in international positionierten niederländischen Betrieben wird vorwiegend Englisch gesprochen.

Das Französische sowie die romanischen Sprachen und Kulturen haben hingegen sehr wenig Einfluss auf die heutige niederländische Gesellschaft. Der Grundstein für eine **gewisse „antifranzösische Haltung"** wurde schon im Mittelalter gelegt, als die wirtschaftlich erstarkenden Städte innerhalb der Republik der Sieben Provinzen ihre Privilegien gegen die Machtausbreitung und ewigen Interventionen der Burgunder und Habsburger verteidigen wollten. Die Härte, mit der die spanische Inquisition gegen nichtkatholische Bürger vorging, trug das ihre zu dieser von wenig Verständnis geprägten Haltung bei. Dass man in den Niederlanden nach gut 250 Jahren des erfolgreichen Abwehrens der burgundischen und habsburgischen Machthaber im Jahr 1806 dem nächsten Usurpator in der Gestalt *Napoleons* bzw. zunächst in der seines Bruders finanziell und politisch nichts mehr entgegenzusetzen hatte, ist in das kollektive Unterbewusstsein der Niederländer eingegangen. Das erste Königreich Holland war demütigenderweise nur ein Vasallenstaat Frankreichs und wurde zudem nach kürzester Zeit vom Französischen Kaiserreich einverleibt. Sehr zum Missfallen der englischen und preußischen Königreiche, die darum nur allzu gern eine Allianz mit den antifranzösischen Kräften in Holland bildeten und sich, ganz nach der Art ihrer eigenen Monarchien, für einen vererbbaren souveränen Titel aussprachen. So wurde der Oranierprinz *Wilhelm Friedrich,* Sohn des letzten Statthalters *Wilhelm V.,* zum souveränen König *Wilhelm I.*

1815 wurde das Vereinigte Königreich der Niederlande somit als **Reaktion auf Napoleons Machtausbreitung** gegründet, woraus 1830 nach dem Aufstand der Belgier u. a. das heutige Königreich der Niederlande hervorging (siehe auch „Eckdaten der Entstehungsgeschichte der modernen Niederlande" ab Seite 69). Nur fünfzehn Jahre lang waren die südlichen und nördlichen Niederlande in einem Land geeint. Die jahrhundertelange Herrschaft der Burgunder und Habsburger im Südteil resultierte darin, dass sich die bürgerlichen Eliten der Flamen und Wallonen an Frankreich und dem Katholizismus orientierten. Damit einher ging bei den „Belgiern“ eine Abneigung gegen die niederländische Sprache als Amtssprache und sie wollten sich dem modernistischen, protestantischen *Wilhelm I.* nicht unterwerfen. Es kam zum Aufstand in Brüssel, ein eigener belgischer König wurde eingeschworen, der vom französischen König militärisch unterstützt wurde. Dagegen kam *Wilhelm I.* mit seinen Truppen nicht an. Nach dieser Niederlage dankte *Wilhelm I.* ab. So erklärt sich schon historisch, warum die Niederländer sich auch heute so **wenig für ihr südliches Nachbarland Belgien interessieren,** mit dem sie sich eigentlich eine lange Geschichte teilen.

Belgier-Witze hört man in den Niederlanden recht häufig, wobei der Belgier meistens als Einfaltspinsel dargestellt wird. Zudem gibt es massenweise Websites, auf denen man die sogenannten *belgenmoppen* präsentiert bekommt. Abgesehen davon kursieren mindestens genauso viele Witze über die Deutschen, die vom Grundton weitaus bissiger sind und fast immer mit dem Zweiten Weltkrieg zu tun haben. Auch über Marokkaner, Türken und Surinamer gibt es natürlich reichlich Witze, aber insgesamt weniger als über Deutsche und Belgier.

Natürlich haben Niederländer auch über andere Nationalitäten stereotype Auffassungen, es gibt aber seltener Anlass, diese zum Besten zu geben, weil der Alltag schlicht weiter von ihnen entfernt ist und es weniger Berührungspunkte gibt.

Die **stereotype Kategorisierung der niederländischen Einwohner** selbst kommt hingegen im Arbeitsalltag fast täglich zum Einsatz, wenn man sich über den Kollegen aus dem „Bauernland“ in Gelderland echauffiert, sich über die Karneval liebenden katholischen Brabanter lustig macht, die Limburger als Möchtegern-Deutsche verschreit und die Den Haager als hochnäsige Möchtegern-Royals, den Rotterdamern raue Manieren der Seeleute nachsagt, die Bewohner im Bibelgürtel als besonders geizig und streng abstempelt sowie die Amsterdamer grundsätzlich für ihre Überheblichkeit kritisiert. Trotz multikultureller Gesellschaft und zunehmender Mobilität der Einwohner werden die gefühlten und reellen Unterschiede zwischen den Bewohnern der einzelnen niederländischen Provinzen auch in Zukunft reichlich Munition für bissige Kommentare bieten.

Anhang

Quellen | 234

Literatur- und Filmtipps | 238

Informatives aus dem Internet | 242

Register | 243

Übersichtskarte Niederlande | 250

Die Autorin | 252

< Am Strand von Scheveningen
(039nl Foto: NBTC)

Quellen

Quellen sind in alphabetischer Reihenfolge aufgeführt. Die unter deutschsprachigen Literaturtipps empfohlenen Bücher werden hier nicht noch einmal aufgeführt, sondern sind dort mit ** versehen. Statistische Zahlen zur Bevölkerung und den Provinzen wurden für die Niederlande bei www.cbs.nl (Centraal Bureau voor de Statistiek) und für Deutschland bei www.destatis.de (Statistisches Bundesamt) nachgeschlagen. Unverzichtbar für die Basisinformationen waren die einzelnen Themen bei **www.rijksoverheid.nl (Rijksoverheid)**, dem Nachschlagewerk der Regierung über alles, was die Regierung für das Volk regelt. **Wikipedia** wurde für die eine oder andere allgemeine Auskunft genutzt.

- **Bevolkingstrends 2014: De religieuze kaart van Nederland, 2010–2013,** *Hans Schmeets,* Centraal Bureau voor de Statistiek, 2014
- **Citizenship Tests in a Post-National Era,** UNESCO International Journal on Multicultural Societies (IJMS) Vol. 10, No. 1, 2008
- **De invloed van het Engels,** Onze Taal, www.onzetaal.nl
- **De kleur van de stad,** *Ronald Pellemans,* September 2007
- **De lege tolerantie: Over vrijheid en vrijblijvendheid in Nederland,** *Marcel ten Hooven* (Hg.), Uitgeverij Boom, 2002
- **De Randstad en de rest,** *Henk Nijmeijer,* Centraal Bureau voor de Statistiek
- **Dealing with the Dutch,** *Jacob Vossestein,* KIT publishers, 2004
- **Diepe verontschuldigingen voor bloedbad Rawagede,** 9.12.2008, *Elske Schouten,* www.nrc.nl//binnenland/article2086946.ece/Diepe_verontschuldigingen_voor_bloedbad_Rawagede
- **Dit Zijn Wij. De 100 belangrijkste tradities van Nederland,** *Ineke Strouken,* Pharos Uitgevers
- **Drogengesetzgebung in den Niederlanden,** *Andreas Gebbink* und *Jeanette Goddar,* www.uni-muenster.de/NiederlandeNet
- **Een geschiedenis van Vlaanderen,** *Henri van Daele,* Lannoo, 2005
- **Een nieuwe tijd, een nieuwe kerk. De opkomst van het ‚calvinisme' in de Lage Landen,** *Mirjam van Veen,* Meinema Uitgeverij, 2009
- **En we gaan nog niet naar huis. Gastarbeiderskinderen over hun jeugd,** *Sladjana Labović,* Nieuw Amsterdam Uitgevers, 2010
- **Etniciteit: Wat is de huidige situatie?** Nationaal Kompas Volksgezondheid, versie 4.17, 23. Juni 2014
- **Europa: Fläche und Bevölkerung,** Wirtschaftskammer Österreich, Stand 2016

- **FAQ Prostitution 2012, Fragen und Antworten zur Rechtslage in den Niederlanden,** Niederländisches Ministerium für auswärtige Angelegenheiten, http://www.minbuza.nl/binaries/content/assets/minbuza/de/import/de/die_niederlande/die_niederlande_auf_einen_blick/gesellschaftspolitische_themen/faq-prostitution-pdf-duits.pdf-2012.pdf
- **Fietsongevallen, Ongevalscijfers,** VeiligheidNL, März 2014
- **Geschiedenis van de Buitenhuizen aan de Vecht,** *Jonathan van Varik,* 2015
- **Geven in Nederland,** Centrum voor Filantropische Studies, Vrije Universiteit Amsterdam, www.geveninnederland.nl, 2016
- **Gleichstellungspolitik in den Niederlanden,** *Miriam Hoheisel,* GenderKompetenzZentrum, Humboldt Universität, Berlin, 12/2007
- **Herstellen. Geschiedenis: Methadonverstrekking,** *Chris Loth,* Tactus 2014–2015
- **Het Grote Etiquette Boek, Hoe het eigenlijk hoort in de 21ste eeuw,** *Beatrijs Ritsema,* Meulenhoff Boekerij B.V., 2010
- **Het Nederlandse Landschap. Een historisch-geografische benadering,** *S. Barends* (Hg.), Utrecht: Stichting Matrijs
- **Het Sinterklaasboek,** *Eugenie Boer und John Helsloot,* Waanders Uitgevers, 2009
- **Historie, Maatschappij van Weldadigheid,** http://maatschappijvanweldadigheid.nl
- **Hoe hoort het eigenlijk? De dikke Ditz,** *Reinildis van Ditzhuyzen,* Uitgeverij J.H. Gottmer/H.J.W. Becht, 2013
- **Inventarisatie Kerkelijke Gebouwen in Nederland,** *Jan Sonneveld,* Universiteit Amsterdam, 2011
- **Kennisbank Bestaande Woning Bouw, De Toekomst van de doorzonwoning: bewezen kwaliteit,** *Martin Liebregts* und *Sandra Arts,* 2011, www.bestaandewoningbouw.nl
- **Komen en Gaan, Immigratie en emigratie in Nederland vanaf 1550,** *Herman Obdeijn und Marlou Schrover,* Uitgeverij Bert Bakker, 2008
- **Loonkloof vrouwen en mannen, feit of fictie?,** *CBS,* 2014
- **Moet kunnen, op zoek naar een nederlandse Identiteit,** *Herman Pleij,* Prometheus & Bert Bakker, Amsterdam, 2014
- **Mooi Europa. Ruimtelijke kwaliteitszorg in Europa,** *Nico Nelissen/Flip ten Cate,* SUN Federatie Welstand, 2009
- **Nederland als vervlogen droom,** *Thijs Kleinpaste,* Uitgeverij Bert Bakker ,2013
- **Nederlander tussen nut en naastenliefde. Op zoek naar onze cultuur,** *Arnold Enklaar,* Scriptum, 2007

- **Nederlanders, buitenlanders, allochtonen. De cijfers, Republiek Allochtonië,** www.republiekallochtonie.nl, 16.11.2014
- **Nederlanders kopen voor 65 miljoen rotjes en vuurpijlen,** AD 31.12.2015
- **Onder Hollanders, Een vlaming ontdekt Nederland,** *Steven de Foer,* Uitgeverij Balans, 2001
- **Oranjegekte – individualistisch Nederland in 't oranje,** http://mensen-samenleving.infonu.nl
- **Patriots & Liberators. Revolution in the Netherlands 1780–1813,** *Simon Schama,* Harper Perennial, 2005
- **PKV Dokumentation Nr. 29, Gesundheitssysteme im Vergleich, Die Gesundheitsreformen in den Niederlanden und in der Schweiz als Vorbild für Deutschland?,** *Dr. Frank Schulze Ehring* und *Dr. Anne-Dorothee Köster,* Verband der privaten Krankenversicherung e. V., 15. Mai 2010
- **Protestant en katholiek, wat was het verschil ook al weer?,** *Dick Wursten,* www.dick.wursten.be
- **Q&A Abortion in the Netherlands (August 2011),** Ministerie van Volksgezondheid, Welzijn en Sport und Ministerie van Veiligheid en Justitie, www.minbuza.nl
- **Risikobewusstein und Katastrophengedächtnis. Das Beispiel der Flutkatastrophe 1953 in den Niederlanden,** *Sonja Kummetat,* in: Die Hamburger Sturmflut von 1962, *Heßler, Martina; Kehrt, Christian* (Hg.), Vandenhoek & Ruprecht, 2014
- **Rituelen. Nieuwe en oude gebruiken in Nederland,** *Jef de Jager,* Het Spectrum, 2001
- **Rutte maakt geen excuses tijdens Indië-herdenking,** NOS, 14.8.2015
- **Silvester-Umsatz mit Feuerwerksartikeln in Deutschland in den Jahren 2005 bis 2015 (in Millionen Euro),** EHI Retail Institute, 2016
- **Sozialkompass Europa, Soziale Sicherheit im Vergleich, Begleittexte zur Datenbank,** Bundesministerium für Arbeit und Soziales, Dezember 2015
- **Stedelijk Museum Schiedam,** www.stedelijkmuseumschiedam.nl
- **The Embarrassment of Riches. An interpretation of Dutch Culture in the Golden Age,** *Simon Schama,* Fontana Press, 1987
- **The Global Gender Gap Report 2015 (10th Anniversary Edition),** World Economic Forum
- **The Low Sky. Understanding the Dutch, The book that makes the Netherlands familiar,** *Han van der Horst,* Scriptum, 1996

- **Town Planning in the Netherlands since 1800 – Responses to Enlightenment Ideas and Geopolitical Realities,** *Cor Wagenaar,* 010 Publishers, Rotterdam 2011
- **Typisch Nederland.** *De Bruijn, v.d. Heijden, Steijnders, Strouken* (Hg.) The Reader's Digest bv, 2010
- **Traffic Safety Basic Facts 2012,** *European Road Safety Observatory,* DaCoTa, 2012
- **Typisch Nederlands, dat begrip allochtoon. Racistisch ook,** *Zihni Özdil,* www.nrc.nl, 2.4.2016
- **U bevindt zich hier, orientaties op maatschappij, politiek en religie,** *Marcel ten Hooven* (Hg.), Uitgeverij Boom, 2010
- **Veel stakingen in Nederland in het afgelopen jaar, vooral in de industrie,** www.nrc.nl, 2.5.2016
- **Verkehrsunfallstatistik Nordrhein-Westfalen 2014,** Ministerium für Inneres und Kommunales des Landes NRW, 11. Mai 2015
- **Vlag met tas,** Forum 6 puberteit 1218, www.ouders.nl, 2012
- **Vrouwen in zorg en onderwijs verdienen stukken minder dan mannen,** WageIndicator 2016, Loonwijzer.nl, 11.05.2016
- **Vuurwerk,** Rijksoverheid, https://www.rijksoverheid.nl/onderwerpen/vuurwerk, 19.10.2016
- **Wachttijd voor een sociale woning loopt op,** Financieel Dagblad, 24. Mai 2016
- **WAO'ers relatief vaker allochtoon,** De Volkskrant, 17. April 2002
- **Soorten kaas,** www.zuivelonline.nl

Literatur- und Filmtipps

Im Folgenden empfehle ich eine Auswahl an thematisch passender Literatur und Filmen. Deutschsprachige Empfehlungen, aus denen ich auch als Quelle geschöpft habe, sind hier mit ** versehen und nicht ein zweites Mal unter „Quellen" aufgeführt.

Niederländische Geschichte

- **Geschichte der Niederlande **,** *Friso Wielenga,* Reclam, Stuttgart, 2012. Eine umfassende Darstellung der niederländischen Geschichte ab 1555 im kleinstmöglichen Reclam-Format auf über 450 Seiten.
- **Geschichte der Niederlande. Von der Seemacht zum Trendland,** *Christoph Driessen,* Verlag Friedrich Pustet, 2009. Ein angenehm zu lesendes Buch über die niederländische Geschichte von der spanischen Besatzung bis in die Gegenwart.

Landeskunde

- **Holland speciaal: Eine lekker Landeskunde über wakker Nederland,** *Thomas Fuchs,* Conbook Verlag, 2015. Kein Reiseführer, sondern ein lockeres Porträt der niederländischen Provinzen mit geschichtlichen und trivialen Anekdoten, internationalen Querverweisen und satirischen Seitenhieben, gespickt mit Exkursen in provinzübergreifende Themen.
- **Nachbar Niederlande. Eine landeskundliche Einführung,** *Friso Wielenga/Markus Wilp* (Hg.), Aschendorff Verlag, 2007. Eine Sammlung von thematischen Essays zu Themen wie Politik, Königshaus, Sozialgeographie, Migration, Medienlandschaft, Malerei und Literatur.

Arbeiten in den Niederlanden

- **30 häufig gestellte Fragen zum Thema Arbeiten in den Niederlanden **,** Broschüre in Zusammenarbeit mit der Euregio Rhein-Waal und der euregio rhein-maas-nord mit Unterstützung der Europäischen Kommission (EURES), www.dnhk.org, 2010. Interessant für alle, die sich überlegen, in den Niederlanden zu arbeiten.
- **Leben und arbeiten in den Niederlanden. Was Sie über Land und Leute wissen sollten,** *Alexander Thomas/Boris U. Schlizio* (Hg.), Vandenhoeck & Ruprecht, 2009. Akademische Essays mit konkreten Infor-

mationen zur anderen Bildungsstruktur, Unterschieden im Rechtssystem, den Medien und der Politik sowie Unterschieden im Berufsleben. Interessant, wenn man in den Niederlanden arbeiten möchte.

- **Zwischen Pommes und Praline, Mentalitätsunterschiede, Verhandlungs- und Gesprächskultur in den Niederlanden, Belgien, Luxemburg und Nordrhein-Westfalen** **, *Ute Schürings,* Agenda Verlag, 2003. Ein fundiertes Buch über die Unterschiede im beruflichen Bereich zwischen diesen vier Vergleichsregionen.

Zum deutsch-niederländischen Verhältnis

- **Die Deutschen und ihre Nachbarn: Niederlande** **, *Geert Mak,* C.H. Beck, 2008. In diesem durch *Helmut Schmidt* und *Richard von Weizsäcker* herausgegebenen Band werden punktuelle Meilensteine in der niederländischen Geschichte beschrieben.
- **Frau Antje und Herr Mustermann. Niederlande für Deutsche** **, von *Dik Linthout,* Christoph Links Verlag, 2010. Detaillierte Betrachtungen zum deutsch-niederländischen Verhältnis.

Kunst

- **Das Goldene Zeitalter der Niederlande** **, GEO Epoche Edition, Die Geschichte der Kunst, Nr. 7, Gruner & Jahr, 2013. Reich bebilderte und gut recherchierte Artikel zum Thema.

Romane

Romane von niederländischen Autoren in deutscher Übersetzung.

- **Das Jahrhundert meines Vaters** *(De eeuw van mijn vader), Geert Mak,* 1999. Ein autobiografischer Roman des 20. Jahrhunderts über die Familie des Autors, die zum Spiegel vieler niederländischer Familien wird.
- **Die Abende** *(De avonden), Gerard Reve,* 1947. Klassischer Roman über die Eintönigkeit und Sinnlosigkeit des Lebens im Amsterdam der Nachkriegszeit.
- **Im Garten des Vaters** *(Knielen op een bed violen), Jan Siebelink,* 2005. Autobiografisch inspirierter Roman über einen Familienvater, der über das Praktizieren des streng-reformierten Glaubens alles verliert: seine Familie, seine Gesundheit und auch das Glück (wurde auch verfilmt, s. S. 241).

- **Indische Dünen** *(Indische duinen), Adriaan van Dis,* 1994. Ein Roman, in dem der Protagonist auf die Suche nach Spuren seiner Familie in Indonesien geht und verdrängte Kapitel der niederländischen Geschichte aufdeckt.
- **Liebenswertes Holland** *(Prenten van Holland), Karel Capek,* 1932. Amüsante Schilderung der Andersartigkeit der Niederländer zu Beginn des 20. Jahrhunderts (die deutsche Übersetzung des tschechischen Autors ist nur noch antiquarisch erhältlich; im Niederländischen 2009 erneut erschienen).
- **Sklave und Herr: Katibu di shon,** *Carel de Haseth,* 1988. Historischer Roman vor dem Hintergrund des Sklavenaufstands in Curaçao (zweisprachiges Werk in Papiamentu - Deutsch).

Wer sich selbst auf die Suche nach historischen Romanen machen möchte, dem sei die Website www.historische-romans.nl empfohlen, auf der man auf der *tijdbalk* (Zeitachse) eine sehr umfassende Auswahl an niederländischen und belgischen Romanen angezeigt bekommt, deren Handlungen sich in dem jeweiligen Zeitfenster abspielen.

Filmtipps

(auf DVD oder z. B. Google Play erhältlich, hier nur solche, die in deutscher oder englischer Sprache synchronisiert bzw. untertitelt wurden)

- **Admiral** (Originaltitel: *Michiel de Ruijter),* Regie: *Roel Reiné,* 2015. Nicht immer historisch korrekte, aber theatralisch ansprechende Verfilmung der Geschehnisse rund um die Seeschlacht der Niederländer gegen die spanische Armada.
- **Boys** (Originaltitel: *Jongens),* Regie: *Mischa Kamp,* 2014. Ehrliches, minutiös gezeichnetes Porträt eines Jugendlichen, der sich zum ersten Mal in einen Jungen verliebt. Gleichzeitig auch ein gut getroffenes Porträt des alltäglichen Lebens der Jugendlichen in den ländlichen Niederlanden.
- **Son of Mine** (Originaltitel: *Gluckauf),* Regie: *Remy van Heugten,* 2015. Ein Familiendrama im Bergbaumilieu von Südlimburg im limburgischen Dialekt gesprochen. Ausgezeichnet als bester niederländischer Film von 2015.
- **Der Blitzangriff: Rotterdam 1940** (Originaltitel: *Het Bombardement),* Regie: *Ate de Jong,* 2012. Eine Liebesgeschichte inmitten der Wirren des Zweiten Weltkriegs vor dem Bombardement Rotterdams durch die Deutschen.

- **My Father's Garden** *(Originaltitel: Knielen op een bed violen),* Regie: *Ben Sombogaart,* 2016. Ein Vater setzt aus seinem streng reformierten Glauben heraus alles aufs Spiel – seine Familie, seine Gesundheit und seinen Beruf.
- **Die Schlacht um Holland** *(Originaltitel: Kenau),* Regie: *Maarten Treurniet,* 2014. Ein Porträt der starken Position der Frauen, des Schiffsbaus und des Stellenwerts der wirtschaftlichen Interessen im Mittelalter am Beispiel der Ereignisse rund um die Besetzung der Stadt Haarlem (1572–1573).
- **Clean Hands** *(Originaltitel: Schone Handen),* Regie: Tjebbo Penning, 2015. Spannendes und schauspielerisch überzeugendes Familiendrama aus dem Drogenmilieu.
- **Die Neue Wildnis – Große Natur in einem kleinen Land** (Originaltitel: *De Nieuwe Wildernis),* Regie: *Mark Verkerk,* 2013. Bildgewaltiger Naturfilm von u. a. kämpfenden Wildpferdherden in den niederländischen Oostvaardersplassen.
- **The Price of Sugar** (Originaltitel: *Hoe duur was de suiker),* Regie: *Jean van de Velde,* 2013. Die Erzählung einer Sklavin auf ihrem Weg in die Freiheit in Suriname Mitte des 18. Jahrhunderts, basiert auf dem gleichnamigen Roman von *Cynthia McLeod.*
- **The Chocolate Case** *(Originaltitel: Tony),* Regie: *Benthe Forrer,* 2016. Ein Dokumentarfilm über die Schokoladenherstellung, die auch heute größtenteils noch von der Ausbeutung von Menschen in Afrika lebt. Auch auf Deutsch.
- **Wolf,** Regie: *Jim Taihuttu,* 2013. Minutiöser Spielfilm über einen familienorientierten, aber leichtgläubigen niederländisch-marokkanischen Kickboxer, der sich immer weiter in gewalttätigen Auseinandersetzungen verzettelt (in Schwarz-Weiß).

Es gibt eine wahre Flut an niederländischen Komödien, in denen die landläufigen Stereotypen auf die Schippe genommen werden. Allerdings sind diese Komödien meistens sehr auf Amsterdam bezogen.

Bei www.filmvandaag.nl/nederlandsefilms findet man einen guten Überblick über die zeitgenössischen niederländischen Filmtitel, inklusive IMDB-Wertung.

Das niederländische Fernsehen hat natürlich auch hier und da Interessantes zu bieten. Wenn man die niederländischen Fernsehsender nicht empfangen kann, sind sie teilweise auch über z. B. die Internetseite www.allekanalen.nl zu sehen. Allerdings werden manche TV-Inhalte (z. B. Sportsendungen oder ausländische Serien und Filme) über Geoblocking-Technik für alle Zuschauer mit ausländischer IP-Adresse blockiert.

Informatives aus dem Internet

- **Buurtaal. Niederländisch für Deutsche, Deutsch für Niederländer,** www.buurtaal.de – ein informativer und amüsanter Blog zu Details der niederländischen Sprache und Kultur.
- **Das Niederländische Königshaus,** www.koenigshaus.nl – die offzielle Website des niederländischen Königshauses mit Informationen zur Geschichte und aktuellen Angelegenheiten (nebst Niederländisch auch auf Deutsch und Englisch)
- **Deutsch-Niederländische Handelskammer,** www.dnhk.org – alle wichtigen Informationen zum Thema Bewerben und Arbeiten in den Niederlanden
- **en toen | nu,** www.entoen.nu – eine interessante Seite mit einer Zeitlinie der Niederlande seit Menschengedenken bis heute. Klickt man auf eine Abbildung, bekommt man eine kurze Erklärung und einen Balken mit Links zu Büchern, Filmen, Websites und anderem zum gewählten Thema (mehrsprachig, allgemeiner Erklärungstext auch auf Deutsch, nicht aber die Links!).
- **Rijksoverheid,** www.rijksoverheid.nl/onderwerpen – eine klar strukturierte Seite der Regierung für Niederländer und Ausländer zu fast allen Themen: Gesetze, Steuern, Bildung, Wohnungsbaugesellschaften etc. (auf Niederländisch, Englisch und Papiamentu)
- **Stuff Dutch People Like,** http://stuffdutchpeoplelike.com – ein Blog über die kulturellen Unterschiede in Holland, der vorwiegend von Englischsprachigen geschrieben wird
- **NiederlandeNet – Information und Beratung, Zentrum für Niederlande-Studien der Universität Münster,** www.uni-muenster.de/NiederlandeNet – gute Hintergrundinformation zu den Niederlanden mit speziell auf die Grenzregion zugeschnittenen Themen

Es gibt in englischer Sprache eine schier nicht enden wollende Fülle an Blogs über die kulturellen Unterschiede in Holland, vor allem von britischen und amerikanischen Expats, die in die Niederlande „eingeheiratet" haben oder zum Arbeiten oder Studieren in den Niederlanden gelandet sind. Man lernt dabei übrigens ebenso viel über die Niederländer wie über die englischsprachigen Länder, die mit der einen oder anderen niederländischen Besonderheit ein Problem haben.

Register

A

Abendessen 12
Abraham-Puppe 193
Abschied 12, 163
Abschlussdamm 50
Abwanderung 112
Adressen 12
Alkohol 13
Amerika 59
Ampeln 13
Amsterdam 57, 128, 139
Amtssprache 166
Anarchismus 99
Applaus 13
Arbeitsleben 181
Arbeitsmigration 109
Architektur 138, 148
Asylsuchende 108
Ausländer 106

B

bakfiets 162
Batavische Republik 28, 77
Baubranche 14
Beatrix, Königin 80, 84, 208
Begrüßung 13, 18, 163
Beleidigungen 33
Belgier 227
Beruf 92, 185
beschuit met muisjes 190
Bestattung 14
Bevölkerung 30
Bevölkerungsdichte 139
Bevölkerungswachstum 58
Bewerbungsfoto 182
Bibelgürtel 73
Bier 14
bijbelgordel 73
Bildungseinrichtungen 94
Bitte 14
bittergarnituur 220
Bonaire 81
borrel 153, 183
Bouwvakvakantie 14
Brabanders 134
Brabant 31, 54
brabantse drieklapper 165
Bräuche 200
Brotbelag 186
bruin café 14
Buchdruckkunst 65
Bürgermoral 61, 66, 173
Bürgertum 61, 66
Burgund 69
buurthuis 103, 157

C

Calvinismus 44, 61, 72
Calvin, Johannes 61, 70
Camping 103, 173
Cannabis 214
Caravans 103
Caribisch Nederland 81
Chinesen 109
Coffeeshops 15, 101, 214
Curaçao 81

D

Dampfschöpfwerk 52
Danke 15
Deiche 46
Deltawerke 50
Demonstrationen 184
De Ruijter 187
Deutsch 15
Deutsche 59, 110
Devotio Moderna 69
de Witt, Johan 76
Dialekt 15

Diktatur Videla 87
Direktheit 168
Diskriminierung 120
doe normaal 86
Drenthe 133
Dresscode 15
Drogen 15, 101, 212, 214
Duldungspolitik 65, 212
Duldungstradition 87
Duzen 16, 166

E

Egalitarismus 96, 170
Egalitätsprinzip 99
Einbürgerungstest 111, 120
Eindeichung 46
Einkaufen, preiswert 172
Einpoldern 49
Einwanderungsland 59
Eisfieber 209
Elfstedentocht 209
Eltern 95
Englisch 227
Entsäulungspolitik 80
Entschuldigung 16
Entstehungsgeschichte 69
Entwässerungsgräben 46
Essen 218
Etikette 16, 168
Euthanasie 100
Extrainfos 6

F

Fachsimpeln 16
Fahrradkultur 157
Familie 92
Familienplanung 100
Fastfood 218
Fenster 189
Fernsehen 229
Fertiggerichte 91
Feuerwerk 175
Filmtipps 238
Flagge, niederländische 191
Flandern 54
Flevoland 50
Flevolanders 133
Flüchtlinge 108
Flutkatastrophen 50
Fortuyn, Pim 123
Französisch 227
Frauen 91
Fräulein 16
Freiheit 64
Freimarkt 208
Frieden von Breda 76
Frieden von Rijswijk 77
Frieden von Utrecht 77
Frieden von Westminster 76
Friesen 31, 130
frietsaus 220
frikandel 220
fris 155
Frühkapitalismus 60
Frühstück 219
Fußball 40, 204
Fußgängerübergänge 16

G

Gardinen 150
Gastarbeiter 59, 109
Gastfreundlichkeit 17
Geburtenrate 93
Geburtsanzeige 189
Geburtstag 17, 152, 193
Gelderland 132
Gender Pay Gap 90
Generaliteitslanden 31
Genter Pazifikation 71
Gereformeerde Kerk 72
Geschenke 17
Gesundheitswesen 180

Getränke 18, 226
Getränkeautomat 17
gezellig 151
Glauben 61
Gleichstellung 90
Gouda 225
Grachtenstädte 139
Groninger 131
Großherzogtum Luxemburg 78
Grünbrücken 53
Grundstückspreis 147
Grüßen 18
Grußkarten 18

H

hagelslag 220
Handel 54
Handelsboom 54
Handschlag 164
Hansestädte 55
Hausbesetzungen 145
Häuser 138
Hausgeburt 94
Hausgiebel 140
Heroin 101
Hierarchie 97
Hochwasserschutz 50
hofjes 178
Höflichkeitsfloskeln 167
Holland, Bezeichnung 28
Holzschuhe 227
Homosexualität 102
Hospize 178

I, J

IJsselmeer 50
Impressum 2
Individualisierung 217
Indonesier 106
Inquisition 61
Integration 121
Jubiläum 193
Juliana, Königin 80, 207

K

Kaffeeautomat 17, 183
Kaffeetrinken 155, 171
Kaiser Karl V. 69
Kanäle 47
Käse 225
Katholiken 61
Keller 151
kennis werkers 110
Ketzerverfolgung 70
Kinder 96
Kinderopvang 93
Kindertagesstätten 92
Kirchen 72, 148
Kleidung 19, 170
Koexistenz, friedliche 98
Kolonialisierung 105
Kompromisse 67
Königin Beatrix 80, 84, 208
Königin Juliana 80, 207
Königin Máxima 80, 84
Königinnennacht 210
Königin Wilhelmina 80, 206
König Philipp II. 67, 215
Königreich
der Niederlande 28, 78
Königreich Holland 78
Königsfamilie 40, 84
Königstag 206
König Wilhelm II. 78
König Wilhelm III. 78
König Willem-Alexander
80, 84
Konsenskultur 183
kraamzorg 94
Kremierung 14
kringloopwinkels 172
Kulturlandschaft 45

Kunst 62
Kutsche, goldene 88

L

Lage Landen 61
Landarbeiterkolonien 179
Landeskunde 30
Landschaft 45
Landwirtschaftsflächen 223
lekker 20
Limburg 31
Limburger 134
Literaturtipps 238
Luftküsse 163

M

Manieren 168
Mann und Frau 90
Margarethe von Parma 70
Massaker von Srebenica 124
Máxima 80, 84
Medikamente 20
Methadon 101
Migration 54, 58, 105
Migrationsabkommen 112
Milchprodukte 20
Militär 60
Minderheiten 104
Mittagessen 20
Mittelalter 54, 60, 64, 114, 173
Molukker 106
Monarchie 85
muisjes 221
Multikulturalität 104

N

Nachbarn 20
Nachbarschaft 156
Nachkriegszeit 115
Nachname 21
Napoleon 230
Nationaal Fietsplan 159
Nationalfeiertag 204
Nationalparks 52
Nationalstaat 56
Nationalstolz 227
NATO 80
Naturschutzgebiete 52
Nederlandse
Hervormde Kerk 72
Neu-Amsterdam 59
Neujahrsschwimmen 210
Niederlande, Bezeichnung 28
Niederländisch 21, 36
niederländisch-deutsche
Beziehungen 34
Niederländische Ostindien-
Kompanie 56
Nieuwjaarsduik 210
Nischengesellschaft 116
Noord-Hollander 128
Nordniederlande 55
Nutzflächen 45

O

oliebollen 221
Omafiets 158
oranje 204
Oranje-Nassau 204
overblijfmoeders 92

P

Pakete 21
pakjesavond 197
Partys 152
patat 221
Patriotismus 227
Philipp II. 67, 215
pindakaas 221
Pluralität 66
Polder 49
Poldermodell 185

Polizei 217
prinsenvlag 205
Prinsjesdag 88
Privatsphäre 167
Problembewältigung 125
Prostitution 22, 101
Provinzbewohner 127
Provinzen 28, 127
Provinz Holland 28

Q, R
Quellen 234
Rabattmarken 172
Randstad 146
Rauchwaren 21
Rechtsverständnis 211
Reformation 61
Reichtum 97
Religion 30, 61, 65, 72
Religionsfreiheit 65, 66
Republik 54
Republik der Sieben Vereinigten Provinzen 28, 58, 62, 64
Rotlichtviertel 22, 101
Ruhebereich 22
Ruhezeiten 22

S
Saba 81
Sankt Nikolaus 195
Sara-Puppe 193
Schiffsbau 57
Schleimerei 98
Schulbildung 178
Schwangerschaftsabbruch 100
Schweigeminuten 23
Siezen 166
Silvester 175
Simons, Menno 70
Sinterklaas 195
Sint Eustatius 81
Sint Maarten 81
softdrugs 212
Söldner, ausländische 60
Sozialgedanke 177
Sozialpolitik 100
Spenden 176
Sprache 36
Sprachen 30
Staatsbürgerschaft 121
stamppot 222
Steuersystem 179
Strandspaß 23
Streiks 184
Surinamer 107
Süßwassererhalt 50

T
Tabakgesetz 21
Tagesmütter 92
Täufertum 69
Taxi 23
Teilzeit 90
Terminkalender 23
Thronrede 89
Titel, akademische 12
Toilette 23
Toleranz 67, 99, 113
Torfabbau 47
Totenehrung 191
Transportfahrräder 162
Trinken 226
Trinkgeld 24, 171
Tuchproduktion 54
Tukkers 133
Tulpen 24

U
Überflutungsschutz 49
Umgangsformen 163
Umtrunk 153, 183

Unabhängigkeit Indonesiens 80, 124
Unauffälligkeit 97
Ungerechtigkeit 64
Union von Arras 71
Union von Utrecht 56, 58, 114
UNOX 209
Unruhen 65
Urbanisierung 67
Utrechter 129

V

van Gogh, Theo 123
Verabredung 155
Verabschieden 24
Vereinigtes Königreich der Niederlande 78
Verenigde Oostindische Compagnie (VOC) 56, 71
Verhaltenstipps 11
Verhandeln 67
Verkehrsregeln 211
Versäulung 116
Verstädterung 139
vla 222
VOC 56, 71
Volk 83
Volksfeste 200
Volkstrauer 191
von Arnsberg, Claus 84
von Nassau, Wilhelm 204
von Oranien, Wilhelm 66, 70, 87
von Parma, Margarethe 70
Vorstellen 24
Vorstellungsgespräch 182

W

Waisenhäuser 178
Wassermanagement 50
Wasserwirtschaft 46
Wasserwirtschaftsverbände 47
Weihnachten 203
Wein 25
Westfälischer Frieden 76
Westindische Compagnie 76
WIC 76
Wildbrücken 53
Wilhelm II. 78
Wilhelm III. 78
Wilhelmina, Königin 80, 206
Wilhelm von Nassau 204
Wilhelm von Oranien 66, 70, 87
Willem-Alexander 80, 84
Windmühlen 49, 148
Wirgefühl 103
Witze 25
Wohlstand 66, 142
Wohlstandsgefälle 64
Wohnboote 145
Wohnen 138
Wohnungsbaugesellschaften 142
Wohnungsmarkt 144

Z

Zaanstreek 57
Zeelanders 129
Zegels 25
Zeitarbeitsfirmen 187
Zorreguieta, Máxima 80, 84
Zugentführung 124
Zuid-Hollander 127
Zusammenleben 151
Zwarte Piet 124, 195
Zweiter Weltkrieg 79

Niederlande, Übersicht

Noordwijk
Katwijk aan Zee
Sassenheim
Uithoorn
Hilversum
Nijkerk
Apeldoorn
Enschede
Ochtrun
Leiden
Alphen aan den Rijn
Amersfoort
Zutphen
Lochem
Haaksbergen
Ahaus
's-Gravenhage (Den Haag)
Utrecht
GELDERLAND
Zoetermeer
UTRECHT
Groenlo
Vreden
Delft
Nieuwegein
Veenendaal
Ede
Arnhem (Arnheim)
ZUID-HOLLAND
Doetinchem
Winterswijk
Coesfeld
Didam
Rotterdam
Capelle aan de Ijssen
Rozenburg
Leerdam
Tiel
Nijmegen (Nimwegen)
Ulft
Gorinchem
Beumingen
Borken
Spijkenisse
Emmerich
Bocholt
Ouddorp
Zaltbommel
Middelharnis
Oss
Kleve
Dordrecht
Kalkar
Burgh-Haamstede
Ooltgensplaat
's-Hertogenbosch
Cuijk
Nieuwerkerk
Made
Goch
Wesel
Oosterhout
Recklinghausen
Dinteloord
Breda
NOORD-BRABANT
Boxmeer
ZEELAND
Stavenisse
Gelsenkirchen
Etten-Leur
Gemert
Bottrop
Bergen op Zoom
Roosendaal
Tilburg
Bochum
Middelburg
Goes
Helmond
Venray
Geldern
Duisburg
Baarle-Hertog
Eindhoven
Essen
Vlissingen
Moers
Mülheim an der Ruhr
Breskens
Asten
Venlo
Terneuzen
Valkenswaard
Krefeld
Turnhout
Wuppertal
LIMBURG
Viersen
St-Gillis-Waas
Antwerpen (Anvers)
Düsseldorf
Zelzate
Roermond
Mönchen-gladbach
Neuss
Eeklo
St-Niklaas
Geel
Mol
Solingen
Hechtel
Bree
Lier
Maaseik
Leverkusen
Gent
Dendermonde
BELGIEN
Beringen
DEUTSCHLAND
Bergisch Gladbach
Tielt
Mechelen
Geilenkirchen
Diest
Köln
Aalst (Alost)
Hasselt
Heerlen
Leuven
Oudenaarde
Bruxelles (Brüssel)
Tienen
St-Truiden
Maastricht
Aachen
Tongeren
Halle
Bonn
Wavre

050nl Foto: Frans van Lieshout Fotografie

Die Autorin

Elfi H. M. Gilissen ist gebürtige Niederländerin, genauer gesagt gebürtige Limburgerin mit einer flämischen Mutter. Seit ihrem fünften Lebensjahr wuchs sie im Oberbergischen in Nordrhein-Westfalen auf. Ihr Interesse an Sprachen und kulturellen Unterschieden zieht sich wie ein roter Faden durch ihr Leben.

In der Schul- und Studienzeit erlernte sie ihre neue, zweite Muttersprache (Deutsch) und sechs weitere Sprachen. Seit ihrer Rückkehr in die Niederlande im Jahr 2000 befinden sich in ihrem Freundeskreis besonders viele „Expats" aus aller Welt sowie in die Niederlande Repatriierte wie sie selbst. Sei es bei Zusammenkünften der beiden durch sie gegründeten Gruppen International Women's Club Enschede oder Dutch Kids Network im australischen Adelaide oder aber bei anderen Zusammenkünften mit ihren internationalen und niederländischen Freunden wurden immer wieder die Unterschiede zwischen den Niederlanden und den verschiedenen Herkunftsländern thematisiert. Nach 15 Jahren packte sie schließlich der Ehrgeiz, die Gründe für die vielschichtigen Unterschiede für dieses Buch zu recherchieren.

Seit 2001 arbeitet sie als freie Autorin und Englisch-Deutsch-Niederländisch-Übersetzerin. Weitere bei Reise Know-How erschienene Titel von ihr sind u. a. KulturSchock Australien, CityTrip Sydney sowie die Kauderwelsch-Titel Niederländisch Slang, Flämisch, German Slang, Englisch für Australien und Australian Slang. Weitere Buchprojekte sind in Arbeit.